KB161556

편집자의 세계

VIKING PRESS
Pascal Covici

THE NEW YORKER
Harold Ross

THE NEW YORKER

VIKING

HARPER & BROTHERS
Cass Canfield

Esquire

ESQUIRE
Arnold Gingrich

RANDOM HOUSE
Saxe Commins

THE EDITOR'S WORLD

편집자의 세계

고정기 지음

PUTNAM
EST 1838

G. P. PUTNAM'S SON
William Targ

Cosmopolitan

COSMOPOLITAN
Helen Gurley Brown

INDIANAPOLIS
THE BOBBS-MERRILL COMPANY
Publishers

THE BOBBS-MERRILL COMPANY
Hiram Haydn

SIMON & SCHUSTER
Richard L. Simon

Reader's Digest

READER'S DIGEST
DeWitt Wallace

페이퍼로드
paperroad

THE
MODERN LIBRARY
NEW YORK

MODERN LIBRARY
Bennett Cerf

머리말

현대 사회에서 텔레비전이나 라디오 같은 전파 매체가 대중을 위한 매체라면 도서, 잡지, 신문 같은 활자 매체는 상승지향적인 엘리트를 위한 매체이다. 새로운 정보와 지식은 주로 활자를 통해서 기록·전달되며, 새로운 문화 역시 활자를 통해 창조되고 발전하기 때문이다.

우리는 활자로써 기록된 사상이나 문화를 읽지 않고는 그것을 접할 길이 없으며, 새로운 사상이나 문화를 접하지 못하고 그것으로부터 격리된 상황에서는 도저히 자기 발전을 기약할 수가 없다. 또 활자로써 기록되지 않은 사상이나 문화는 결국 생명이 없는 죽은 사상이나 문화일 수밖에 없다.

편집자는 바로 이러한 활자 매체의 중매자이며 연출자이다. 저자와 독자의 중간에 서서 저자의 사상이나 문화가 올바르게 활자화되어 독자가 이를 정확하게 이해하고 흡수하도록 연출하기도 하고, 저자로 하여금 새로운 사상이나 문화를 창조하도록 자극하고 도와주는 촉매자의 역할을 하기도 한다.

따라서 편집자는 대개 저자가 독차지하기 쉬운 영광이나 명예의 그늘에 가려, 화려한 명성도 이름도 없는 초라한 존재이지만, 나는 이 세상에서 다시없을 보람 있고 매력적인 직업이라고 믿고 있다. 그들은 누가 뭐라고 해도 끊임없이 새로운 문화를 창조하기 위해 긍지를 갖고 신들린 사람처럼 편집에 몰두하기 때문이다. 하기야 내가 이러한 말을 하는 것은 내가 편집밖에 모르는 사람이기 때문인지도 모르지만⋯⋯.

편집 일선에서 물러선 나에게 조그마한 바람이 있다면, 활자를 통한 문화 창조자인 편집자가 사회로부터 응당한 대접을 받는 문화가 하루빨리 정착되어, 선진 외국과 같이 우리나라 편집자들도 그 노력만큼의 대우와 보수를 받는 날이 오고, 편집자들도 그 직업에 긍지를 갖고 편집자로서 마땅히 지녀야 할 바람직스러운 문화 창조의 정신―에디터십―에 더욱 투철해 주었으면 하는 것이다.

이러한 뜻에서 그동안 관심 있게 읽고 메모해 둔 미국 편집자들의 이야기를 이경훈 사장의 격려에 힘입어 한 권의 책으로 엮어보기로 결심하기에 이른 것이다. 그러나 막상 붓을 들고 보니 자료가 너무나도 부족했다. 그리고 이 방면의 자료들은 특수한 분야여서 국내에서는 찾기 힘들었다. 마침 사위인 신광영 군과 딸 고승희 내외가 미국 위스콘신 대학에서 수학 중이어서 그들의 협조 아래 대학 도서관에서 많은 자료를 얻어볼 수 있었다. 이 책이 나오기까지는 그들의 도움도 적지 않았다.

물론 미국의 뛰어난 편집자는 이 책에서 다룬 15명만이 아니다. 미국 출판계는 19세기부터 수많은 명편집자를 배출했고, 그들의 끈질긴 노력으로 오늘날의 찬란한 미국 문화가 개화했다. 특히 잡지 세계에서는 성공한 잡지 뒤에 반드시 우수한 편집자가 있었다. 잡지의 성공은 바로 편집자의 성공이었다. 《타임》, 《라이프》, 《포춘》 등을 창간, 성공시킨 헨리 루스나 《레이디스 홈 저널》의 명편집자 에드워드 보크 등에 대해서 꼭 언급하고 싶었으나, 충분한 자료를 입수치 못해 다음 기회로 미룬 것이 못내 섭섭하다.

결국 어느 나라든지 편집자는 화려한 무대 뒤에 숨은 이름 없는 별들이라는 사실은 다름없다. 그리고 명편집자가 되는 조건은 우리나라나 미국이나 크게 다를 것이 없다. 이 책이 편집이라는 길에 들어선 후배 여러분에게 조그마한 도움이라도 된다면 그 이상 기쁜 일이 없겠다.

고정기

차례

새로운 재능을 발굴하여
발전시키는 데 뛰어났던 편집자.
어떤 원고도 그의 손을 거치면
훌륭한 책이 되었다.

맥스웰 퍼킨스   Maxwell Perkins

스크리브너스의
헤밍웨이 편집자

....

¶ 헤밍웨이 편집자가 되기까지

작가의 회고록을 읽으면 대개 편집자의 이야기가 나온다. 작가의 전기에도 편집자의 이름이 자주 등장한다. 그만큼 작가와 편집자의 관계는 떼어놓을 수 없을 만큼 밀접한 것이다. 칼 베이커가 쓴 방대한 전기 『어니스트 헤밍웨이』에도 헤밍웨이 편집자 맥스웰 퍼킨스의 이름이 자주 나온다.

베이커의 헤밍웨이 전기에는 퍼킨스의 역할에 대해서 자세하게 언급하고 있지 않지만, 많은 사람이 이 전설적인 명편집자에 관한 기록을 남겼다. 그러나 베이커가 볼 때, 퍼킨스는 출판사의 일개 심부름꾼에 지나지 않았던 모양이다.

하기야 스콧 피츠제럴드 Scott Fitzgerald나 토머스 울

†   어니스트 헤밍웨이, 『봄의 분류』, 스크리브너스, 1926.

프Thomas Wolfe와 비교하면 헤밍웨이는 편집자의 신세를 크게 지지 않은 저자였다. 그러나 찰스 스크리브너스 선스Charles Scribner's Sons라는 일류 출판사를 대표한 이 편집자에 대해서 좀 더 상세히 언급하여, 그 편모를 전해 주었으면 좋았을 걸 애석하기만 하다. 아마도 베이커는 헤밍웨이가 편집자를 필요로 하지 않는 작가라고 여겼던 것 같다. 어쩌면 그것은 사실인지도 모른다. 그러나 훌륭한 작가 위에는 반드시 뛰어난 편집자가 있는 법이다.

헤밍웨이가 스크리브너스 출판사의 작가가 된 것은 스콧 피츠제럴드의 강력한 추천이 있었기 때문이었다. 하지만 그에 앞서 스크리브너스 출판사의 편집자 맥스웰 퍼킨스가 당시 27세의 청년 작가 헤밍웨이의 재능을 인정하고 그의 작품『봄의 분류』출판을 결심했기 때문이라 할 수 있다.

그때까지 헤밍웨이는 보니 앤 리버라이트Boni & Liveright 출판사와 인연을 맺고 있었지만, 자신의 재능을 인정해 주는 맥스웰 퍼킨스에게 끌려 스크리브너스 출판사의 작가가 되기 위해『봄의 분류』라는 작품을 쓴 것이 아닌가 생각된다. 이에 대해 그의 동생인 레스터 헤밍웨이는 자신의 전기에 다음과 같이 기록하고 있다.

"그때 형은, 그들이 그 선택권을 가진 이 새로운 작품『봄의 분류』를 보니 앤 리버라이트가 거절하게 될지도 모른다는 생각으로 신속하고도 착실하게 집필하고 있었다. 그들이 거절하면 형은 자유롭게 다른 출판사를 선택할 수 있으리라. 형은 그렇게 되기를 무척 바랐던 것이다. 맥스웰 퍼킨스가 그 편집자이고, 스콧 피츠제럴드의 책을 많이 낸 스크리브너스와 자유롭게 계약을 맺고 싶었던 것이다. 스크리브너스는 보니 앤 리버라이트로 하여금 그 선택권을 단념케 하기 위해 셔우드 앤더슨 Sherwood Anderson(당시 리버라이트의 인기 있는 저자였다)과 그 외의 사람들의 문체를 비방한 『봄의 분류』와 같은 원고를 맡아 주리라."

"스크리브너스로 옮기려는 형의 계획은 실행되었고, 마침내 그 출판사와 좋은 조건의 계약을 체결했다. 그해(1926) 봄에 『봄의 분류』는 출판되었고, 그해 가을에는 『해는 또다시 떠오른다』가 호화로운 미국판으로 출판되었다."

이 글을 보면 헤밍웨이가 스크리브너스의 저자가 된 것은 비교적 쉽게 이루어진 것 같지만, 실은 퍼킨슨의 끈질긴 노력이 있었다. 이에 대해서 메디슨 Charles Madison은 『미국 출판사 Book Publishing in America』에서 다음과 같이 기록했다.

"퍼킨스가 스크리브너스 사장을 설득해 『해는 또다시 떠오른다』와 같이 외설적인 대화가 많은 작품을 출판한 것은 쉬운 일이 아니었다. 그러나 그는 끝까지 주장해 나이 많은 사장을 설득하고 말았다. 그는 그러한 언어를 구사할 필요가 있는 작가의 편에 서서 강력하게 작가를 옹호하며 말했다. '작품 환경에 이러한 표현이 실제적으로 사용되고 있다면, 외설적인 말이라도 예술적으로 사용되어야 한다. 그러한 말을 회피하는 것은 오히려 작가의 잘못일 것이다'라고."

여기서 우리는 퍼킨스의 편집자로서 작가에 대한 이해, 그리고 아직 유명하지 않았던 신진 작가 헤밍웨이의 재능에 대한 그의 믿음을 볼 수 있다. 그는 편집자로서 작가의 마음속 깊이 파고드는 재능이 있었던 것이다.

¶ 머리가 숙여질 정도로 훌륭한 편집자

그 후 헤밍웨이의 모든 작품은 스크리브너스에서 출판되었다. 퍼킨스와 헤밍웨이의 관계는 퍼킨스가 갑자기 세상을 떠나는 날까지 지속되었다. 스크리브너스에서 헤밍웨이의 『봄의 분류』를 출판하기로 결정했을 때 일화에 대해 그의 전기는 다음과 같이 기록하고 있다.

"그래서 당장, 5번가에 있는 스크리브너스 출판사로 찾아갔다. 퍼킨스는 서먹서먹하면서도 따뜻한 느낌을 주는, 아주 빈틈 없는 사나이로, 종이가 너저분하게 널려 있는 5층 사무실에 앉아 있었다. 그는 『봄의 분류』가 '훌륭한 작품'이라고 말하며, 그 풍자소설과 미완의 소설에 대해서, 1,500달러나 선불로 지급하겠다고 말했다. 그는 또 15퍼센트라는 파격적인 인세를 지불할 수 있을 거라고 말했다."

『봄의 분류』는 셔우드 앤더슨이 쓴 소설 『어두운 웃음』을 풍자한 소설이다. 앤더슨은 보니 앤 리버라이트의 작가였기에, 사장인 호레드 리버라이트는 앤더슨에 대한 의리상 『봄의 분류』 출판을 단념하지 않을 수 없었던 것이다.

베이커는 자신이 쓴 헤밍웨이 전기에서 퍼킨스가 갑자기 작고했을 때 일을 다음과 같이 적고 있다.

"1947년 6월 17일, 맥스웰 퍼킨스가 갑자기 세상을 떠났다. 찰스 스크리브너는 어니스트에게 편지를 보내 죽음에 직면했을 때 퍼킨스의 모습을 전했다. 말미에는 '나는 가장 좋은 친구를 잃었다'라고 적혀 있었다. 어니스트도 같은 심정이었다. 그는 조전을 치고, 이어 편지를 보냈다. 퍼킨스는 나의 가장 훌륭하고 가장 충실한 친구였으며, 인생과 문학 양쪽에 걸쳐서 가장 현명한 조언자였습니다, 라고 썼다. 나의 문장을 단 한 줄도 삭제하거나, 다시 쓰도록 말한 적이 없는, '머리가 숙여질 정도로 훌륭한 편집자'였습니다, 라고도 적었다. 그러나 헤밍웨이의 문장을 단 한 줄도 고치지 않았다는 것은 백 퍼센트 진실이라고 말할 수 없다. 아주 드문 일이지만 퍼킨스는 문장 수정을 권할 때 빈틈없는 재치와 찬사를 교묘히 구사해서 어니스트를 조종했던 것이다."

¶ 무엇보다도 재능을 요구한 편집자

맥스웰 퍼킨스는 저자에게 무엇보다도 재능을 요구하는 편집자였다. 그는 작가의 재능에 항상 주목했으며, 그가 특히 인정한 작가들은 다음과 같았다. 스콧 피츠제럴드, 어니스트 헤밍웨이, 링 라드너Ring Lardner, 토머스 울프, J.P. 마퀀드John Phillips Marquand, 어스킨 콜드웰Erskine Caldwell, 마저리 키넌 로링스Marjorie Kinnan Rawlings, 제임스 보이드James Boyd. 그중 한 명인 콜드웰은 자신의 자서전『작가가 되는 법』에서 퍼킨스와의 관계를 다음과 같이 회상한다.

1929년 가을, 그는 퍼킨스로부터 작품을 보여 달라는 편지를 받고 매주 단편을 한 편씩 보냈다. 그런데 그 작품은 모두 당장에 반송되어 왔다.

3개월 후, 퍼킨스가 스크리브너스에서 발행하는 잡지《스크리브너 매거진》에 콜드웰의 단편을 게재키로 결정했다고 편지로 알리자, 27세의 가난한 콜드웰은 포틀랜드에서 야간버스를 타고 뉴욕으로 달려갔다. 그러나 차마 들어설 용기가 나지 않아 '원고가 든 봉투를 꼭 껴안고' 5번가 모퉁이에 있는 스크리브너스 앞을 두 시간쯤이나 왔다 갔다 했다. 그는 가까스로 스크리브너스까지 갔지만 정작 접수계에 가서는 퍼킨스에게 전해 달라고 원고를 맡긴 채 자기가 묵는 호텔 이름만 말하고 나오고 말았다. 퍼킨스를 만날 용기가 없었던 것이다.

그다음 날 호텔에 퍼킨스로부터 전화가 걸려와 단편 두 편이 《스크리브너 매거진》에 게재될 거라 했다. 원고료는 두 편에 2하고 50이라고 했는데 콜드웰은 무슨 뜻인지 알지 못하면서도 대답했다.

"조금은 더 받을 수 있지 않을까 생각하고 있었습니다만……."

"그러면 3하고 50이면 어떻습니까?"라고 퍼킨스가 말했다. 콜드웰은 두 편에 3달러 50센트면 원고료가 너무 싸다고 생각하며 넌지시 불만을 표시했다. "농담이 아닙니다." 퍼킨스는 어이가 없다는 듯이 3하고 50은 350달러를 의미한다고 대답했다.

1930년, 콜드웰의 단편집 『아메리카의 흙』이 스크리브너스에서 출간되었다. 콜드웰은 이번에는 겁먹지 않고 퍼킨스를 방문했다. 이 단편집의 인세는 200에서 250달러 정도였고, 책은 1,000부밖에 팔리지 않았다. 이후 콜드웰은 『타바코 로드』를 스크리브너스 출판사에서 투고했으나, 그다음

장편을 퍼킨스가 거부하는 바람에 스크리브너스 출판사와는
인연을 끊고 말았다.

¶ 신진 작가를 좋아한 편집자

퍼킨스는 작가의 재능을 요구했기 때문에, 아직 이름이 알
려지지 않은 신진 작가를 발굴해 함께 일하기를 좋아했다.
이에 관해서는 보브스 메릴사 명편집자 히람 하이든Hiram
Haydn도 회고록『말과 얼굴들Words & Faces』에서 다음과 같이
말하고 있다.

> "퍼킨스가 작고한 뒤 나는 그의 뒤를 이을 명편집자라는 말을 가
> 끔 들었다. 이것은 내가 퍼킨스와 마찬가지로 젊은 신진 작가와
> 함께 일하기를 좋아하기 때문에 하는 말이라고 나는 믿고 있다."

실제로 퍼킨스가 신진 작가들을 어떻게 대했는지 알아
보기로 한다. 1929년 파리의 청춘을 그린『그 여름의 파리』
의 작가, 몰리 캘라한Morley Callaghan의 이야기다. 우리나
라에는 작품이 소개되지 않았지만, 캐나다 출신인 그는, 본
인은 이러한 찬사에 불만이었지만 한때 헤밍웨이의 재출현
이라며 촉망받던 작가였다.

점심 초대를 받은 캘라한은 퍼킨스를 찾아갔다. 흥분하지는 않았지만 어떤 기대와 경계심으로 뒤범벅된 심정이었다. 캘라한이 만난 퍼킨스는 머리털이 붉고, 얼굴빛도 그에 가까웠다. 갸름한 얼굴의 그는 자존심이 몹시 강한 것 같다는 인상을 주었다. 퍼킨스가 모자를 쓰고 있었기에 캘라한은 바로 식사하러 나갈 줄 알았는데 그러지 않았다. 모자는 단지 이 편집자의 트레이드마크였던 것이다.

맥스웰 퍼킨스는 캘라한이 상상했던 날카로운 비지니스맨 타입이 아니었다. 오히려 대학에서 만난 듯한 친근감이 느껴졌다. 그는 말솜씨가 없었고 창밖만 쳐다보고 있었는데, 마치 캘라한이 옆에 있다는 것조차 잊은 것처럼 느껴질 때도 있었다. 캘라한은 방에서도 모자를 쓴 퍼킨스를 당장에 믿을 만한 사람이라 생각했다. 이윽고 이 편집자는 단골 레스토랑 '체리오'로 신진 작가를 안내했다. 점심을 먹는 내내 퍼킨스는 캘라한에게 집안일부터 대학에서의 일화, 애인 이야기까지 여러 질문을 했다. 캘라한은 "마치 모든 것을 캐묻는 보험회사의 조사원 같았다"라고 했다.

그러고 나서 갑자기 퍼킨스는 『해는 다시 떠오른다』에 대한 이야기를 시작했다. 헤밍웨이의 이 소설이 뉴욕에서는 월스트리트에서 먼저 팔리기 시작했다고 했다.

퍼킨스가 식사를 마칠 때까지 일에 관한 이야기를 꺼내지 않았기 때문에 캘라한은 초조해지기 시작했다. 레스토랑을 나와 5번가를 걸을 때도 마찬가지였다. 두 사람은 프린스턴 대학 출신에 관한 이야기를 했다. 당시 미국 출판계는 프린스턴 출신의 스크리브너스 편집자가 아성이었다.

그 뒤에 퍼킨스는 아무렇지도 않게 스크리브너스는 캘라한의 장편을 출판할 거라 말했다. 이어서 단편집도 출판하고 싶다고 했다. 두 사람은 스크리브너스로 돌아와 계약 조건에 대해 의논하고 악수를 나누었다. 그때 캘라한은 처음으로 퍼킨스의 미소 짓는 얼굴을 보고, 이 편집자가 자기를 따뜻하게 대하고 있다는 것을 깨달았다. 캘라한은 5번가를 나오면서 "나에게 출판사가 생겼다! 책이 두 권이나 나온다!"라는 행복감에 젖었다. 그는 지금도 5번가를 거닐던 그때를 생각하면 가슴이 뿌듯해진다고 말했다.

¶ 스크리브너스의 사풍을 조용히 바꿔나가다

하버드 대학을 졸업한 맥스웰 퍼킨스는 《뉴욕 타임스》의 취재 기자로 일한 뒤, 1910년 스크리브너스의 홍보부에 들어갔다. 당시 스크리브너스는 프린스턴 대학 출신이 주를 이뤘다. 4년 후 그는 편집자가 되었으나 다른 동료들과는 다른 데가 있었다. 사원들은 모두 그보다 연장자였고, 빅토리아왕조 시대 같은 분위기를 몸에 지니고 있었다.

퍼킨스는 모든 학연이나 인맥을 단절시키려는 젊은 작가의 편을 들고, 외국 문학보다 미국 문학을 좋아했다. 1944년 4월, 주간지 《더 뉴요커》에 퍼킨스의 프로필을 쓴 문예평론가 말콤 코울리Malcolm Cowley에 의하면 스크리브너스는 "빅토리아왕조 시대부터 살아남은 출판사 중에서 가장 고상하고 전통을 고집하는" 출판사였다. 따라서 드라이저Theodore Dreiser나 프랭크 노리스Frank Norris, 칼 샌드버그Carl Sandburg 같은 리얼리즘 작가나 시인을 경원한 것도 당연했다.

그러나 퍼킨스는 스크리브너스의 이 완고한 사풍에 실망하지 않았다. 스크리브너스의 판단을 존중하면서도 신선한 작품을 대하면 그 출판을 회사에 권하고 적절히 반대 의견을 무마시켰다. 이에 대해서 코울리는 이렇게 쓰고 있다.

"스크리브너스는 동심의 시대로부터 잃어버린 세대의 소용돌이 속으로 갑자기 비약해 들어갔다. 이 비약은 전적으로 퍼킨스가 반대 의견을 설득한 결과였다. 하지만 그의 제안이 너무나도 조심스러웠기에 어떠한 변화가 일어나는지 거의 깨닫지 못했다."

퍼킨스는 어정쩡한 작품은 거들떠보지도 않았다. 항상 완벽을 요구했다. 1924년의 일이었다. 브루스 바턴Bruce Barton이 쓴 『아무도 모르는 사나이』 원고를 읽은 그는 사장인 찰스 스크리브너에게 말했다. "이걸 출판하면 잘 팔리기는 하겠지만, 그리스도를 한낱 세일즈맨이라고 보는 책이기 때문에 스크리브너스에는 어울리지 않는 내용이다"라고. 이 말을 듣고 스크리브너는 출판을 단념했다.

이 책이 다른 출판사에서 나와 베스트셀러가 되자, 스크리브너는 눈이 휘둥그래져서 왜 그때 거절했냐고 퍼킨스에게 말했다. 그때는 거절하는 이유만 말했지, 10만 부나 팔릴 거라고는 말하지 않았다는 것이다.

¶ 출판인은 첫째로 재능에 충실해야 한다

1917년, 피츠제럴드가 자신의 첫 작품 『낙원의 이쪽』을 그의 은사인 셰인 레슬리Shane Leslie를 통해 스크리브너스로 가져왔다. 그걸 읽은 퍼킨스는 미숙한 부분만 수정하면 좋은 작품이 될 거라 생각했다. 그러나 스크리브너스의 사장은 졸작이라며 거들떠보지도 않았다.

당시 군에 입대한 피츠제럴드는 퍼킨스에게 그 원고를 다른 출판사로 보내 달라고 부탁했다. 그러나 다른 출판사에서도 출판할 수 없다고 거절당했다. 전쟁이 끝나 피츠제럴드가 제대하자 퍼킨스는 그 소설을 수정해 다시 보여 달라고 했다. 이 주 후 수정된 원고를 받은 퍼킨스는 이 작품을 출판하기 위해 끈기 있게 스크리브너 사장을 설득했다. 『편집자로부터 저자에게』를 편집한 휠로크John Hall Wheelock는 당시 상황을 다음과 같이 전하고 있다.

퍼킨스는 아무 말도 하지 않았다. 아주 서먹한 침묵이 오랫동안 지속되었다. 이윽고 스크리브너가 말했다.

"자네는 내 의견에 반대란 말이지?"

그러자 퍼킨스가 말했다.

"출판인은 무엇보다도 재능에 충실해야 한다고 생각합니다. 만약 우리가 이처럼 재능 있는 작품을 출판하지 않는다면 사태는 아주 심각해질 것입니다." 이후 퍼킨스는 피츠제럴드에게 다음과 같은 편지를 보냈다. "우리들 전원이 귀하의 작품을 출판하는 데 찬성한다는 것을 알려드릴 수 있어 제 일처럼 기쁘게 생각하고 있습니다……. 작품이 너무나도 독특하기 때문에 얼마나 팔릴지 예상하는 것은 어렵지만, 우리들은 위험을 무릅쓰고라도 용감하게 이 작품을 지지합니다."

편지를 받은 피츠제럴드의 기쁨은 말할 것도 없었다. 이때 피츠제럴드는 21세, 퍼킨스는 33세였다. 『낙원의 이쪽』은 1920년 3월에 출판되어 5만 2,000부나 팔렸다. 이 작품으로 피츠제럴드는 일약 유명 작가가 되었고, '남부 제일의 미녀' 젤다 세이어와 결혼했다.

¶ 헤밍웨이와 함께 낚시를 즐겨…….

스콧 피츠제럴드가 남의 일을 잘 돌봐 주었다는 것은 널리 알려진 이야기다. 그는 다른 사람의 성공을 기뻐하고, 실패를 동정하는 마음씨 고운 사나이였다. 뿐만 아니라 마음에 드는 작가를 만나면 어떻게든 그 작품이 출판되도록 애쓰는 사람이었다. 캘라한을 퍼킨스에게 추천한 것도 캘라한의 친구인 헤밍웨이가 아니라, 그의 작품을 읽고 감탄한 피츠제럴드였다.

1924년 10월, 파리에 있던 피츠제럴드는 퍼킨스에게 다음과 같은 편지를 보냈다.

> "이 편지를 쓰는 것은 어니스트 헤밍웨이라는 청년을 알려드리고 싶어서입니다. 그는 파리에 살고(미국 사람입니다), 『트랜스애틀랜틱 리뷰 *Transatlantic Review*』에 글을 싣고 있는 찬란한 미래의 소유자입니다……. 나 같으면 당장 그를 찾아낼 것입니다. 그야말로 진짜 유망한 작가입니다."

퍼킨스는 이 편지를 읽고 헤밍웨이에게 편지를 보냈으나, 보니 앤 리버라이트가 친 전보가 더 빨랐기에 『우리들의 시대에』는 보니 앤 리버라이트의 차지였다. (보니 앤 리버라이트는 1920년대에 활약하다 시대와 함께 사라졌다. 사장인 호레스 리버라이트는 유대인이었는데, 그의 등장은 유대인의 출판계 진출이라는 점에서 주목을 받았다. 드라이저의 『아메리카의 비극』은 보니 앤 리버라이트에서 출판된 베스트셀러이다.)

1925년 4월, 피츠제럴드는 그래도 단념하지 않았다. 그는 퍼킨스에게 다음과 같은 편지를 썼다.

"헤밍웨이는 쾌남아로 당신의 편지와 그 내용에 크게 감사하고 있습니다. 만약 리버라이트가 그를 만족시키지 못한다면 그는 당신의 출판사로 옮길 것입니다. 그에게는 미래가 있습니다."

수개월 후 리버라이트Horace Liveright가 『봄의 분류』의 출판을 거절하자, 헤밍웨이는 이 소설을 하코트에 출판을 부탁하려고 생각했다. 스크리브너스에 비교하면 하코트 쪽이 보수적이지 않다고 판단한 것이다. 그러나 피츠제럴드의 권고도 있기에 헤밍웨이는 퍼킨스를 찾아갔다. 퍼킨스로서는 경박한 말과 외설스러운 대화가 있는 소설을 스크리브너에서 출판하자고 설득하는 건 쉬운 일이 아니었다. 그러나 퍼킨스의 끈질긴 설득에 사장도 마침내 굴복하고 말았다.

이렇게 해서 헤밍웨이와 퍼킨스의 관계는 시작되었고, 결과적으로 두 사람 모두에게 많은 결실을 가져다주었다. 헤밍웨이는 틀림없이 편집자의 손이 가지 않는 저자였고, 그는 퍼킨스에게 친근감을 느꼈다. 헤밍웨이는 한 인터뷰에서 "퍼

† 플로리다 키웨스트에서 편집자 맥스웰 퍼킨스와 어니스트 헤밍웨이, 1935.

킨스는 총명한 친구이고 멋있는 동료였다"라고 말했다.

　퍼킨스는 헤밍웨이로부터 플로리다에서 낚시를 하자는 초대를 받았으나, 일이 바빠서 거절하려고 했다. 그러자 헤밍웨이는 그렇다면 출판사를 바꾸겠다고 다시 편지를 보냈다. 이 편지를 받은 퍼킨스는 두말하지 않고 플로리다로 가 함께 낚시를 즐겼다.

¶ 헤밍웨이에게 보낸 편지

맥스웰 퍼킨스가 저자들에게 보낸 편지는 1950년 『편집자로부터 저자에게』라는 제목으로 스크리브너스에서 출판되었다. 이 명저는 문고판으로도 나와 있다. 그중에서 비교적 짧은 헤밍웨이에게 보낸 편지의 전문을 인용하기로 한다.

1932년 1월 14일

친애하는 어니스트

원고(『오후의 죽음』 1932년 출판)가 도착하기를 몹시 기다리고 있습니다만, 완성될 때까지는 그쪽에 두어 주십시오.

살고 있는 집은 꽤 멋있겠죠. 그리고 키웨스트도. 이 세상의 번거로움을 잊게 해주는 곳입니다. 나는 실직한 청년들에게 그곳에 가 보라고 권하고 있습니다. 작은 배를 살 정도의 돈을 가진 낯선 젊은이들이 몰려드는 것을 보신다면, 그 책임은 나에게 있으며, 그래서 나에 대해서 뭐라고 말씀하실지 짐작이 가고도 남습니다. 나는 그들에게 불경기가 지나갈 때까지 체재해야 한다고. 그렇게 하면 심신을 소모하는 일 없이, 되돌아와서 만족스러운 상태로 다시 일을 시작할 수 있을 거라고. 보내주신 편지를 보면 이미 원고를 보냈다고 해석되는 구절도 있었습니다만, 틀림없이 아직 끝맺지 못했으리라 생각합니다. 원고는 아직 도착하지 않았습니다. 마크 리슈가 쓴 『햄릿』을 읽고 걸작이라고 생각했습니다. 이 새로운 시는 틀림없이 성공할 것입니다. 그리고 호튼 미플린 Houghton Mifflin 출판사는 봄의 출판 예고에서 그를 크게 취급하리라 생각합니다. 스콧 피츠제럴드로부터 전보만 받았을 뿐, 아직 편지를 받지 못하고 있습니다만, 지금은 앨라배마에서 돌아와서 '할리우드 재방문'이라는 읽을거리를 집필할 예정입니다.

톰 울프에 대해서 물으셨죠. 그는 최근 대작을 완성했는데 그 일부를 읽어보니까 아주 훌륭한 작품입니다. 그는 여전히 정신 상태가 좋지 않습니다. 지금도 그렇습니다. 하룻저녁 그와 함께 보내면서 상당히 회복되고 있다는 것을 깨우쳐 줄 작정입니다. 안심해 주십시오. 그곳에서 여러분과 함께 있는 날이 오기를 염원하면서……

삼가 올림

¶ 작가의 재능을 끄집어내는 능력

『새끼사슴 이야기』를 쓴 마저리 키넌 롤링스Marjorie Kinnan Rawlings에 의하면 퍼킨스에게는 '작가 한 사람 한 사람의 마음속에 파고드는 재능'이 있었다고 한다. 작가가 무엇을 하려는지, 무슨 말을 하고자 하는지, 퍼킨스는 이를 정확하게 이해했다. 작가의 능력을 최고치로 끄집어내는 재능이 있었다고 롤링스는 말하고 있다. 하지만 뛰어난 편집자는 항상 그래야만 할 것이다.

퍼킨스는 링 라드너의 책을 출판할 때도 선배 편집자를 상대로 싸우지 않으면 안 됐다. 그 편집자는 "라드너 따위는 고작 스포츠 라이터에 불과하고 퍼킨스가 지지하는 천한 저자 중 한 사람에 불과하다"라고 말했다.

퍼킨스의 또 하나의 공적은 윌러드 헌팅턴 라이트Willard Huntington Wright의 발굴이다. 라이트가 의료비를 지불하기 위해 쓴 탐정소설의 줄거리를 보니 앤 리버라이트에 보낸 뒤 인세 3,000달러를 선불로 줄 것을 요구하자, 리버라이트는 이를 거절했다. 그러나 퍼킨스는 이 책이 팔린다고 판단하고 라이트에게 인세 3,000달러를 선불로 지불했다. 라이트가 S.S. 반 다인S.S. Van Dine이라는 필명으로 쓴 『벤슨 살인사건』, 『카나리아 살인사건』, 『그린 가家 살인사건』은 각각 6만 부나 팔렸다.

맥스웰 퍼킨스가 많은 작가의 신용을 얻은 것은 무엇보다 '작가의 재능'에 충실했기 때문이다. 그렇기에 피츠제럴드나 울프에 대해서도 관대할 수 있었다. 울프는 『그대 고향에 돌아가지 못하리』에서 퍼킨스의 사생활을 놀려대기도 했다.

뉴욕 태생인 퍼킨스는 1947년 갑자기 세상을 떠날 때까지 마치 판에 박힌 듯한 생활을 보냈다. 거처는 코네티컷주의 뉴캐넌으로 아내와 다섯 명의 딸이 있었다. 그리고 스크리브너스의 일에만 열중했다. 때때로 소년 시절을 보낸 버몬트주의 윈저를 찾아가거나, 플로리다의 키웨스트에서 헤밍웨이와 낚시를 즐길 뿐이었다.

퍼킨스는 10시에 출근해서 먼저 배달된 편지를 읽은 다음 답장을 하고, 원고를 읽고 손님을 만난다. 오후 1시 체리오에서 점심을 들고 2시 반에 귀사하면 5시까지 원고를 읽고 손님을 만났다. 그런 다음 릿츠 호텔의 바에서 저자나 대리인을 만나고, 6시 2분발 기차로 뉴 캐넌으로 돌아간다. 그의 가방 안은 언제나 원고 뭉치로 가득했다.

맥스웰 퍼킨스가 마지막으로 편집한 책은 알란 패튼Alan Paton의 소설이었다. 이 책은 1948년에 출판되어 베스트셀러가 되었다. 퍼킨스는 이 책이 출간되기 직전인 1947년에 그의 나이 61세로 세상을 떠났다. 그를 누구보다 잘 아는 휠로크는 그의 죽음을 다음과 같이 보도했다.

"33년에 걸친 편집자 생활을 통해서, 퍼킨스 씨는 재능을 발견하는 데 그치지 않고 그 재능이 열매를 맺도록 돌보고 인도함으로써 훌륭한 선물을 우리에게 주었다. 그는 참다운 재능을 처음 찾아내는 통찰력뿐만 아니라 그 재능을 인도하고 발전시키는 인내심과 총명한 이해심을 아울러 지니고 있었다. 아무리 미숙한 원고라도 그의 손만 거치면 편집이 잘 된 훌륭한 책으로 둔갑해 나왔다."

상식과 우아,
그리고 유머의 화신이었던
그는 '최후의 젠틀맨 퍼브리셔'
였다.

아놀드 깅리치 Arnold Gingrich

『에스콰이어』의
창간자·편집자

¶ 우아함과 유머의 화신이었던 편집자

1966년, 《에스콰이어Esquire》 9월호는 그 편집 전기라고 할
수 있는 권두 칼럼에서 주간 아놀드 깅리치Arnold Gingrich의
사망 소식을 전했다. 조그마한 활자로 짜인 그 부고를 에워
싼 하얀 여백이 몹시도 인상적이었다. 이 칼럼은 《에스콰이
어》 창간 이후 줄곧 아놀드 깅리치가 집필하던 페이지였다.

편집장 돈 에릭슨이 쓴 것으로 짐작되는 이 부고의 짧은
문장 속에는 깅리치의 인품과 경력이 간결하게 적혀 있었다.

"아놀드 깅리치가 지난 7월 9일에 작고했다. 매월 이 페이지는 그
의 것이었고, 그는 이 페이지를 이용해서 자기가 쓰고 싶은 이야

기를 써왔다. 그는 여기에 우아함과 유머를 담았다. 그 이외의 것은 싫어했다. 무엇보다도 그는 상식을 주장했다. 그는 본지의 초대 편집인이었고, 1933년부터 현재까지, 짧은 기간 동안 우리 잡지를 떠났던 시간을 제외하면 본지의 훌륭한 안내자였다. 우리는 이 비범한 인물에 대해서 이야기할 것이 너무나도 많다는 것을 잘 알고 있다. 그러나 지금은 원고 마감 시간—아놀드 깅리치가 편집자 생활을 하는 동안 끊임없이 직면해 온 사실—때문에, 그를 추모하는 글이나 사진은 다음 호로 미룰 수밖에 없다."

이 부고가 실리기 전 8월호에는 깅리치가 병으로 쓰러졌기 때문에 그의 칼럼은 휴재하지만, 그는 곧 회복해서 다시 건필을 휘두르게 되리라고 적혀 있었다. 그러나 그는 회복하지 못하고 끝내 세상을 떠나고 말았다. 사인은 폐암이었다. 향년 72세, 뉴저지주 리치우드의 자택에서 위대한 편집자는 작고했다.

¶《어패럴 아츠》의 창간과 깅리치 스카우트

남성을 위한 잡지 《에스콰이어》가 창간된 1933년은 미국이 대공황에 허덕일 때였다. 창간자는 데이비드 A. 스마트David A. Smart라는 사람이었다. 그는 시카고 태생으로 고등학교를 졸업하자마자 대학에 진학하지 않고 바로 광고계에 뛰어든 사나이다. 그러나 광고업으로는 도저히 돈을 벌 수 없었기 때문에 스마트는 상품거래시장 투기에 손을 댔다. 돈을 긁어 모아 설탕 선물거래를 시작한 것이다. 제1차 세계대전의 영향으로 설탕이 부족해 그 값은 하루가 다르게 폭등하고 있었다. 그러나 70만 달러쯤 벌었다고 생각한 순간 가격이 폭락하고 말았다. 그 결과 손에 남은 것은 불과 5만 달러였다. 그는 이 운명을 차분한 마음으로 받아들였다. 그러나 젊은이에게 5만 달러는 큰돈이었다.

투기에 혼이 난 스마트는 다시 광고업으로 돌아가 동생인 알프레드 스마트Alfred Smart와 광고 대리점을 시작했다. 원래 알프레드는 신사복 선전문을 쓰는 카피라이터였다. 그는 재치 있는 세일즈맨인 윌리엄 웨인트라웁William Weintraub과 짜고, 미국 전역의 남성용 의상점을 위한 화려한 선전법을 여러 방면으로 연구하기 시작했다.

그중 하나가 신사복의 최신 스타일을 전송 사진으로 보내는 방법이었다. 유명 인사가 최신 유행 스타일로 브로드웨이 초연에 나타났을 때 사진을 찍어, 그 사진을 그들의 대리점과 계약한 의상점에 전송하는 것이었다. 그들은 1930년 11월 18일, 지그펠드Ziegfeld의 쇼 〈스마일스(Smiles)〉 초연 때 옷토 칸의 사진을 찍는데 성공했다. 그는 유명한 예술 후원자로, 연극계와 맨해튼 사교계의 대표적인 인물이었다. 데이

비드 스마트는 시골의 젊은 멋쟁이들이 이 상류 사회의 최신 유행에 깜짝 놀라서, 근처에 있는 남성용 의상점에 몰려가 옷토 칸과 똑같은 양복이나 코트, 그리고 실크해트를 살 것이라고 생각했다.

그들의 작전은 대성공이었다. 그러나 복식 산업과 관련된 업계지를 내던 페어차일드 출판사는 그들의 성공을 못마땅하게 여겼다. 그때까지 패션에 관한 선전은 자신들에게 독점권이 있는 것처럼 큰소리를 쳐왔기 때문이다. 페어차일드는 반박하는 기사를 실었다. 문제의 사진은 지그펠드 쇼 첫날에 참석한 칸의 사진이 아니라, 공연이 시작되기 몇 시간 전에 가짜 인물이 포즈를 취한 엉터리 사진이라고 주장했다. 스마트는 이 반박에 화가 나서 반격에 나섰다. 자기도 업계지를 발간해 그 지면을 통해서 반격하기로 한 것이다. 이 조그마한 사건이 실은 30년대의 가장 성공적인 잡지 《에스콰이어》가 탄생하는 계기가 된 것이다.

이렇게 해서 그들은 새로운 업계지 《어패럴 아츠*Apparel Arts*》를 창간했다. 이 잡지는 호화판 계간지로, 신사복의 최신 패션과 함께, 새로 나온 복식의 실물 견본을 붙였다. 이후 남성용 의상점에서 점원이 손님에게 옷감을 권하는 데 편리해졌다.

이때 《어패럴 아츠》의 편집장으로 스카우트돼서 온 게 아놀드 깅리치였다. 미시간 대학 출신이었던 그는 작가를 지망했으나 끼니를 해결할 형편도 되지 않아 광고 업계에 뛰어들게 되었다. 이후 대표적인 의상 판매점 쿠펜하이머Kuppen-heimer에서 손님의 시선을 끄는 선전문을 쓰게 되었다. 그 재치 있는 선전문을 보고 감탄한 스마트가 깅리치를 편집장으로 앉혔던 것이다.

¶ 상대를 높이는 의미를 담은 이름《에스콰이어》

《어패럴 아츠》의 출발은 눈부셨으나, 1930년대 대공황의 검은 구름이 전 미국을 뒤덮자 신사복 산업의 경기도 밑바닥으로 떨어지고 말았다.

손님이 줄어들자 《어패럴 아츠》의 주문도 끊겼다. 스마트 형제는 장사를 계속하기 위해서는 남성 패션만 취급해서는 안 되며, 누구나 즐길 수 있는 잡지를 만들어야 된다고 생각했다. 데이비드 스마트는 깅리치를 호텔 방에 가둬 놓고, 새로운 잡지를 생각해낼 때까지 방에서 내보내지 않겠다는 말과 함께 열쇠를 갖고 돌아가 버렸다.

깅리치는 동료 편집자들과 함께 머리를 싸매고 새로운 잡지 모형을 만들어냈다. 기본적으로 남성용 패션을 다루지만, 독자를 잡아끄는 먹이가 될 수 있는 즐겁고 매력 있는 기사로 가득한 잡지를 만들기로 한 것이다.

견본을 만드는 단계에서는 잡지 이름을 《트렌드*Trend*》라고 할 예정이었다. 꼭 맞는 이름이라고 생각했다. 그러나 워싱턴에 등록된 잡지 기록을 조사한 변호사로부터 《트렌드》라는 제호는 이미 사용되고 있다고 했다는 사실을 전해 들었다. 깅리치는 세 가지 대안을 생각했다. 《트림*Trim*》, 《보*Beau*》, 그리고 《스태그*Stag*》였다. 그러나 이 제호들도 전부 등록되어 있었다.

어느 날 아침, 깅리치가 제호만 빠진 견본을 실망 어린 눈초리로 쳐다보면서 테이블에 앉아 있는데, 기자가 워싱턴에 있는 변호사로부터 보낸 편지를 가지고 들어왔다. 그 겉봉에는 'Arnold Gingrich Esquire(아놀드 깅그리치 귀하)'라고 적혀 있었다. 이는 영국식 전통을 좋아하는 변호사가 즐겨 쓰는 존칭이었다. 이 편지를 힐끔 쳐다본 깅리치는 무릎을 탁 치면서 일어섰다.

"이거다! 에스콰이어다!"

이렇게 해서 새로운 잡지 제호는 《에스콰이어》로 결정되었다. 그러나 1933년 3월은 미국 경제가 파산 직전에 놓인 때였다. 당시 루스벨트 대통령은 현금 인출 소동을 방지하기 위해 은행마저 폐쇄시킨 상태였다. 이런 불경기에 스마트가 《에스콰이어》의 견본을 들고 찾아가자 광고주들은 힘없이 어깨만 축 늘어뜨릴 뿐이었다. 스마트와 깅리치는 이 경제 위기가 얼마간 지나가기를 기다릴 수밖에 없었다.

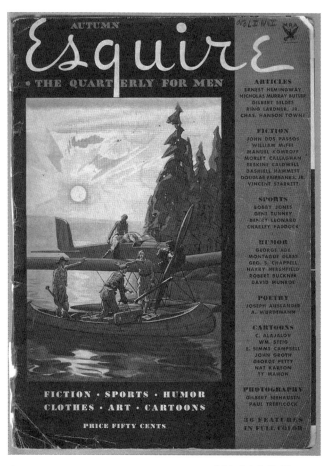

《에스콰이어》 창간호, 1933.

이렇게 해서 《에스콰이어》는 1933년 10월에 계간으로 창간되었다. 당시로는 파격적으로 고급 용지를 사용한 대형 판으로 총 116면 중 삼분의 일은 원색판이었다. 당시 전문가들은 한 부에 50센트나 하는 이 잡지가 2만 5,000부 이상 팔리지 않을 거라 장담했다. 하지만 창간호 10만 5,000부는 순식간에 날개 돋친 듯이 팔려나갔다.

깅리치는 《에스콰이어》 창간호의 편집 방침을 그 잡지의 판매 방침과 일치시키는 데 무진 애를 썼다. 남성 패션을 주로 다루는 잡지였기 때문에 판매는 주로 남성용 의상점에 의지하기로 했다. 미국 내의 대표적인 의상점 1,000군데에 100부씩 배본해 그 가게에서 손님에게 파는 방식을 취했다. 광고주는 최소한의 경비로 10만 명의 고객에게 광고를 확실하게 전달할 수 있는 셈이었다.

이렇게 해서 창간호 10만 5,000부 중 10만 부는 소화되고 5,000부가 남아 이것을 거리의 가판대에 진열했다. 그런데 뜻밖에도 가판대에서 날개 돋친 듯이 팔리기 시작했다. 어느 곳에서는 100부를 배당했는데 일주일에 2,000부나 팔렸다. 가판대에 배본한 책이 부족해, 의상점에서 5,000부를 반품시켜 가판대에 보내주어야 했다.

이와 같이 창간호에 대한 인기가 폭발적으로 높자, 제 2호인 1934년 1월호부터는 월간으로 바꾸어 발행하기로 했다.

¶ 헤밍웨이 같은 일류 작가의 원조를 받아내는 데 성공

《에스콰이어》의 성공은 깅리치가 창간 초기의 재정난 속에서도 뛰어난 작가와 만화가를 발굴했다는 데 있다. 그중에서도 특히 어니스트 헤밍웨이는 《에스콰이어》의 최대 재산이었다.

깅리치가 헤밍웨이를 만난 것은 어느 희귀본 업자를 통해서였다. 열성적인 고서 수집가였던 깅리치는 당시 일약 유명해지기 시작한 신진 작가 헤밍웨이의 초판본을 구하고 있었다. 깅리치는 희귀본 업자의 책방에서 1923년 파리에서 350부 한정판으로 출판된 헤밍웨이의 작품집 『3개의 단편과 10편의 시』 초판본을 75달러를 주고 샀다. 그때는 루스벨트 대통령이 갑자기 은행을 폐쇄해 현금 인출이 불가능했기 때문에 시중에 현금이 잘 유통되지 않아, 75달러는 참으로 귀중한 거금이었다. 업자는 감사한 나머지 그 사례로 헤밍웨이를 소개해 주겠다고 말했다. 헤밍웨이도 그 책방의 단골이었던 것이다. 업자를 통해서 깅리치가 자신의 초판본을 수집하고 있다는 말을 들은 헤밍웨이는 크게 감격해, 깅리치를 만나자 두말없이 그가 편집하는 《에스콰이어》의 원고를 쓰겠다고 승낙했다. 《에스콰이어》가 50달러의 원고료를 지불할 여유가 있을 때는 100달러를 지불할 것이라는 조건부였다.

헤밍웨이를 고정 필자로 끌어들인 깅리치는 다른 일류

작가의 원고를 받아내는 일이 쉬워졌다. 그는 《에스콰이어》에 미국 문화계의 정수를 모으고 싶었으나 돈이 없었다. 당시 일류 잡지였던 《세러데이 이브닝 포스트*Saturday Evening Post*》, 《콜리어스*Colliers*》, 《레이디스 홈 저널*Ladies Home Journal*》, 《코스모폴리탄*Cosmopolitan*》처럼 많은 원고료는 도저히 감당할 수가 없었다.

그래서 헤밍웨이와의 관계를 최대한 이용했다. 문단의 일류 작가를 찾아가 헤밍웨이가 《에스콰이어》에 글을 쓰기로 했는데 선생님도 써 주시지 않겠느냐고 말하는 식이다. 킹리치는 헤밍웨이가 얼마나 훌륭한 작가인지 잔뜩 선전하고 나서 어음장과 펜을 꺼내 들고, 지금 당장 원고료 100달러를 받고 작품을 주겠다고 사인하라고 다그쳤다. 그것은 그가 줄 수 있는 최대한의 원고료였다.

그러면 그 거물 작가는 킹리치를 의아한 눈초리로 쳐다보고 묻는다.

"설마 헤밍웨이가 단돈 100달러를 받고 소설을 쓰는 것은 아니겠지?"

킹리치는 순순히 고백한다.

"정직하게 말해서 헤밍웨이는 그 돈을 받고 원고를 쓰지 않습니다. 그러나 헤밍웨이는 우리 잡지와 특별 계약을 했습니다. 다른 작가에게 얼마를 지불하든, 그에게는 그 배를 지불한다는 약속이 되어 있습니다."

"말하자면 한 작품의 원고료가 200달러가 되는 셈이군."

깅리치는 고개를 끄덕인다. 당시는 문학 작품이나 문학적 명성에 엄청난 원고료를 지불해야 하는 시대가 아니었다. 여전히 소설가들이 가난한 시대였다. 때문에 작가들은《에스콰이어》와의 계약을 십중팔구 승낙했다. 바로 현금이 되는 100달러짜리 어음을 받는 게 언제 돈이 될지도 모르는 1,000달러를 기대하는 것보다 나았다. 그리고 그 유명한 어니스트 헤밍웨이와 나란히 작품을 실을 수 있다는 이점도 있었다. 이렇게 해서 깅리치는 창간호부터 일류 작가와 계약할 수 있었다.

창간호에 등장한 필자를 보면 어니스트 헤밍웨이를 비롯해 존 더스 패서스John Dos Passos, 윌리엄 맥피Willian Mc-Fee, 어스킨 콜드웰Erskine Caldwell, 마누엘 콤로프Manuel Komroff, 몰리 캘라한Morley Callaghan, 대실 해밋Dashiell Hammett 등 쟁쟁한 얼굴들이었다.

이렇게 해서 깅리치는《에스콰이어》에서 어니스트 헤밍웨이의 수많은 걸작을 발표하게 되었다. 그중 하나가 그 유명한 『킬리만자로의 눈』이다. 토마스 만의 뛰어난 단편부터 D. H. 로렌스, 에즈라 파운드Ezra Pound, 앙드레 모루아Andre Maurois 등 세계적인 작가의 작품도《에스콰이어》에 등장했다. 이렇게 볼 때 초창기《에스콰이어》는 뛰어난 문학 잡지였다고도 말할 수 있을 것이다.

¶ 만화가 캠벨의 발굴

깅리치는 《에스콰이어》에 멋있는 글과 함께 미소를 자아내는 재치 있는 만화를 곁들여 독자의 마음을 사로잡고 싶었다. 그래서 가장 적은 원고료로 만화를 그려 줄 아직 무명의 재치 있는 만화가를 찾고 있었다.

먼저 당시 일류 만화가였던 러셀 패터슨에게 교섭했으나 원고료가 너무 비싸서 도저히 무리였다. 그래서 패터슨에게 교섭했으나 마찬가지로 원고료가 비쌌다. 패터슨에게 《에스콰이어》의 조건에 맞는 장래가 유망한 만화가를 소개해 달라고 부탁했다. 패터슨은 위트 있는 만화를 그리지만 아직 어느 잡지에도 채용되지 않은 빈민굴에 사는 청년 만화가를 소개해 주었다. 이 청년은 자신이 그린 만화에 경구나 익살스러운 말을 곁들여서 한 장에 몇 달러씩 받고 패터슨에게 팔았고, 패터슨은 그것을 자기 작품에 이용했던 것이다.

깅리치가 빈민굴을 찾아가자 무명 만화가인 E. 심스 캠벨 E. Simms Campbell은 페인트칠도 하지 않은 누추한 방에 앉아 있었다. 그의 주위에는 팔리지 않은 만화들이 벽 밑에 산더미처럼 쌓여 있었고, 옷장 위 선반에도 수북이 쌓여 있었다. 깅리치의 이야기를 들은 캠벨은 과일 도매상처럼 그 산더미를 손끝으로 가리켰다.

"여기서부터 여기까지 몽땅 얼마를 주시겠어요?"

《에스콰이어》의 심볼 에스키가 모델인 표지, 1939.

아놀드 깅리치 Arnold Gingrich

깅리치는 이 신인 만화가의 작품을 상자에 쓸어 담아 자기 사무실까지 끌고 왔다. 사무실에서 그 만화들을 훑어본 깅리치는 회심의 미소를 지었다. 바로 그가 찾던 만화였다.

이렇게 해서 E. 심스 캠벨은 깅리치의 지도를 받아 가며 《에스콰이어》에 만화를 그리게 되었고 일약 유명한 만화가가 되었다. 오랜 세월 동안 그는 《에스콰이어》의 만화가로서 명성을 떨치고 돈도 벌었다. 스위스 별장에서 호화로운 생활을 하면서 30년 넘게 《에스콰이어》에 만화를 보냈던 것이다.

깅리치가 이 만화가를 만나기 위해 빈민굴을 드나들던 어느 날, 깅리치는 한 장의 만화를 발견했다. 그것은 콧수염을 기른 사나이가 예복용 와이셔츠에 넥타이를 매고 연미복을 입고 있는 만화였다. 깅리치는 온갖 멋을 잔뜩 내고 점잔을 빼는 사나이의 그림이야말로 《에스콰이어》의 심볼로서 꼭 맞는 이미지라는 것을 깨달았다.

깅리치는 이 만화의 사용권을 사서, 표지용 사진을 찍었다. 그리고 매호 표지 한쪽에 이 사진을 《에스콰이어》의 심볼로 수록했다. 이렇게 해서 그 전설적인 '에스키'가 태어난 것이다.

¶ 독자 조사를 통해 편집 방침을 바꿔나가다

《에스콰이어》는 독자의 눈길을 끄는 재치 있는 만화와 시원한 산문 덕에 창간되자마자 호평을 받았고, 미국 출판 사상 시작부터 흑자를 기록한 보기 드문 잡지였다. 창간호는 정가 50센트로 1930년대로써는 상당히 비싼 가격이었지만 10만 5,000부가 발행 즉시 매진되었다.

4년 후, 발행 부수는 10만 부에서 70만 부로 뛰어올랐다. 창간한 지 2년 만에 16만 달러의 이익을 올렸는데, 이는 잡지로서는 전대미문의 일이었다. 그리고 수년 후에는 수익이 110만 달러를 넘어섰다. 1936년까지 광고 수입도 100만 달러에서 300만 달러 이상으로 늘어났다.

깅리치는 《에스콰이어》가 의외로 반응이 좋자 시장조사원을 동원해 구독자를 조사했다. 그가 설정했던 대상 독자와 실제 독자가 일치하는지를 확인하기 위해서였다. 그 결과가 재미있었다. 창간할 때는 직장 생활을 하는 남녀, 새로 형성된 여유 있는 중산층을 노렸는데, 실제로 50센트짜리 잡지를 구입한 것은 사회적으로 그보다 더 높은 계층이었다.

시장조사원이 조사한 결과, 독자의 10퍼센트가 연수입 5,000달러 이상이었고, 80퍼센트가 2,000달러 이상이었다. 지금은 연수입 5,000달러가 대단한 게 아니지만 1930년대 당시에는 대단한 고소득자였다. 인프라가 없었던 시대에

5,000달러 수입이 있으면 오늘날에는 5만 달러 이상의 수입으로 향락적인 생활을 보낼 수 있었다. 그래서 발행자인 스마트는 광고주에게 '《에스콰이어》는 부유한 미국인을 위한 잡지'라고 자랑했고, 이게 광고 수입을 올리는 데 절대적인 영향을 준 것은 말할 것도 없다.

이렇게 놀기 좋아하고 돈을 잘 쓰는 독자를 위해서 깅리치는 편집 방침을 조금씩 수정해 나갔다. 문학적인 교양을 즐기는 건 물론 여유 있는 인생을 즐길 수 있는 기사를 서비스한 것이다. 헤밍웨이로 하여금 바다낚시의 호쾌한 즐거움을 쓰게 했고, 요리 평론가인 찰슨 타운에게 〈요리 주문법〉을 쓰게 하여, 고급 레스토랑에서 어떻게 하면 그곳의 대표 메뉴를 즐길 수 있는가를 독자에게 가르쳐 주었다. 격조 높은 문학적 분위기를 더욱 완벽하게 다듬기 위해 존 더스 패서스 등 일류 작가의 단편 소설을 실었다. 《에스콰이어》는 '남성을 위한 잡지'에서 '새로운 여가와 생활을 위한 잡지'로 바뀌었고 동시에 질 높은 문예 잡지이기도 했다. 미국 사회 전반에 '여가'가 강조된 것은 1930년대에 들어서서 미국의 각 기업에서 주 5일 근무제가 실시되었기 때문이다.

《에스콰이어》에 대해서 또 하나 빠뜨릴 수 없는 것은 남성 패션을 리드하는 잡지였다는 사실일 것이다. 아놀드 깅리치는 세상을 떠나기 전까지 편집장과 주간을 맡았다. 《에스콰이어》의 명성이 높아짐에 따라 그는 스스로 시골에서 한

가로이 살아가는 귀족의 분위기를 풍기게 되었다. 그는 모든 일에 있어서, 마치 영국의 지주 출신인 것처럼, 그리하여 서섹스의 시골에 큰 저택을 가지고 있고, 런던의 고급 주택가에도 호화로운 저택이 있는 것처럼 행동했다.

¶ 귀족적인 사고방식과 생활 방식

아놀드 깅리치는 제로에서 출발해 다른 사람 같으면 여러 세대에 거쳐 형성할 수 있을 법한 일들을 단시간에 이뤄나갔다. 그것은 완전히 귀족적인 사고방식과 생활방식이다. 《에스콰이어》가 복식 산업의 업계지로부터 출발한 것처럼, 깅리치 자신도 다듬어지지 않은 인간으로부터 출발해 도회적으로 세련된 신사의 모범으로 변신했던 것이다. 한낱 복식업자에서 출발해 사교계 명사가 된다는 것은, 끊임없이 위로 뻗어 올라갈 수 있는 미국 사회가 아니고서는 도저히 불가능한 일이다. 영국에서는 귀족을 만들어내는 데 여러 세대를 거쳐야만 한다. 그러나 미국인은 인스턴트 커피를 받아들이듯, 쉽게 인스턴트 귀족을 받아들인다.

깅리치는 옛날 군인처럼 짧은 콧수염을 기르고, 최고급 트위드 양복에 깃털이나 조그마한 장식을 단 모자를 애용했다. 헨리 제임스처럼 유럽 상류 계급의 문화적 특성을 몸에 익혔던 것이다. 그는 우아한 클래식 승용차와 연대산 포도주에 관해서는 권위자였다. 사무실에는 도금으로 된 에스프레소 머신을 갖추어 놓고 손님에게 그 블랙커피를 권했다. 그뿐만 아니라 열성적인 낚시광으로 낚시에 관한 고서적을 가지고 있었다. 아침 5시나 6시에 일어나, 뉴저지의 자택 근처 강에서 숭어낚시를 즐기고 나서 사무실에는 7시 반 정각에 출근했다.

그가 또 한 가지 정열을 기울였던 것은 바이올린이었다. 세계 최고의 명기를 4대―스트라디바리우스, 과르네리, 슈타이너, 아마티―를 수집했고, 어디까지나 아마추어였지만 매일 아침 사무실에서 사원들이 출근할 때까지 1시간 동안 연주를 즐겼다. 이 서투른 연주를 인내심을 갖고 들어주는 사람은 아침 청소를 하는 아주머니뿐이었다.

1945년 깅리치는 《에스콰이어》를 미국 지식 계급의 필독서로 성장시킨 후 은퇴했다. 그동안 축적한 재산으로 우아하게 여생을 보내기 위해서였다. 그는 스위스로 옮겨 제네바 호수가 내려다보이는 별장에 자리잡았다. 그리고 틈틈이 전문가 못지않은 솜씨로 포도주를 만들면서 그야말로 귀족과도 같은 우아한 나날을 보냈다.

그러나 《에스콰이어》의 배당금으로 여유 있게 살아갈 수 있을 거란 그의 예상은 빗나가고 말았다. 제2차 세계대전 이후 《에스콰이어》의 애독자였던 미국인의 기호나 생활방식

이 달라지기 시작한 것이다. 《에스콰이어》의 현대판이라 할
수 있는 《플레이보이》가 기존 잡지의 아성에 도전하기 시작
했다. 이를 물리치기 위해 《에스콰이어》는 종전의 편집 방침
을 대대적으로 수정하지 않을 수 없었다.

이러한 전환기를 맞이하자 깅리치가 보유하던 《에스콰
이어》의 주가가 폭락하기 시작했다. 그는 자기가 평생 동안
쌓아 올린 부를 지키기 위하여, 《에스콰이어》를 불황에서 구
해달라는 경영진의 요청에 응하기로 하고 복직했다. 다시 일
선에 복귀해 《에스콰이어》를 위해서 싸우기로 결심한 것이
다. 이러한 그의 노력은 1976년 그가 72세를 일기로 폐암으
로 세상을 떠날 때까지 계속되었으나, 역시 새로운 시대의
흐름을 거역할 수는 없었다.

¶ 그의 잡지 철학

깅리치는 '잡지는 참다운 의미로 인간 바로 그 자체이다'라고
믿었던 편집자다. 따라서 가장 훌륭한 잡지란 편집자의 개성
이 직접적으로 반영된 것이며, 만약 잡지의 성격을 바꾸려면
인간을 바꾸지 않으면 안 된다는 잡지 철학이 있었다. 이러
한 그의 잡지 철학은 그의 자서전 『다만 인간일 뿐*Nothing But
People*』에도 잘 나타나 있다. 그가 말하는 '인간'에는 편집자

뿐만 아니라 집필자나 경영자, 독자까지도 포함된다는 것은 말할 것도 없다.

『다만 인간일 뿐』은 《에스콰이어》를 창간하기 전인 1928년부터 1958년까지 30년에 걸친 교우록으로서 우아함과 유머 감각이 넘치는 편집자가 아니고서는 쓸 수 없는 회상록이다. 깅리치는 본인 스스로 《에스콰이어》의 편집에 대해서 어떠한 복잡한 공식을 갖고 있지 않다고 말했다. 그는 항상 독자에게 가능한 한 현금 가치가 있는 것을 줘야 한다고 주장했고, '가장 적게 편집하는 것이 최고의 편집자'라는 말을 좌우명으로 삼았다. 그가 바란 것은 폭넓은 편집이었다.

> "우리는 독자가 잡지를 한 장 한 장 넘길 때, 또는 한 기사에서 다음 기사로 넘어갈 때, 다음 장에 어떤 기사가 나올 거라는 예상을 할 수 없게끔 편집하기를 항상 바랐다."

이는 그가 잡지 편집에 있어서 독자에게 신선한 충격을 전달하는 의외성을 중요시했다는 의미일 것이다.

《에스콰이어》 10월호는 창간 기념호이다. 깅리치가 작고한 이듬해인 1977년 창간 기념호는 '깅리치 추모호'가 되었다. 많은 사람이 1903년 미시간주의 그랜드래피즈에서 태어나 미시간 대학을 나온 깅리치에 대해서 글을 썼다. 그중에서 눈길을 끄는 것은 헬렌 로렌슨Helen Lawrenson의 글이었다. 여성의 글을 싣지 않는다는 소문이 돌았던 《에스콰이어》에 자주 수필을 발표했던 그녀는 깅리치와의 40년에 걸친 교제를 회상하고 있다.

로렌슨은 《에스콰이어》에서 〈라틴사람은 보기 싫은 애인〉, 〈안녕하세요, 페라치오 씨〉 등을 발표한 작가로서 유명하다. 그녀의 출세작인 〈라틴사람은 보기 싫은 애인〉을 '에스콰이어 편집자 앞'으로 보냈더니 그 원고가 당장 잡지에 실리게 되었고 이때부터 깅리치와의 교제가 시작되었다.

그때 깅리치는 헬렌 로렌슨이라는 이름을 알지 못했다. 그러나 그는 원고가 재미있으면 필자가 무명일지라도 잡지에 게재하는 것이 편집자의 의무라고 여겼다. 때문에 자기 앞으로 우송된 로렌슨의 원고를 읽어보곤 그 의무를 충실히 이행했던 것이다.

로렌슨의 글에 의하면 미국의 많은 잡지 편집자와 달리, 깅리치는 다시 고쳐쓰기를 요구하거나, 마음대로 원고를 수정하는 일이 없었다. 원고료도 바로 지불해주었다.

하루는 로렌슨이 에스콰이어로 원고를 직접 가지고 가서 '되도록 빨리 원고료를 받고 싶습니다'라는 편지를 남겨두고 온 일이 있었다. 그녀가 자기 아파트로 돌아와 한 시간도 지나지 않았는데 매니저가 원고료를 가지고 왔다. '빨리 전달하려고 했습니다만, 이 이상 빨리 전달할 수는 없었습니다'라는 깅리치의 짧은 편지가 곁들여 있었다.

사진을 봐도 알 수 있지만 킹리치는 풍채가 그리 좋지 않다. 그래서 헬렌 로렌슨에게 이렇게 투덜댄 적이 있었다. "나는 도무지 웨이터의 주의를 끌 수가 없어. 다른 남자는 그것을 할 수 있는데 말이지. 다른 남자들은 손가락만 쳐들어도 웨이터가 달려오는데 나는 그러지 못해. 물구나무서기라도 하지 않는 이상 그들은 나를 무시하고 있단 말이지."

그러나 킹리치의 말과는 달리 그는 언제나 여성에게 인기가 많았다. 그는 결혼을 세 번 했는데, 첫 번째와 세 번째는 같은 여성하고 결혼했다. 세 번째 부인이 죽은 이후에도 돈 많고 매력 있는 여자들이 그와 결혼하고 싶어서 그 뒤를 쫓아다녔다고 한다. 글을 솔직하게 쓰는 것으로 잘 알려진 로렌슨이 그를 격찬하는 것만 봐도 그가 여자에게 인기 있는 사나이였음은 틀림없다.

¶ 최후의 젠틀맨 퍼브리셔

킹리치는 《에스콰이어》로 성공해 부자가 되고 유명해졌지만 결코 자기의 재주를 자랑하거나 공로를 입 밖으로 꺼내는 일이 없었다. 훌륭한 편집자의 조건은 절대로 뻐기지 않는 것이다, 라는 소박한 생각을 지니고 있었기 때문이었다. 이러한 그의 인간성은 그가 《에스콰이어》에서 집필해 온 짧은 칼럼만 봐도 알 수 있다. 반면 우리는 얼마나 많은 편집자가 그런 칼럼을 통해 거드름을 피우는지 자주 목격했다.

깅리치야말로 신사 중의 신사였다. 그래서 그를 '최후의 젠틀맨 퍼블리셔'라고 말하는 사람이 많다. 에스콰이어가 아직 시카고에 있을 때, 깅리치는 작가에게 원고를 청탁하기 위해 자주 뉴욕에 갔다. 그가 묵는 호텔은 항상 뉴욕에서도 최고급인 플라자 호텔이었고, 그것도 센트럴파크를 면한 특실이었다.

추모호를 편집한 돈 에릭슨은 "깅리치는 최후의 위대한 아마추어였다"라고 말하고 있다. 그것은 남자로 태어나서 자기가 좋아하는 일을 한다는 뜻에서의 아마추어다.

"아놀드는 자기가 좋아하는 일을 했고, 그의 행운과 재능은 마침내 기품이 더해져 성공으로 이어졌다. 그는 그것을 설명할 수가 없었다. 성공한 것이 아니라, 성공이 일어난 것이다."

깅리치는 자기가 하고 싶은 대로 《에스콰이어》라는 잡지를 편집했고, 그것이 성공한 것이다. 미국 잡지계에서 이러한 기적은 두 번 다시 일어나지 않을 것이다. 그것은 이미 불가능하다. 적어도 깅리치가 했던 것과 같은 편집은 할 수 없게 되었다. 오늘날 잡지는 독자와 광고주 양쪽의 눈치를 살피지 않으면 안 되기 때문이다.

이러한 뜻에서 돈 에릭슨은 다음과 같이 말한다. "그를 사랑했던 우리들에게 슬픈 일이 두 가지 있다. 그것은 그가 세상을 떠나고 말았다는 것, 그리고 그러한 시대도 사라지고 말았다는 것이다."

그가 세상을 떠나자 《에스콰이어》는 더욱 내리막길을 걷게 되었다. 1977년에는 200만 달러의 적자를 기록, 끝내 새로운 발행인 클레이 펠커에게 넘어가고 말았다는 사실을 생각할 때 깅리치의 죽음을 상징적이라고 생각하지 않을 수 없다. 깅리치와 같이 '위대한 아마추어'이며 신사였던 사나이가 편집자일 수 있었던 잡지의 행복한 시대는 그의 죽음과 함께 지나가 버렸고, 다시 돌아오지 않을 것이다.

출판의 자유를 위해
법정에 서서 싸운
그는 미국 출판계의 양심이며
대변자였다

베넷 세르프 **Bennett Cerf**

랜덤하우스 설립자
모던 라이브러리 편집자

¶ 행운을 몰고 다닌 영원한 낙천가

"나는 한없는 낙천가이기를 바란다. 그러나 이거야말로 출판의
마음이고 정신이며, 출판인으로서의 보람이며 기쁨이다."

1963년 7월, 베넷 세르프는 어느 인터뷰를 이와 같은 말
로 끝맺었다. 출판인으로서 그의 자세와 철학을 너무나도 잘
설명하는 말이 아닐 수 없다.

1920년대에 23세의 젊은 나이로 출판계에 발을 들여놓
았던 세르프는 랜덤하우스Random House의 사장이었다. 랜덤
하우스는 모던 라이브러리의 모 출판사이며 『아메리칸 칼리
지 딕셔너리』와 『랜덤하우스 영어사전』을 출간한 곳이다. 초

기에는 주로 문예물 출판에 주력하여 윌리엄 포크너William Faulkner, 유진 오닐Eugene O'Neill. 에드거 스노Edgar Snow 같은 위대한 미국 작가를 발굴해 세상에 내보내기도 했다.

그동안 랜덤하우스가 출판한 걸작의 일부를 기억나는 대로 들어보면 다음과 같다. 제임스 조이스『율리시스』, 하퍼 리『앵무새 죽이기』, 마르셀 프루스트『잃어버린 시간을 찾아서』, 윌리엄 사로얀「공중 그네를 탄 용감한 젊은이」, 버드 셜버그『무엇이 새미를 달리게 하는가』, 필립 로스『포토노이의 불평』, 제임스 A. 미치너『센티니얼』, 애덤 스미스『머니 게임』, 찰스 라이슈『녹색혁명』, 앨빈 토플러『미래의 충격』 등등.

랜덤하우스가 이처럼 훌륭한 책을 내어 성공한 것은 세르프 혼자만의 힘이 아니라고 할지라도, 일부에 불과한 이 출판 목록을 보면 그야말로 장관이 아닐 수 없다.

베넷 세르프는 누가 뭐라 해도 미국 출판계의 명물이며, 양심이었다. 그는 출판계의 대변자 역할을 해왔을 뿐만 아니라, 작가나 배우 실업가 등 명사들의 재미있는 에피소드 수집가로도 유명하다.

베넷 세르프는 성미가 급했지만, 착하고 성실한 사람이었다. 행운과 돈이 따라다니는 행운아였고, 출판을 다시없이 사랑한 사람이었다. 그가 출판인으로서 성공한 것은 당연한 일이라고 여겨지지만 그 원동력은 역시 그가 '영원한 낙천가'

였기 때문이 아닌가 생각된다. 1977년에 베스트셀러가 된 그의 회고록 『앳 랜덤』을 읽어보면 그가 '한없는 낙천가'였다는 것을 잘 알 수 있다. 이 회고록은 세르프가 죽은 후, 미망인인 필리스 프레이저와 랜덤하우스의 편집자 앨버트 어스킨Albert Erskin이 세르프가 남긴 녹음테이프, 일기, 스크랩을 정리해서 편집한 후 책 한 권으로 만든 것이다.

한낱 출판인의 회고록이 베스트셀러가 된다는 것은 의아하기도 하지만, 이 책은 역시 베스트셀러가 될 몇 가지 요소를 갖추고 있었다. 그것은 한 시대의 회고록인 동시에 유명인들의 에피소드를 수집한 회고록이었고, 1920년부터 60년까지의 미국 문화계의 뒷이야기이기도 했기 때문이다.

¶ 리버라이트의 부사장이 되어

1920년대 미국 출판계는 한 유대인이 진출해 파란을 일으킨 시대였다. 호레이스 리버라이트라는 유대인이 글자 그대로 출판계에 쳐들어왔기 때문에 전통과 역사를 자랑하는 출판사들의 빈축을 샀다. 그러나 리버라이트에는 후에 독립해서 출판사를 차리는 인재들이 모여들었다. 베넷 세르프도 그중 한 사람이었다. 더구나 당시 청년이었던 세르프는 부사장으로 이 회사에 입사했다. 이는 부실 경영으로 자금 압박을 받던 리버라이트에 2만 5,000달러를 출자했기 때문이었다.

베넷 세르프는 1899년 뉴욕 주택가의 부유한 집에서 태어났다. 그는 이미 고등학교에 다닐 때 할아버지 유산의 일부로 12만 5,000달러를 물려 받았다. 고등학교를 중퇴하고 대실업가가 되려고 꿈꾸었으나, 역시 대학을 졸업하는 것이 좋다고 생각하고 컬럼비아 대학의 저널리즘 학과에 입학했다. 대학에서 세르프는 도널드 클로퍼Donald Klopfer라는 청년을 만난다. 키가 큰 그는 문학을 좋아하고 유머 센스가 넘쳤으며 학교 성적 역시 우수했다.

1920년대 초 당시는 컬럼비아 대학 저널리즘 학과를 졸업하면《뉴욕 트리뷴》지의 기자가 되는 것이 정해진 코스였다. 세르프도 이 신문사에 입사해 경제담당 기자가 되어 〈투자자에 대한 충고〉 같은 칼럼을 쓰게 됐지만, 그 일에 싫증이 나 신문사를 그만두고 월스트리트의 증권회사에 들어갔다. 주급은 20달러 정도였다고 한다.

1923년 어느 날, 대학에서 알게 된 리처드 사이먼Richard Simon이 세르프에게 전화를 걸었다. 사이먼은 후에 M. 링컨 슈스터Max Lincoln Schuster와 공동으로 사이먼&슈스터 출판사를 일으킨 장본인이었다. 사이먼&슈스터는 십자말 퍼즐에 관한 책이 히트해 이를 기반으로 기초를 다진 다음, 『대통령의 음모』, 『미스터 굿바이를 찾아서』 등의 베스트셀러를 출판한 출판사로 유명하다.

사이먼은 대학을 졸업하자, 보니 앤 리버라이트에 취직해 판매를 담당하고 있었는데 언젠가는 출판인으로서 독립할 생각을 품고 있었다. 그 시기가 왔다고 생각해서 그가 사표를 냈더니 사장인 리버라이트가 후임자를 추천해 달라고 했고, 사이먼이 옛날부터 책을 좋아했던 베넷 세르프를 추천했던 것이다.

세르프는 사이먼의 소개로 호레이스 리버라이트를 만났다. 리버라이트는 부사장이라는 직함으로 입사하고 싶으면 출자를 하라고 했고, 세르프는 결국 그 요구에 따랐다. 그에게는 마음대로 쓸 수 있는 할아버지의 유산이 있었던 것이다. 베넷 세르프가 입사했을 무렵 보니 앤 리버라이트의 동업자였던 알버트 보니는 그 회사를 떠나고 없었다. 본래 보니 앤 리버라이트는 두 사람의 동업으로 시작한 출판사였다. 그런데 두 사람의 의견이 맞지 않아 싸움이 벌어지자 결국 동전을 던져서 지는 사람이 회사를 떠나기로 하고 알버트 보니가 그만둔 것이었다.

개인 주택을 사무실로 쓰고 있었던 보니 앤 리버라이트에는 훗날 이름을 날리는 극작가가 된 릴리언 헬먼Lillian Hellman, 작가가 된 마누엘 콤로프Manuel Komroff, 《애틀랜틱 먼슬리》 잡지의 편집장이 되는 에드워드 위크스Edward Weeks, 훗날 출판사를 창립할 줄리언 메스너Julian Messner 등 여러 유명 인사가 모여 있었다.

¶ 모던 라이브러리를 인수하고 독립

세르프가 리버라이트에 들어갔을 무렵, 착실하게 팔리던 모던 라이브러리 시리즈를 담당하는 편집자는 아무도 없었다. 리버라이트 자신이 화려한 것을 좋아했기 때문에, 실은 리버라이트의 기반이 되는 이 수수한 시리즈를 거들떠보지 않았던 것이다. 단지 여류 작가를 유혹할 때, 그녀의 옛날 작품을 모던 라이브러리에 넣어 주겠다고 꾀는 데 이용하고 있는 데 불과했다. 따라서 이 시리즈 중에는 보잘것없는 작품도 적지 않았다.

미국에는 아직 문고판이 없었기 때문에 모던 라이브러리는 대학생 사이에서 많이 읽히고 있었다. 당시 정가로는 60센트였고—후에 95센트로 인상되었지만—이 정가는 2차 대전 이후까지 변함이 없었다.

부사장으로 입사한 세르프는 혼자서 모던 라이브러리 시리즈의 편집을 담당했는데, 이 문고판의 가능성에 착안한 그는 언젠가는 이것을 인수해서 독립하기로 결심했다.

출판계에 들어온 지 2년이 지난 1925년, 세르프는 초조해지기 시작했다. 세르프는 입사할 때 2만 5,000달러를 출자했고 그 후 위기에 몰린 리버라이트를 구하기 위해 다시 2만 5,000달러를 출자했었던 것이다. 같은 동료였던 사이먼과 슈스터는 출판사를 시작하고 성공 가도를 달리고 있었다. 세르프는 기분 전환 삼아 유럽 여행을 하기로 마음먹고 사이먼을 꾀어내어 아퀴타니아호라는 호화 여객선을 타기로 했다. 리버라이트도 이 여행을 승락해 주어 출항하는 날에는 술집에서 송별연까지 열어주었다.

그 자리에서 리버라이트가 또 자금 사정이 나빠 곤경에 빠졌다고 투덜거리자 세르프가 말했다. "빚을 갚는 데 간단한 방법이 하나 있습니다. 모던 라이브러리를 저에게 파십시오." 이 제안은 세르프가 전에도 여러 번 리버라이트에게 했지만, 그때마다 그는 두 말 못하게 거절했다. 그런데 오늘은 리버라이트가 그 제안을 승낙한 것이다.

두 사람은 인수 가격을 20만 달러로 합의하고 각서를 교환했다. 세르프는 뉴욕 회사에 근무하는 유대계 출신의 유복한 친구 도날드 클로퍼에게 전화를 걸었다. 그는 모던 라이브러리를 인수한다는 이야기를 하고 함께 출판을 시작할 의향이 있으면 10만 달러를 출자하라는 말을 남기고 아퀴타니호에 탔다. 이 배에는 후에 『신사는 금발을 좋아해』를 쓴 애니타 루스가 부호인 남편과 함께 타고 있었다.

결국 모던 라이브러리는 21만 5,000달러로 세르프와 클로퍼의 공동 소유가 되었다. 그중 1만 5,000달러는 리버라이트의 3년간의 공문료였다. 결국 리버라이트는 모던 라이브러리를 팔아넘김으로써 회사의 운명을 재촉하는 결과를 낳았다.

베넷 세르프 Bennett Cerf   69

이렇게 해서 세르프와 클로퍼는 1925년 7월 모던 라이 브러리를 창립했다. 이는 랜덤하우스의 전신으로 사원이 6명 에 불과한 조그마한 사무실이었다.

그들이 독립하자 출판계에서 가장 먼저 편지를 보내온 사람은 같은 유대인인 알프레드 A. 크노프Alfred A. Knopf 였 다. 출판을 처음 시작한 세르프에게 크노프는 출판계 영웅이 었고, 크노프가 출판하는 보르조이 북스(보르조이 사냥개는 크노 프의 트레이드 마크이다)같은 책을 출판하는 것이 그의 꿈이었다. 세르프와 클로퍼가 격려 편지에 답례하기 위해서 크노프 출 판사를 찾아가자 크노프는 대뜸 리버라이트의 험담을 늘어 놓았다.

크노프가 리버라이트를 마땅치 않게 생각한 것은 크노 프가 출판한 W. H. 허드슨William Henry Hudson의 『그린 맨션』 을 리버라이트가 양해도 구하지 않고 모던 라이브러리 시리 즈에 넣었기 때문이었다. 『그린 맨션』의 저작권은 미국 내에 서는 존재하지 않았지만, 크노프가 저자를 만나 양해를 구하 고 출판했기 때문에 그는 당연히 크노프 출판사에 저작권이 있다고 생각했다. 그런데 모던 라이브러리에서 아무 동의 없 이 『그린 맨션』을 출간한 것이다. 심지어 이 작품은 모던 라 이브러리 시리즈 중에서 가장 잘 팔리는 책이었다.

세르프는 『그린 맨션』에 대해서 아무것도 모른다고 말했 다. 그럼 앞으로 어떻게 할 작정이냐고 크노프가 묻자 세르프는 『그린 맨션』의 인세 6퍼센트를 지불하겠다고 제안했다. 크노프는 법적으로는 아무런 권리도 없다는 것을 알고 있었기에 세르프의 제안이 타당하다고 생각했고, 이후 두 사람은 오랫동안 다정한 사이가 되었다. 이것이 인연이 되어 크노프는 토마스 만의 『마의 산』과 윌라 캐더의 『대주교에게 죽음이 오다』, 앙드레 지드의 『위폐범들』과 같이 세 작품에 대한 저작권을 모던 라이브러리에 양도해 주었다.

¶ 모던 라이브러리의 착실한 성공

세르프와 클로퍼가 모던 라이브러리를 인수했을 때, 해당 시리즈의 권수는 108권이었다. 두 사람은 그중에서 호레이스 리버라이트가 사적으로 출판한 9권을 절판시켰다. 그리고 장정과 제본을 바꾸었다.

인쇄술에 뛰어난 엘머 애들러Elmer Adler를 채용해 모던 라이브러리의 장정을 시간이 지날수록 악취를 풍기는 인조가죽 표지에서 부드러운 천 표지로 바꿨다. 이 작업을 담당한 애들러는 명인으로 자신이 받는 급료보다 훨씬 더 훌륭하게 일을 해내는 사람이었다.

세르프와 클로퍼는 책의 속지도 새롭게 바꾸고 싶었기 때문에 애들러를 통해 독일 태생의 유명한 디자이너, 루시안

베른하르트를 소개받았다. 베른하르트가 창안해낸 것이 모던 라이브러리의 트레이드마크가 된, 횃불을 들고 뛰어가는 여자의 그림이다. 이렇게 모던 라이브러리는 새로운 모습으로 탈바꿈했다.

그들은 서로 분담해서 일을 시작했다. 세르프는 편집과 광고 선전을 담당했고, 클로퍼는 경영과 제작을 담당했다. 둘이서 함께 판매를 하기로 한 것은 클로퍼 역시 우수한 세일즈맨이었기 때문이다. "클로퍼는 내가 아는 사람 중에서 가장 마음씨가 고운 사람이었다. 그는 곤경에 처한 사람을 반드시 먼저 찾아가는 사람이었다. 그에 비하면 나는 너무나도 성미가 급했다"고 세르프는 자신의 회고록에서 말했다. 처음 두 사람의 급료는 주급으로 약 100달러였지만, 3년 후에는 연봉 1만 달러가 되었다. 이는 리버라이트의 전철을 밟지 않고 착실하게 회사를 운영한 결과였다.

모던 라이브러리는 1920년대에 출판된 유일한 문고판이었다. 경쟁이 되는 것은 영국의 에브리맨스 라이브러리밖에 없었다. 세르프와 클로퍼는 이 시리즈를 편집하는 데 있어서 각 출판사의 출판 목록을 조사하는 일부터 시작했다. 이렇게 해서 그동안 리버라이트에서 출판하지 못했던 것을 차례차례 모던 라이브러리에 추가시켜 나갔다. 출판사에서는 이 문고판의 전 소유자인 리버라이트를 신용하지 않았다. 다른 회사가 모던 라이브러리에 판권을 양도해도 리버라이트는 저자와 직접 교섭해서 자기 회사의 필진으로 만들어버렸기 때문이었다.

그러나 세르프와 클로퍼는 그 점을 명심해 다른 출판사의 경쟁 상대가 되는 일을 극력 피했다. 오로지 절판이 되어 파묻힌 명작을 찾아내어 값싼 문고판을 내는 출판사가 되기로 한 것이다. 이렇게 절판된 묵은 작품에 인세 5,000달러를 선불로 지불했기 때문에 다른 출판사 입장에서는 고마운 일이 아닐 수 없었다.

¶ 잡담 속에서 떠오른 '랜덤하우스'라는 이름

세르프와 클로퍼는 1925년부터 오로지 모던 라이브러리의 내실을 다지는 데만 전념했다. 하지만 1927년 모던 라이브러리 이외의 출판도 시도한다. 모던 라이브러리가 대성공을 거두어 그 매상금이 착착 들어왔지만 좀처럼 일다운 일이 없었기 때문이었다. 직원들은 점심 때까지 주문 들어온 것을 정리하고 나면 마땅히 할 일이 없어 트럼프놀이나 하며 시간을 보냈다.

그 무렵에는 호화본이나 저자의 서명이 있는 초판본을 수집하는 게 유행이었다. 키플링이나 골드워지, 콘래드 같은 인기 작가의 초판본은 주가나 마찬가지여서 하루가 다르게 값이 올랐다. 『포사이트 스토리』의 초판본은 2만 5,000부 이상이나 발행되었는데도 한 권에 200달러나 했다.

1926년, 호화본을 좋아했던 세르프는 영국을 두 번째로 방문했을 때 호화본 출판으로 유명했던 넌서치 프레스None-such Press와 교섭, 그 대리점이 되었다. 이 출판사가 내는 호화본은 한정판인데다가, 미국에는 아주 적은 부수만 들어왔기 때문에 정가 25달러의 책이 75달러에 거래되었다. 이 점을 노린 미국의 출판사들은 넌서치 프레스의 대리점이 되려고 맹렬한 교섭을 하고 있었다.

그중에서 베넷 세르프가 그 행운을 따낸 것은 사람을 잡아끄는 그의 인품 덕분이었을 것이다. 그는 귀국을 하루 앞둔 날, 누구의 소개도 없이 넌서치 프레스를 경영하는 프란시스 메이넬의 자택으로 찾아가, 대리점이 되게 해달라고 청했다. 한 시간쯤 서로 대화를 나누는 동안 메이넬은 세르프의 인품에 반해 버렸고, 더구나 세르프가 증권회사에 근무하고 있을 때의 동료가 메이넬의 친구라는 것을 알게 된 이후 이야기가 원만하게 성사되었다.

어느 날 록웰 켄트Rockwell Kent가 모던 라이브러리를 찾아왔다. 그는 모던 라이브러리의 면지를 제작한 화가이다. 잡담을 나누다가 셋이서 틈틈이 책 몇 권을 출판해 보면 어떨까 하는 이야기가 나왔다. 그때 이야기를 세르프는 회고록에서 이렇게 말한다.

"그때 문득 어떤 영감이 떠오른 나는 말했다. '우리들 출판사 이름이 생각났다. 마음 내키는 대로at random, 틈틈이 두세 권의 책을 출판해 보자고 지금 말했지. 출판사 이름을 랜덤하우스Random House라고 하자.'"

클로퍼도 두말 없이 찬성했고, 켄트는 "좋은 이름이다. 내가 그 트레이드마크를 그리지"라고 말했다.

켄트는 랜덤하우스을 상징하는 그림을 5분 만에 그렸다. 이 트레이드마크는 1927년 2월, 《신간 예고 제1호》라는 팸플릿 표지에 실렸다. 랜덤하우스와 넌서치 프레스의 제휴로 한정판을 일곱 가지 간행한다는 예고가 실린 팸플릿이었다.

이듬해 이탈리아어 원문과 영어 번역본을 함께 넣은 『신곡』이 출판되었다. 정가는 1부 46달러, 475부밖에 인쇄하지 않았는데 주문은 5,000부나 쏟아져 들어왔다. 그러나 이 호화본의 실질적인 수익은 턱없이 적었다. 세르프도 클로퍼도 이익을 추구한 것이 아니라, 출판인으로서의 신망을 얻고 싶었던 것이다. 랜덤하우스의 출판은 모두 넌서치 프레스의 사장 메이넬의 호의에 의한 것이었다.

¶ 돈을 벌고 싶으면 상대방도 벌게끔 해라

랜덤하우스가 독자적으로 출판한 최초의 한정판은 록웰 켄트가 삽화를 그린 볼테르의 『캉디드』이다. 켄트의 소원이기도 했지만, 『캉디드』는 모던 라이브러리 시리즈 중에서도 가장 잘 팔리는 책이었다. 1928년 초에 발간된 이 책의 발행 부수는 1,300부, 1부 정가는 15달러로 모두 켄트의 서명이 들어 있다. 그중 95부는 켄트의 아틀리에서 채색해서 정가는 75달러였다. 15달러의 『캉디드』는 발매되는 그날 45달러까지 값이 올랐다.

랜덤하우스에서 기념할만한 출판물은 허먼 멜빌의 『모비딕*MobyDick*』이었다. 이것도 역시 록웰 켄트가 삽화를 그렸다. 원래 이 호화본은 전화번호부나 통신판매용 카탈로그를 인쇄하는 시카고의 레이크사이드 프레스가 광고용으로 출판한 것이었다.

세르프는 알루미늄 케이스에 넣은 세 권 한질의 『모비딕』을 100달러에 팔 수 있다고 생각하고, 이를 시판할 수 있게 해달라고 레이크사이드 프레스를 설득했다. 그러나 이때 큰 실수를 저지르고 말았다. 편집자들이 너무나도 열중하고 흥분한 나머지 표지에 저자인 허먼 멜빌의 이름을 넣는 것을 잊고만 것이다. 주간지 《뉴요커》는 당장에 이 실수를 지적했다.

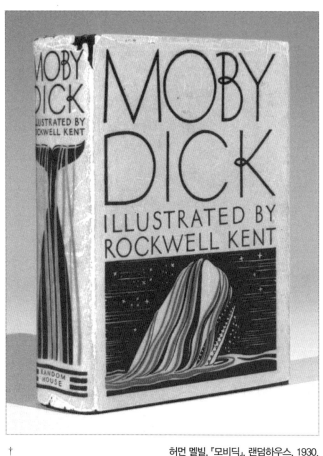

허먼 멜빌, 『모비딕』, 랜덤하우스, 1930.

『모비딕』은 북 오브 더 먼스 클럽Book of the month club
이 주목하는 도서가 되어 이 클럽을 설립한 해리 셔만Harry
Scherman과 로버트 하스Robert Hass가 클럽의 선정 도서에 넣
고 싶다고 제안했다. 그런데 세르프는 별로 달갑지 않았다.
그날은 마침 일을 그만두고 오후부터 쉴 작정이었기 때문에
휴일을 핑계 삼아 두 사람을 쫓아버렸다.

북 오브 더 먼스 클럽은 그들이 선정한 도서에 대해서
인세를 지불했다. 창립 초기에는 조직이 작았기 때문에 인세
의 최저 보장액은 5,000달러였다. 이 클럽은 『모비딕』의 선
불금으로 어음 5,000달러를 랜덤하우스에 송금해서 세르프
와 클로퍼를 크게 기쁘게 해주었다.

일주일 후에 해리 셔만이 선불금을 1만 달러로 인상하
겠다고 통고해왔고 이에 세르프가 편지를 썼다.

"친애하는 셔만 씨. 이것은 참으로 기쁜 일이며, 인간성에 대한
신뢰를 회복하는 일입니다. 그러나 감히 말씀드리면, 보장 금액
을 5,000달러에서 2,500달러로 인하시켰을 경우, 저는 2,500달
러를 되돌려주지 않을 것입니다. 우리들은 5,000달러로 합의한
것이며, 우리들은 기쁜 나머지 그날을 휴일로 삼았습니다. 그래
서 넘쳐흐르는 눈물과 함께 5,000달러의 어음을 돌려드리는 바입
니다."

클럽에서는 세르프의 편지에 호감을 보였지만 다시 5,000달러 어음을 반송해왔다. 세르프는 "이것은 장사의 도리가 아니다"라며 다시 반송했다. 결국 클럽의 해리 셔만과 로버트 하스, 랜덤하우스의 세르프와 클로퍼가 만나 회식을 했다. 이 자리에서 서로의 의사를 존중하기로 했고 인세는 7,500달러로 합의했다. 이에 관해서 세르프는 이렇게 쓰고 있다.

> "모두가 성실한 사람이었고 성실하면 득을 본다는 게 나의 지론이었다. 돈을 벌고 싶으면 상대방도 벌게끔 해야 한다. 만약 누군가 상처를 받는다면 곤란한 일이지만, 모든 사람의 이득을 위해 일한다면, 그거야말로 이상적인 사업이 된다."

『율리시스』 출판을 둘러싼 법정 투쟁

베넷 세르프가 생전에 기회가 있을 때마다 자랑삼아 자주 했던 이야기는 제임스 조이스의 『율리시스Ulysses』를 출판한 이야기였다. 당시 미국에서 『율리시스』는 금서였고 파리에 있는 서점 셰익스피어 앤 컴퍼니에서만 구할 수 있었다. 베넷 세르프는 『율리시스』 판매 금지는 미국의 불명예라고 말한 변호사 모리스 에른스트의 발언을 듣고, 1932년 3월 에른스

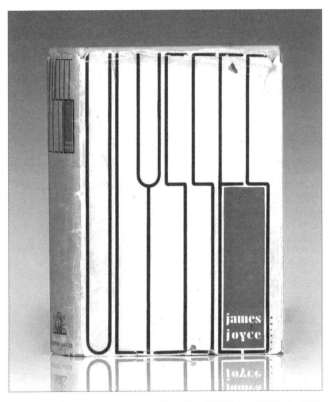

† 제임스 조이스, 「율리시스」, 랜덤하우스, 1934.

트를 점심 식사 자리에 초대한 뒤 물었다.

"만약 내가 『율리시스』 미국판을 계약을 조이스와 체결한다면 당신이 법정에서 변호해 주겠습니까?"

다만 세르프는 비싼 변호 비용을 지불할 여유가 없었기 때문에, 승소하면 에른스트가 죽을 때까지 『율리시스』의 인세를 지불하겠다고 약속했고 이에 에른스트는 승낙했다.

세르프는 조이스에게 『율리시스』의 미국판 출판 문제에 관해서 의논하고 싶다고 편지를 보냈다. 조이스는 기꺼이 파리에서 만나겠다고 답장했다. 조이스도 내심 『율리시스』 미국판 출간을 바랐던 것이다.

파리에 도착한 세르프가 약속 장소인 셰익스피어 앤 컴퍼니에 갔더니, 조이스는 머리에 붕대를 감고 한쪽 눈에는 안대, 한쪽 팔과 다리에도 붕대를 감고 의자에 앉아 있었다. 아름다운 은발의 실비아 비치가 사정을 설명했다.

"미스터 세르프, 그가 항상 이런 모습일 거라고 생각지 마세요. 당신을 만나는 것이 하도 기뻐 여기에 오는 도중 택시에 치였답니다. 심지어 오늘 무슨 일이 있어도 당신을 만나겠다고 막무가내입니다. 그에게는 돈이 필요하고 당신이 얼마쯤 주리라고 기대하고 있습니다."

세르프는 재판에서 이길지 어떨지는 알 수 없지만, 그 준비를 해왔다고 대답했다. 미국 사회가 변화하고 있다고도 말했다. 우선 세르프는 1,500달러를 지불하겠다고 했다. 미국에서 합법적으로『율리시스』를 출판하면 이 1,500달러는 인세의 선불금으로 계산한다. 인세율은 15퍼센트. 만약 랜덤하우스가 패소하면 조이스는 이 1,500달러를 갚지 않아도 된다.

조이스는 기뻐했다. 그러나 재판에서 이길 수 없을 것이므로 1,500달러는 돌려받을 수 없을 것이라고 말했다. 그러나 세르프는 무슨 일이 있어도『율리시스』를 미국에서 출판하고 싶었다. 조이스의 다른 작품은 바이킹 프레스**Viking Press**에서 출판하고 있었지만『율리시스』는 엄두도 내지 못하고 있었던 것이다.

조이스가 세르프를 만났을 때 그의 나이는 50세였다. 부인인 노라는 전형적인 아일랜드계 여자로 붙임성 있고 말이 많았다. 세르프는 그들 부부와 수일을 함께 보냈다. 특히 마지막날 밤은 조이스가 완전히 술이 취해서 주정이 심했다.

저녁 식사 이후 아파트로 돌아온 조이스는 세르프를 위해 아일랜드 민요를 부르겠다고 우기기 시작했다. 그러나 부인은 노래를 못하게 말렸다. 부부싸움이 시작되었고 조이스는 피아노 쪽으로 다가갔다. 거기에 벤치가 있었는데, 노라가 한쪽 끝을 잡고, 조이스가 반대쪽을 잡더니 서로 뺏으려고 밀치기 시작했다. 그러다 갑자기 부인이 일부러 손을 놓았고 조이스가 뒤로 쓰러지면서 엉덩방아를 찧고 말았다. 노라가 말했다.

"이제 알았죠. 이 술주정뱅이……."

노라는 세르프를 배웅하면서, 부끄러운 꼴을 보여서 미안하다고 사과했다. 이때 그녀도 세르프도 웃고 있었다. 세르프가 택시에 타자 조이스 부인은 말했다.

"언젠가 당신을 위해서 책을 써 드리겠어요, 베넷. 그 책은 『소위 천재와 20년간 같이 살고 보니』라는 제목이에요."

이렇게 해서 세르프는 조이스와 계약서를 교환했는데 문제는 어떻게 재판으로 끌고 가느냐 하는 것이었다. 그 방법으로 『율리시스』를 불법으로 들여와 이를 세관에서 압수하도록 만들기로 했다. 그런데 막상 계획을 실행에 옮기자, 세관 직원 모두가 『율리시스』를 자기 집으로 가져가 압수하려고 하지 않는 것이었다. 세르프가 『율리시스』 반입을 부탁한 대리인은 참다못해 세관 담당관에게 말했다.

"나는 이 책을 압수할 것을 요구한다."

이 문제는 마침내 재판에 회부되었다. 재판에서는 울지Woolsey 판사의 역사적인 판결이 내려졌다. "『율리시스』는 진지한 작품이며 인간의 관찰과 묘사에 새로운 문학적 기법을 만들어보려는 진지한 시도이기 때문에 외설 작품이 아니며 미합중국에서의 출판을 허용한다"는 판결이었다.

"이것은 미국 문학의 발전에 획기적인 사건이 되었다"라고 훗날 세르프는 회상했다.

1934년 1월, 『율리시스』는 무삭제판으로 출간되었다. 정가는 3달러 50센트. 이 책은 6만 부 이상 팔렸고, 후에 모던 라이브러리 시리즈에 수록, 문고판으로 발행되자 금세 10만 부를 돌파했다.

¶ 그가 생각한 편집자의 조건

베넷 세르프가 미국 출판사에 남긴 발자취나 공로를 여기서 다 이야기하기에는 지면이 부족하다. 끝으로 그의 아이디어로 시작한 사전 출판에 대해서 언급하려 한다. 『아메리칸 칼리지 딕셔너리』는 제작비 100만 달러를 투자해서 만든 대작이었다. 또 『랜덤하우스 영어사전』은 300만 달러라는 거액으로 10년이란 세월에 걸쳐 완성되었다. 이 사전은 1966년 출판 이후 60만 부 이상 팔리는 베스트셀러가 되었다.

베넷 세르프는 뛰어난 편집자는 저자와 마찬가지로 필요한 재능을 어느 정도 타고나지 않으면 안 된다고 생각했다. 또 편집자가 되려면 흥미의 범위가 상당히 넓지 않으면 안 되고, 영어에 대한 실제적인 지식이 필요하며, 박식하지 않으면 안 된다. 그래야만 저자가 쓰고자 하는 것을 이해하고 협력도 할 수 있다. 편집자가 뛰어난 작품을 인정하고 평가하기 위해서는 여러 책을 널리 읽지 않으면 안 되며, 또 대중이 어떤 책을 사줄 것인가 하는 것을 꿰뚫어 볼 수 있는 감각이 없으면 안 된다. 아무리 훌륭한 책일지라도 수요가 없으면 출판사는 살아남을 수 없기 때문이다.

베넷 세르프가 열거한 편집자의 조건은 하나의 상식일 것이다. 아무나 저자가 될 수 없는 것과 마찬가지로 편집자 또한 선택받은 인간이다.

세르프뿐만 아니라 무수한 명편집자가 반드시 지적하는 편집자의 가장 중요한 역할 중 하나는 자기가 담당하는 저자의 이익과 근무하는 출판사의 이익을 동시에 균형 잡히도록 하는 것이다. 양자의 이익은 대개 일치하는 경우가 많지만, 언제나 일치하는 것만은 아니다. 이런 경우 그 틈바구니에 낀 편집자는 뛰어난 외교적 수완을 발휘하지 않으면 안 된다. 이것 또한 편집자가 갖추어야 할 조건의 하나이다.

1971년 8월 27일, 세르프는 심장마비로 세상을 떠났다. 그의 나이 73세였다. 세상을 떠날 때 그의 지위는 사장도 회장도 아닌 시니어 에디터였다. 그는 삶의 마지막 순간까지 편집자였던 것이다. 생전에 세르프는 이런 말을 자주 했다. "참다운 기쁨은 유망한 신인을 발굴해서 그의 이름을 유명하게 만들고, 그가 할리우드에 가서 나를 '비겁한 자'라고 욕할 만큼 클 때까지 지켜보는 일이다."

《새터데이 리뷰》는 세르프의 부고를 다음과 같이 실었다.

"그는 출판인이 되고자 뜻을 세우고 최고의 출판인이 되었다. 그는 이 직업에 모든 힘을 쏟았다. 책의 세계에 관련된 사람이라면 한 사람도 빼놓지 않고 그의 은혜를 입고 있다."

생전에 어떤 사람이 세르프에게 죽은 뒤에 어떠한 묘비명을 바라느냐고 물었더니 그는 다음과 같이 대답했다고 한다.

"그가 방안에 들어오면 사람들이 전보다 조금 더 즐거워졌다고 써 주게."

전 세계에서 3,000만 부나
팔린 《리더스 다이제스트》
그것은 철저한 낙천주의의 승리였다.

드윗 월레스 Dewett Wallace

《리더스 다이제스트》
창간자 · 편집자

¶ 전 세계를 지배한《리더스 다이제스트》

드윗 월레스 부처가 1922년 미국에서 창간한《리더스 다이제스트》는《TV 가이드》,《내셔널 지오그래픽》과 함께 미국의 3대 잡지 중 하나이다. 그중에서도 가장 미국적인 잡지로 평가받는《리더스 다이제스트》는 그 발행 부수가 미국 내에서만 1,800만 부이고, 전 세계적으로는 170개국에서 17개국어로 번역되어 3,000만 부가 발행되고 있다.

"3대 국제 조직은 가톨릭 교회와 공산당 그리고《리더스 다이제스트》다"라는 말이 있을 정도로 이 잡지는 전 세계적으로 확고한 조직과 기반을 두고 있다. 우리나라에서도 1978년에 한글판《리더스 다이제스트》가 창간되어 20만

8,000부나 발행되고 있다.

따라서 그 독자 수는 전 세계적으로 아무리 적게 보아도 1억은 되었을 거라 짐작한다. 코카콜라와 힐튼 호텔, 그리고 포드 자동차와 함께 《리더스 다이제스트》는 전 세계를 지배하는 미국의 상징 중 하나임이 틀림없다.

이러한 《리더스 다이제스트》를 창간·성공시킨 60여 년 전을 돌이켜보면 《타임》이나 《뉴요커》나 《에스콰이어》 그리고 《플레이보이》가 그러하듯이, 사명감과 집념에 불타는 청년이 있었다는 것을 알 수 있다.

《리더스 다이제스트》에는 목사의 아들인 드윗 월레스와 그의 부인 릴라 애치슨Lila Bell Acheson있었다. 『20세기 잡지』의 저자 테오도르 피터슨Theodore Peterson은 제1차 세계대전 후에 미국에서 새로운 잡지를 창간한 편집자를 '전도사 그룹' 과 '상인 그룹' 두 가지로 분류할 수 있다고 말한다.

'전도사 그룹'의 편집자들은 잡지를 통해서 예수님의 복음을 전도한 것은 아니었지만, 그리스도교의 양식을 바탕으로 무엇인가 마음의 양식이 되는 것을 독자에 전달하고 싶다는 뜻을 가지고 있었고, 《타임》을 창간한 헨리 루스Henry Luce처럼 목사 집안에서 태어난 사람도 많았다. 또 전도사였기 때문에 그들은 불황의 시대에도 감히 잡지를 창간한다는 무모한 만용을 부릴 수 있었던 것이다.

한편 '상인 그룹'에 속하는 편집자들은 잡지를 돈벌이가 되는 사업으로 보고, 독자의 기호에 맞는 정보를 장사꾼 특유의 센스를 발휘해서 제공했다. 그리고 이들 '상인 그룹'에 속하는 편집자들은 모두가 그런 것은 아니지만 '전도사 그룹'이 성공한 편집 방침을 모방하는 경우가 많았다. 《리더스 다이제스트》가 성공하자 수없이 쏟아져나온 각종 다이제스트 잡지들, 또《플레이보이》가 성공하자 이를 모방한 각종 스킨 매거진Skin magagine이 여기에 속한다고 볼 수 있다.

¶《리더스 다이제스트》는 바로 그의 분신

월레스가 창간한 《리더스 다이제스트》는 잡지계에 새로운 잡지 체재를 정착시켰다. 그 크기에 있어서 특징은 호주머니에 넣고 다닐 수 있는 포켓 사이즈라는 점이었고, 내용에 있어서는 다른 잡지에 실린 기사 중에서 읽을 만한 기사를 골라 간추린 다음 다시 수록했다는 점이다.

월레스는《리더스 다이제스트》의 부수를 비밀로 부쳐 그의 성공을 숨기려고 했으나 이미 1920년대 후반부터는 많은 모방지가 쏟아져 나왔다.《사이언스 다이제스트Science Digest》,《가톨릭 다이제스트Catholic Digest》,《니그로 다이제스트Negro Digest》,《칠드런스 다이제스트Children's Digest》,《카툰 다이제스트Cartoon Digest》등이었다.

월레스는 이러한 모방지나 경쟁지의 출현을 두려워했으나 그것은 기우였다. 어떠한 모방지도 결국 모방에 불과할 뿐《리더스 다이제스트》를 능가할 수 없었기 때문이었다. 이 잡지는 월레스의 분신 그 자체였다. 그가 편집했기에《리더스 다이제스트》는 독자의 사랑을 받을 수 있었다.

드윗 월레스는 잡지를 통해 오직 메시지 하나를 독자에게 전달해 왔다. 그 메시지가 바로 낙천주의이다. 전쟁이 일어났을 때도, 전쟁의 위기에 몰려 있을 때도, 또 불황이나 인플레이션의 시대에도 언제나《리더스 다이제스트》는 "이 세상은 멋있는 곳이고, 보다 더 잘 살기 좋게 만들 수 있는 곳이며 웃음보다 더 좋은 약은 없다"고 주장했다.

《리더스 다이제스트》에서 많은 공적을 남긴 유진 라이온스Eugene Lyons라는 편집자는 "그야말로 완벽한 다이제스트적인 인물이다"라고 드윗 월레스를 평가한다.

그는 철저한 낙천주의자, 개인주의자, 애국자, 박애주의자, 현실주의자이다. 가장 전형적이고 모범적인 미국인이었던 것이다. 이혼 경력은 물론 스캔들도 없었고 담배도 자기 잡지의 주장에 따라 끊었다. 그가 술에 취한 걸 본 사람은 단 한 명도 없었다. 이러한 그의 인간성을 그대로 표현한 것이 바로《리더스 다이제스트》이다.

¶ 공부에는 취미가 없었던 가난한 목사의 아들

드윗 월레스는 1889년 11월 12일, 미네소타주 세인트폴에서 태어났다. 아버지인 제임스 월레스 박사는 경건한 장로교회 목사로 그리스어와 라틴어 학자였고, 마칼레스터 대학의 학장이었다. 어머니인 쟈넷 데이빗 월레스도 또한 목사의 딸로 그 대학의 도서관에서 사서 일을 하고 있었다. 드윗 월레스는 그들 사이에서 태어난 다섯 번째 아이로 위로 형이 두 명 있었다.

대학이 항상 적자에 허덕였기 때문에 월레스 일가도 몹시 가난한 생활을 해야 했지만, 독서만큼은 언제든지 할 수 있는 환경이었다. 하지만 세인트폴로 이사한 뒤에도 그들의 가난한 생활은 계속되었다. 미네소타주의 겨울은 몹시 춥고 매서웠다. 월레스 일가에게 배달된 석탄의 대금을 지불할 돈이 없어서 석탄 회사가 그 석탄을 도로 가져가버린 일도 있었다.

드윗은 장난꾸러기였지만 초등학교 과정을 두 번이나 월반할 정도로 머리가 좋았다. 그러나 마칼레스터 아카데미에 입학한 후로는 스포츠에 열중한 나머지 낙제를 하고, 매사추세츠주에 있는 기숙학교에 보내졌다. 그러나 그 학교에서는 정을 붙이지 못해 동급생과 함께 도망쳐나와, 뉴욕과 보스턴을 방랑했다. 끝내는 캘리포니아까지 흘러가 지진으로 파괴된 샌프란시스코에서 건설공사 인부를 하면서 생활비를 벌기도 했다.

1907년 가을 마칼레스터 초급대학에 입학했으나 2년 동안 야구, 핸드볼, 하키에만 열중할 뿐 별다른 공부는 하지 않았다. 1909년부터 1년간 콜로라도주 몬데비스타에 있는 숙부의 은행에서 근무한 뒤 캘리포니아 대학에 들어갔으나 중도 퇴학하고 말았다.

콜로라도에 있는 숙부의 은행에서 근무한 일 년 동안 월레스는 여러 잡지를 탐독했다. 잡지를 그저 막연하게 읽는 게 아니라, 마음에 드는 기사가 있으면 그 요점을 기록한 카드를 만들었다. 이 습관은 1912년 세인트폴로 돌아온 후에도 계속되었다. 이러한 독서 습관이 훗날 그가 《리더스 다이제스트》를 창간하는 밑거름이 되었음은 두말할 필요도 없다. 은행에서 나온 그는 《농민》이라는 잡지를 발행하는 웨브 출판사에 취직했다. 이 출판사에서 그가 맡은 일은 구독을 권유하는 편지를 쓰는 일이었다.

그 외에도 월레스는 연방정부나 주정부가 발행하는 농업 관계의 팸플릿을 조사하면서 그 대부분이 농민의 손으로 들어가지 않았다는 것을 깨달았다. 얼마나 유익한 팸플릿이 발행되는지조차 농민들은 알 길이 없었던 것이다. 여기에서 힌트를 얻은 월레스는 농민들이 이용할 수 있는 간행물의 일람표와 그 내용을 요약한 소책자를 만들었다.

웨브 출판사의 허가를 얻어 그것을 인쇄한 다음, 은행을 돌아다니며 그 소책자를 팔기로 했다. 은행에서는 이 책자를 예금자에게 서비스용으로 무료 배포했다. 월레스는 이 소책자를 10만 부나 팔아 경비를 충당하고도 적지 않은 돈을 남겼다. 어느 날 밤 몬타나주의 여인숙에 묵었을 때 그는 이 소책자와 비슷한 잡지를 만들어 일반 독자에게 배포할 수 없을까, 하는 가능성을 생각하게 되었다. 사이런트 메이저리티 Silent majority─소리 없는 대중을 위한 잡지─《리더스 다이제스트》의 구상은 이때부터 싹트기 시작했던 것이다.

¶ 견본 잡지를 만들어 각 출판사에 보냈으나······.

월레스가 성인이 된 1889년부터 제1차 세계대전 전후에 걸쳐서 미국은 낙천주의의 시대를 맞이했다. 미국은 지구상의 모든 전쟁을 종식시킬 수 있다고 자부했다. 결과적으로 사람이나 국가가 할 수 없는 일은 아무것도 없다는 낙천주의가 판을 치던 시절이었다.

월레스가 돌아다녔던 미네소타나 위스콘신, 오하이오, 콜로라도, 몬타나, 캘리포니아의 각 주는 미국 서부의 시골이었고, 그곳 역시 시골에 불과했다. 이러한 고장의 주민 대부분은 사업가들이었고, 근면한 개척자들이었으며, 또 앵글

로색슨계의 그리스도교교도가 대부분이었다. 문화 생활에서 고립된 그들은 향상심에 불타고 있어서 늘 새로운 정보를 찾고 있었다. 그들과 어울려 살던 월레스 자신 또한 그러한 사람 중 하나였기에 그들의 지적 욕구를 본능적으로 이해할 수 있었다.

1916년, 월레스는 세인트폴에서 크리스마스 카드와 캘린더를 만드는 회사에 취직, 통신 판매의 책임자가 되었다. 이때의 귀중한 경험은 그가 후에 《리더스 다이제스트》를 창간할 때 요긴하게 활용되었다. 이러한 그의 경력을 보면 월레스라는 사람은 오로지 잡지를 위해서 한 우물만을 파온 것 같단 생각이 든다.

그 이듬해 미국이 1차 대전에 참전하자 젊은 애국자 월레스도 앞장서서 입대했다. 1919년 10월 뮤즈 아르곤 전투에서 월레스는 부상을 입고 입원했다. 병원에서 치료를 받는 수개월 동안에도 그는 미국 잡지를 읽으면서 잡지에 실린 기사를 그 참뜻이 어긋나지 않게 압축시키는 방법을 연구했다.

1919년 제대했을 때는 잡지의 언어를 완전히 몸에 익히고 있었다. 세인트폴에 돌아온 후에도 취직을 하지 않고, 숙모가 사서로 있는 미네아폴리스 도서관에서 6개월 동안 여러 잡지를 닥치는대로 읽었다. 그리고 읽을 만한 기사를 골라내 압축해서 자신이 만들고 싶은 잡지의 견본을 만들었다. 월레스는 그때부터 그 견본 잡지를 《리더스 다이제스트》라고 불렀다. 이 견본을 편집하는 데 그는 다음과 같은 편집 방침을 세웠다.

첫째, 매월 일류 잡지에서 31편의 기사나 읽을거리를 엄선한다. (한 달이 31일이므로 하루에 한 편씩 읽어서 마음의 양식으로 삼기 위함이었다.)

둘째, 기사 하나하나를 이해하기 쉽고 지루하지 않게 압축해야 하며 그 내용은 언제, 어디서 읽어도 재미있고 유익해야 한다.

셋째, 항상 호주머니나 핸드백 속에 넣어서 휴대하고 다닐 수 있는 포켓사이즈(46판)로 한다.

월레스는 이렇게 만든 견본을 200부 인쇄해서 뉴욕에 있는 출판사에 보냈다. 이 잡지에 자금을 대거나 그를 편집자로서 채용할 출판사가 나타나리라고 기대했던 것이다.

그러나 결과는 헛수고였다. 어느 출판사도 월레스의 《리더스 다이제스트》에 관심을 보이지 않았다. 다만 신문왕 윌리엄 랜돌프 허스트가 답장을 보냈다. 그 내용은 이런 잡지면 30만 부 정도는 팔릴지 모르지만, 그건 자기가 손대기에는 너무나 작은 사업이라는 것이었다.

¶ 실직과 결혼 그리고 《리더스 다이제스트》의 창간

월레스는 대학 시절 동급생인 바클레이 아치슨Barclay Acheson과 가까이 지냈다. 그 역시 목사의 아들이었고, 두 집안은 여러모로 비슷한 점이 많았다. 월레스는 아치슨 집에 놀러갔다가 그의 누이 동생인 라일라를 소개받았다. 그녀가 바로 후에 그의 평생 반려가 된 월레스 부인이다. 그러나 유감스럽게도 두 사람이 처음 만났을 때는 미모의 라일라가 다른 남자와 약혼한 상태였기 때문에 월레스는 그녀를 단념할 수밖에 없었다.

1921년, 《리더스 다이제스트》 발간 기획을 출판사에 팔아보려는 그의 계획이 헛수고로 돌아가자, 월레스는 임시로 식료품 도매상의 세일즈맨이 되어 생활비를 벌고 있었다. 그때 세인트폴에서 목사가 된 바클레이 아치슨을 만났다. 그를 통해 라일라가 오레곤 대학을 졸업한 뒤 코네티컷주의 브리지포트에서 사회봉사자로 일하고 있으며, 아직 결혼을 하지 않았다는 것을 알게 되었다. 월레스는 당장 그녀에게 전보를 쳐서, 세인트폴의 여성 노동자의 생활을 조사해 달라고 부탁했다.

우연히도 라일라 아치슨은 YWCA를 설립하기 위해 세인트폴에서 가까운 미니애폴리스에 전근 가 있었다. 월레스는 라일라를 다시 만나고 바로 다음 날 청혼했다. 이틀 후 라일라는 이름 승낙했다. 월레스는 그때 수줍은 듯이 자기의 꿈인《리더스 다이제스트》의 견본을 그녀에게 보여주었다고 한다.

"저는 당장에 알았습니다. 그것이 멋진 아이디어라는 것을." 후에 라일라는 당시를 이렇게 회상했다. 돈이 없는 두 사람은 당장 결혼할 수는 없었다. 라일라는 뉴욕으로 일자리를 옮겼고, 월레스는 형의 소개로 피츠버그에 있는 웨스팅하우스 전기 회사의 국제 홍보부에서 근무하게 되었다.

이곳에서도 월레스는 근무 틈틈이《리더스 다이제스트》창간 준비를 계속했다. 생활이 안정되면 두 사람은 결혼할 작정이었는데 1차 대전 후의 불황으로 월레스가 근무하던 홍보부가 문을 닫고 말았다.

실업자가 된 월레스는 기왕 이렇게 된 바에는 자기 힘으로 잡지를 시작하기로 결심한다. 피츠버그에서 예약 독자 모집 안내장을 발송했더니 의외로 반응이 좋았다. 이에 용기를 낸 월레스는 라일라와 함께 잡지를 시작하기 위해 뉴욕으로 갔다.《리더스 다이제스트》창간을 위한 눈코 뜰 새 없는 나날이 계속되었다.

그들은 그린위치 빌리지에 있는 무허가 술집의 지하실을 빌려 '리더스 다이제스트 협회'라는 간판을 걸었다. 그들은 이 사무실에서 수많은 잡지의 기사를 압축시키는 한편 예약 모집 안내장을 작성했다.

1921년 10월 15일, 두 사람은 뉴욕 웨스트체스터의 조그마한 마을에서 라일라의 오빠인 바클레이 아치슨 목사의 주례로 결혼식을 올렸다. 그들은 월레스가 집에서 빌린 1,800달러로 예약 모집 안내장을 만들어 우송한 다음 2주간 신혼여행을 떠났다. 신혼여행에서 돌아와 보니 예약 신청서가 1,500통이나 와 있었다. 1년간 구독료가 2달러 95센트(1부 정가 25센트)니까 창간호에 독자가 만족만 한다면 5,000달러 가까운 돈이 들어오는 셈이었다.

월레스 부처는 다시 1,300달러의 빚을 내어《리더스 다이제스트》창간호의 인쇄를 5,000부 피츠버그의 인쇄소에 주문했다. 처음에는 일손이 부족해 일층에 있는 무허가 술집의 손님과 공회당의 아가씨들 손을 빌려 포장을 하고 우송할 봉투를 쌌다. 그리고 택시에 실어 우체국으로 가져갔다. 당시 월레스는 잡지 편집을 주로 뉴욕 시립도서관의 잡지 열람실에서 했다고 한다.

¶ 편집 방침은 적응성, 관심의 지속, 그리고 건전성

창간호가 나오자 반응은 의외로 좋았고 부수가 착실히 늘어났다. 창간 후 반년 동안 월레스가 인쇄 대금을 제날짜에 지불하지 못한 것은 단 한 번뿐이었다.

《리더스 다이제스트》의 최초의 독자는 월레스가 간호부 소개소나 교원 조합, 교회 단체, 대학의 교직원 등의 명부를 보고 안내장을 보낸 사람들이었다. 이들 창간호 독자가 《리더스 다이제스트》를 읽고 그 내용에 감명을 받아 자신의 이웃에게 선전해 주었다. 이것이 큰 힘이 되어 1922년 가을에는 그 부수가 7,000부에 달했다. 월레스 부처는 한시름 놓게 되었다.

1925년에는 부수가 1만 6,000부로 크게 늘었다. 이듬해 그들은 플레전트빌에 집을 새로 지어 이사하고, 새집의 서재에서 잡지를 편집할 수 있게 되었다. 그리고 1939년에는 플레전트빌 근처의 채퍼콰에 150만 달러를 들여 사옥을 신축했다. 그해 《리더스 다이제스트》의 부수는 309만 7,000부 (예약 구독 233만 3,000부, 점두 구독 76만 4,000부)였다.

테오도르 피터슨은 그의 저서 『20세기 잡지』에서 창간 당시의 편집 방침에 대해서 다음과 같이 설명한다.

"처음 월레스 부처는 《리더스 다이제스트》의 대상 독자를 여성에게 두려고 했다. 그러나 그들은 곧 남성을 포함시켰고, 《리더스 다이제스트》를 상업적으로 가장 성공적인 잡지로 만들었던 편집 양식을 개발했다. '하루에 기사 하나씩 읽도록 저명한 잡지에서 기사를 엄선, 이를 압축되고, 영구적인 소책자 체제로 제공한다.' 라는 편집 방침이 그들의 목표를 간명하게 표명한다. 그들은 기사를 선택할 때 있어 세 가지 기준을 만들었다.

1. '적응성'이다. 독자는 그 기사의 주제가 자신에 관한 문제라고 느껴야 한다.

2. '관심의 지속'이다. 기사는 앞으로 1년 후에도 읽을 만한 가치가 있어야 한다. 《리더스 다이제스트》는 가끔 전에 게재했던 기사도 필요할 때는 재수록했다.

3. '건전성'이다. 그들은 패배주의적인 기사를 배척하고 낙관주의적이고 건설적인 기사만을 골라 실었다.

¶ 《리더스 다이제스트》가 성공한 비결

월레스 부처가 《리더스 다이제스트》를 창간하고 이를 세계 제일의 잡지로 성장시킨 이야기는 널리 알려져 있지만, 그 원동력인 드윗 월레스의 편집자로서의 역할은 의외로 많이 알려져 있지 않은 것 같다.

아내인 라일라가 보기에 남편인 드윗 월레스는 근심이 많고 꼼꼼한 사나이였다. 혼자 힘으로 잡지를 창간하느라 고생이 많았고, 잡지가 나온 뒤로는 모방지의 출현을 계속해서 경계하지 않으면 안 되었기 때문에 그가 신중한 성격이 된 것도 부득이했을 것이다.

두 사람을 아는 친구들은 그들처럼 서로의 단점을 보완하면서 호흡이 맞고 의기투합한 부부는 없을 것이라 말한다. 드윗─친구들은 월리라고 불렀다─은 183센티미터나 되는 큰 키에 깡마른 체격이었는데, 라일라는 161센티미터의 작은 키에 화사한 몸매의 소유자였다. 월레스가 수줍음 많고 소극적이었다면 라일라는 사교적이고 적극적이었다. 월레스는 근심이 많아 가끔 우울에 빠지고 불안과 자기불신에 괴로워했다. 그러나 라일라는 자신감이 넘치는 철저한 낙천가였다. 그들의 가까운 친구들은 말한다.

"월리는 천재지만 그 재능을 끄집어낸 것은 라일라이다"라고.

《리더스 다이제스트》는 처음에는 예약 구독에 한정시켰다가 1929년부터는 특약점을 통해서 신문 가판대나 서점에서도 판매한다. 이는 《리더스 다이제스트》를 모방해 쏟아져 나온 각종 잡지가 가게 앞 가판대를 통해서 부수를 늘려갔기 때문이었다.

1936년, 타임에서 발간하는 잡지 《포춘》이 보도한 바에 의하면 드윗 월레스의 연봉은 3만 달러, 아내인 라일라의 연봉은 1만 2,000달러에 불과했는데 편집 주간인 케네스 페인의 연봉은 무려 10만 2,000달러였다. 단 월레스 부처는 주식으로 배당받는 돈이 14만 5,000달러였다. 리더스 다이제스트협회의 주식 52퍼센트는 드윗 월레스가, 나머지 48퍼센트는 라일라가 소유했던 것이다.

《리더스 다이제스트》가 편집자를 후하게 대우하는 것은 워낙 유명했지만, 30년대의 사상 최악의 불경기 시대에 편집자에게 10만 달러나 되는 연봉을 지불한 것은 파격적인 대우라고 하지 않을 수 없다. 편집자였던 월레스가 편집자를 소중히 대우한 것이야말로 《리더스 다이제스트》가 성공한 비결이었는지도 모른다.

《리더스 다이제스트》와는 대조적인 잡지인 《새터데이 리뷰》의 편집자 노먼 커즌스Norman Cousins는 다음과 같이 말한다.

"《리더스 다이제스트》의 비밀은 편집에 있다. 내가 이렇게 말하면 특히 학계에 있는 독자는 놀랄지 모르지만 《리더스 다이제스트》는 미국에서 편집이 가장 잘된 잡지다. 월레스 자신이 최고의 편집자였고, 그의 편집 기술은 명쾌한 지면을 만들었다. 그가 편집한 지면을 보면, 말들이 페이지에서 튀어나와서 독자의 마음에 스며든다."

월레스가 잡지에 싣고자 했던 것은 "광범한 독자의 마음에 호소하는 재미있는 읽을거리, 평균적인 인간의 관심, 경험, 회화의 범위 안에 있는 읽을거리"이다. 이러한 읽을거리

기사는 무엇보다도 먼저 월레스 자신에게 흥미있는 이야기가 아니면 안 된다. 이에 관해서 월레스는 이렇게 말한 적이 있다.

"다만 내가 흥미를 느끼는 것을 찾아내려 노력했고, 마침내 흥미를 느끼면 잡지에 게재했다."

¶ 기사 전재를 거부하는 반란

《리더스 다이제스트》의 편집은 미국에서 발행하는 주요 잡지의 기사에서 읽을 만한 것을 골라 이를 간추려서 다시 싣는 일이다. 겉으로 보기에는 식은 죽 먹듯 쉬운 일 같지만, 거기에는 월레스의 끈질긴 노력과 고생이 있었다.

처음 수년간 월레스는 각 잡지사의 편집실을 일일이 찾아다니면서 기사를 얻어왔다. 일단 다른 잡지에 발표된 기사지만 그 권리를 잡지사가 가지고 있는 만큼 허락 없이 게재할 수는 없는 일이었다.

월레스는 편집자를 찾아가 자기가 읽은 기사에 대해서 찬사를 늘어놓고 자신이 발행하는 조그마한 잡지에 다시 싣도록 허락해 달라고 부탁했다. 이때 거절하는 편집자는 거의 없었다. 대개 편집자는 《리더스 다이제스트》의 성격을 모르면서도 자신의 편집 능력을 칭찬하는 이 순진하고 조심스러운 사나이에게 기꺼이 전재를 허락했다. 공짜로 자기 잡지를 광고해 준다고까지 생각했다.

어느 편집자는 당시를 회상하면서 이렇게 말했다. "월레스를 별난 사람이고, 미치광이 같은 생각에 사로잡혀 있는 사람이라고 생각했었다. 그러나 그의 청을 들어주어 그를 기쁘게 해준다고 해서 별로 손해볼 것 같지도 않았고, 일일이 상대하기엔 일이 바빠서 비서에게 결정권을 일임했었다."

기사를 무료로 얻는 대신에 월레스는 자기 잡지에는 광고를 일체 싣지 않겠다고 맹세했다. 무료로 얻어낸 기사에 광고를 실어 돈벌이를 했다면 편집자들도 그의 부탁을 들어주지 않았을 것이다.

처음 수년 동안 월레스는 절대로 자기 회사의 내막을 밝히려 하지 않았다. 편집자로부터 무료로 기사를 얻는 주제에, 경제적 이익이 있다는 것을 알리고 싶지 않았던 것이다. 월레스는 청빈한 생활을 한다는 인상을 주도록 초라한 옷차림을 했고 되도록 남의 눈에 띄지 않도록 했다.

그래서 다른 편집자들은 얼마 동안 《리더스 다이제스트》의 성공을 전혀 눈치채지 못했다. 그러나 이 잡지는 1929년에는 독자 수가 29만에 이르렀다. 대불황이 닥쳐서 수많은 기업이 도산 직전에서 허덕이고 있을 때 월레스는 발행 부수를 눈덩이처럼 불려나갔다. 불황의 밑바닥에서 독자

수는 85만으로 뛰어올랐다. 이듬해에는 150만이 되고 1년 뒤에는 180만이 되었다.

이렇게 되자 월레스는 《리더스 다이제스트》의 급성장을 언제까지나 비밀로 해둘 수 없었다. 잡지계에서도 월레스가 노다지를 캐냈다는 것을 알게 되었다. 1929년에 《스크리브너스Scribner's》는 앞으로 《리더스 다이제스트》의 발전을 돕는 일은 일체 하지 않겠다고 발표하기에 이르렀다. 월레스에게 주었던 그 잡지 기사의 전재권을 빼앗은 것이다. 《포럼Fortun》, 《애틀랜틱 먼슬리Atlantic Monthly》도 그에 따를 기미를 보였다. 《새터데이 이브닝 포스트》, 《아메리칸》 잡지는 그전부터 월레스에게 기사를 제공하는 것을 거부하고 있었는데, 그 입장을 새삼스레 다시 공표하기에 이르렀다.

《리더스 다이제스트》로서는 잡지 기사야말로 생명선이나 다름없었으므로, 다른 잡지들이 기사 전재를 전면적으로 거부한다는 위기에 직면하자 월레스는 중대한 궁지에 빠지고 말았다. 이 위기에서 용감히 월레스의 편에 서서 변호해 준 것이 《노스 아메리칸 리뷰North American Review》의 편집자이자 월레스의 친구였던 케네드 W. 페인Kenneth W. Payne이었다. 그는 일류 잡지의 발행인이나 편집자를 붙들고 역설했다. 월레스는 당신네 기사를 전재함으로써 당신네 잡지를 위협하키는커녕 오히려 널리 선전해 주고 있다. 더구나 월레스는 지금까지 소설 중심이었던 출판계에 대항해서 논픽션에 대한 독자의 흥미를 재고하고 잡지계 전체의 독자 수를 늘려 나가고 있지 않느냐고.

케네드 페인의 이러한 노력으로 《리더스 다이제스트》에 대한 반란은 싹트자마자 시들어버렸고, 월레스의 편집 소재는 다시 원활하게 흘러오게 되었다. 페인은 이러한 맹활동을 한 지 얼마 후 《리더스 다이제스트》의 편집장이 되었다. 그리고 수년 후에는 연봉 10만 달러 이상을 받게 되었다.

그렇지만 월레스는 여전히 기사 공급이 갑자기 중단되는 사태가 일어나지 않을까, 하는 악몽에 시달렸다. 그가 싣는 기사는 전적으로 다른 잡지 편집자의 호의에 의존하고 있었고, 《리더스 다이제스트》를 모방한 다이제스트 잡지가 속속 나타나 그를 위협했기 때문이다. 그래서 월레스는 자기의 허약한 입장을 지키고 기사의 공급처를 확보하기 위해 각 잡지사의 발행인과 상당한 액수로 기사의 전재 독점권을 사는 장기 계약을 체결해나갔다.

¶ 다른 잡지에의 의존도에 벗어나는 작전

이상과 같은 조치를 취했지만 월레스는 안심할 수 없었다. 자신의 입장을 굳히고 남의 눈치를 일일이 살필 필요가 없기 위해서 그는 독자적으로 기사를 개발 창작하기로 결심하고 이를 위한 편집자와 기자를 고용했다. 그러나 《리더스 다이제스트》는 전재라는 방식으로 대성공을 거두었기 때문에 월레스는 이 방식도 그대로 지켜나가기로 결심했다. 그는 먼저 다른 잡지에 새로운 기사의 아이디어를 비밀리에 제공하여, 이들 잡지가 전문을 게재한 다음 그 요약판을 전재하는 권리를 얻는 방식을 취했다.

이와 같이 다른 잡지에 기사 아이디어를 제공하는 방법은 《리더스 다이제스트》 역사상 획기적인 발전이었으며, 이러한 방법이 회사의 장기적인 성장을 가져다주었다는 것은 의심할 여지가 없다.

월레스가 관찰한 바에 의하면 당시 미국 잡지가 편집비의 대부분을 투입하던 분야는 소설이었지 딱딱한 논픽션이 아니었다. 그러나 앞으로 잡지가 개척할 분야는 논픽션에 있다고 그는 믿었다. 그리고 《리더스 다이제스트》는 이제 논픽션 분야에서 스스로 뛰어난 기사를 쓸 만한 자금도 인재도 비축하고 있었다. 이에 대해서 월레스 자신도 이렇게 말했다.

"우리들의 잡지에 필요한 만큼 장기적으로 흥미가 지속되는 시야가 넓은 기사가 다른 잡지에는 없었다."

그래서 월레스는 우수한 편집자들과 함께 오리지널 기사의 아이디어를 생각해내고 이를 문장력이 뛰어난 일류 집필자가 쓰게 했다. 이러한 초기의 시도 중 하나가 자동차 사고 발생률의 상승을 다룬 〈갑작스러운 죽음〉이란 기사였다. J. C. 퍼나스가 쓴 이 기사는 고속도로에서 일어나는 치명적인 자동차 사고를 사진으로 보듯이 생생하게 전한다. 이 기사는 큰 반응을 불러일으켰다. 전국의 경찰서, 사고방지단체, 민간사업단체에서 〈갑작스런 죽음〉이 실린 잡지를 대량 구매하겠다는 주문이 쇄도했다. 라디오 드라마로도 방송되었다. 즉결 재판소의 판사는 도로교통법 위반자에게 그 기사의 일부를 읽어서 들려주었다. 또 위반자에게 그 벌로 이 기사를 한 자 한 자 옮겨 쓰도록 시킨 판사도 있었다.

이후 《리더스 다이제스트》에는 전재 기사보다도 오리지널 기사가 많이 실렸다. 한편 이름이 알려진 집필자의 기사를 먼저 다른 일류 잡지에 싣게 하고, 《리더스 다이제스트》는 이를 요약, 전재한다는 작전 덕에 월레스와 그의 잡지는 잡지계에서도 큰 영향력을 갖게 되었다.

¶ 케네디를 대통령으로 만든 잡지

이러한 막강한 영향력을 누구보다도 크게 평가하고 이용한 것이 케네디 대통령의 아버지 조제프 P. 케네디였다.

1944년, 제2차 세계대전 중 존. F. 케네디의 활약을 쓴 존 허시의 기사가 비교적 발행 부수가 적은 《뉴요커》에 게재되었을 때, 그의 아버지 조제프 P. 케네디는 절호의 기회를 붙잡았다. 그는 《리더스 다이제스트》의 편집자에게 접근해 허시의 기사를 요약해서 《리더스 다이제스트》에 실어주지 않겠느냐고 부탁했다. 편집자들은 동의했으나 《뉴요커》의 편집장 해롤드 로스는 자신의 기사가 《리더스 다이제스트》에 실리는 걸 반대했다. 케네디 대사는 교묘하게도 《리더스 다이제스트》는 《뉴요커》나 케네디가에는 일체 사례를 지불하지 않고, 전재로 생기는 이익은 모두 전사한 해군 장병의 유가족에게 기부한다는 조건으로 로스를 설득했다.

이렇게 해서 《리더스 다이제스트》에 발표된 기사의 요약판은 존 F. 케네디가 지휘하는 어뢰정이 솔로몬 군도에서 일본군에게 격침당할 때 그의 용맹성에 초점을 맞추고, 독자의 주의가 거기에만 집중되도록 적혀 있었다.

아버지 조제프 케네디는 이를 무척 기뻐했는데 수백만 미국인에게 존 F. 케네디가 참다운 영웅이라는 인상을 준 이 기사는 젊은 케네디의 이미지 형성에 무엇보다도 효과적인 수단이 되어, 그의 정계 진출을 원활하게 만들었고, 끝내 대통령 지위까지 오르게 만들었던 것이다.

1946년, 제2차 세계대전의 영웅의 기사가 《리더스 다이제스트》에 나온 지 2년 후, 조제프 케네디는 아들을 처음으로 정치 무대에 등장시켰다. 민주당의 하원의원 후보를 선출하는 매사추세츠주의 예비 선거였다. 제2차 세계대전은 이미 끝나 있었다. 유권자 수는 수천 명에 달하는 제대 군인으로 인해 크게 늘어났고, 그들의 표가 당선에 절대적인 영향을 미쳤다. 케네디의 선거참모는 제109어뢰정의 기사를 수천 부 인쇄해 선거구 내의 민주당원 전원에게 배포했다. 이와 같이 보스턴의 유권자에게 《리더스 다이제스트》를 보낸 것이 존 F. 케네디의 압도적인 승리의 원동력이 되었던 것이다.

¶ 미국의 잡지에서 세계 잡지로 도약

《리더스 다이제스트》는 1930년대 후반부터 세계적인 잡지로 도약하는 발판을 마련하기 시작했다. 첫 번째 시도는 해외판의 발간이었다. 영국판은 곧 영국 본토에서 발행되는 어느 잡지보다도 많은 발행 부수를 갖게 되었다. 이어 1940년에는 스페인판을 발행하고, 스웨덴, 이탈리아, 핀란드, 라틴 아메리카, 일본 등으로 해외판의 판도를 넓혀 나갔다. 그리고 특기할만한 것은 이 해외판은 어느 나라에서든 성공을 거두었다는 사실이다.

　　이러한 해외판의 성공에는 미군 병사들의 공로가 절대적이었다. 제2차 세계대전 내내 미군 병사들은 세계 곳곳에 파견되었고 이들은 본국에서 보내는 이 포켓판 잡지를 열심

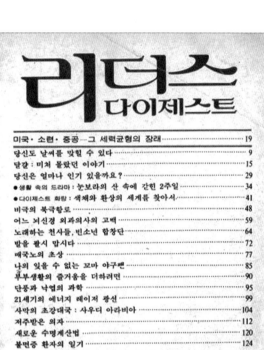

세계최대의 국제잡지 14개 국어로 매호 3,000만부 판매

1978 **11** 【창간호】 값 **500원**

† 《리더스 다이제스트》 한국어판, 1978.

114

히 탐독했다. 휴대하기 편리했고, 기사 내용이 건전하고 낙천적이었기 때문에 병사들 사이에서 《리더스 다이제스트》의 인기는 대단했다. 그들이 이 잡지를 해외에 선전하는 선교사의 역할을 훌륭히 해주었던 것이다. 필자가 처음으로 이 잡지를 접한 것도 8·15해방 후 우리나라에 진주해 온 미군을 통해서였다. 이리하여 제2차 세계대전이 끝날 당시 《리더스 다이제스트》의 발행 부수는 900만 부 이상으로 격증했다. 이 무렵 《리더스 다이제스트》의 가장 인기 있는 읽을거리는 합본 부록 형식으로 편집된 베스트셀러 다이제스트였다.

세계에서 가장 발행 부수가 많은 잡지로서 《리더스 다이제스트》가 해외에 전파한 미국의 이미지는 큰 영향력을 행사했다. 《리더스 다이제스트》의 소박하고 낙천적인 정신은 미국인이 본질적으로 질서를 존중하는 착한 마음을 지닌 국민이라는 이미지를 심어주었다. 이는 할리우드 영화나 《플레이보이》, 《펜트하우스》 등이 수출하는 이미지, 곧 악착스럽고 욕심 많고 냉혹한 미국의 이미지와는 대조적이다. 이에 관해서 어느 사회평론가는 이렇게 말하고 있다.

> "이 잡지는 미국 정부가 미국에 대한 두려움, 편견, 그리고 오해를 해소시키기 위해 외국에서 행했던 모든 홍보 활동을 합친 것보다도 더 큰 효과를 거두고 있다."

동시에 《리더스 다이제스트》의 소박한 낙천주의에는 또 하나의 면이 있다고 비판하는 사람도 있다. 정치적으로 지나치게 보수적이라는 비난이다. 방자한 행동을 비난하고 자제심을 강조하는 것, 개인의 노력은 언젠가 보답을 받게 되고 잘못은 반드시 벌을 받는다는 세계관, 그리고 자유방임을 배격하는 운동은 모두 이 보수적인 신념의 또 하나의 측면이다. 이러한 보수적인 편집 방침이 한때는 베트남 전쟁을 지지하고, 닉슨 대통령을 지지하는 데까지 발전해 많은 비난을 받기도 했다. 여하튼 이러한 보수성이 바로 드윗 월레스의 철학이라고 말할 수 있다.

¶ 잡지 편집은 그의 첫사랑이었다

1973년, 드윗 월레스는 아내의 협력 하에 5,000달러로 시작한 잡지사를 수십억 달러의 대기업으로 발전시킨 뒤 83세로 은퇴했다. 그러나 그 후에도 수년간 중요한 결정에는 여전히 막강한 영향력을 행사했다. 잡지 편집은 월레스의 첫사랑이었다. 그는 일선에서 은퇴한 뒤에도 91세로 세상을 떠날 때까지 편집자들과 전화로 의견을 나누기를 좋아했고, 아내 라일라와 함께 《리더스 다이제스트》의 주를 100퍼센트 가지고 있었다.

이 거대한 출판 기업은 자유로운 개인 기업의 아성이기 때문에 노동조합 운동의 침입을 허용하지 않았다. 이 회사의 종업원은 다른 회사에 비해 월등히 많은 급료를 받았지만, 이것은 어디까지나 고용주의 재량에 따른 것으로 노동조합의 압력으로 얻어낸 것이 아니었다.

한편 월레스의 후계자인 존 오하라John O'Hara 사장은 콧대가 높고 일을 다부지게 몰아가는 아일랜드계 사나이로 시가를 피우면서 명령을 내뱉었다. 그가 지배하는 제국은 그 사업의 중심을 차츰 잡지로부터 일반 단행본의 출판, 독서 클럽, 음악 레코드나 오디오 판매 동 광범위한 분야로 옮겨갔다.

상품을 판매하는 과정에서 《리더스 다이제스트》는 세계 최대의 통신 판매 사업을 발전시켰다. 그 고객 명단은 대단히 귀중한 것이기 때문에 경영진은 2부밖에 없는 명단의 1부를 원본과 함께 금고 깊숙이 보관하고, 또 한 부는 경쟁 회사에 도둑맞지 않도록 비밀 장소에 묻어놓고 있다. 리더스 다이제스트 협회의 성격이 오하라 사장의 운영 아래서 조금은 달라졌는지 모르지만 그 쾌활한 낙천주의는 조금도 달라지지 않았다. 창간자 드윗 월레스의 낙천주의야말로 《리더스 다이제스트》의 생명이며 발전의 원동력이기 때문이다.

회장 자리도 스스로 물러나

끝까지 철두철미한

편집자이기를 바란 그는,

편집자는 촉매여야 한다고 주장했다.

캐스 캔필드

Cass Canfield

하퍼 앤 브라더스
편집자

¶ 출판계의 변화를 몸소 체험한 44년

리핀코트J.W. Lippincott. Jr는 캐스 캔필드가 펜실베이니아 대학에서 한 출판 강연을 엮은 책『출판의 경험』서문에서 다음과 같이 쓰고 있다.

"캔필드 씨는 출판계에 종사한 44년 동안, 출판계의 긴 역사에 있어서 가장 뜻깊고 비약적인 변화를 몸소 체험하고 목격했다. 그는 『출판의 경험』에서 오늘날 출판계가 직면한 중요한 문제를 지적할 뿐만 아니라, 자신의 장래에 대한 전망을 이야기한다.

그는 1924년 하퍼 앤 브라더스의 런던 지사장으로 출판계에 발을 들여놓았다. 이 자리는 영국의 수많은 저자를 미국 독자에게 소개한다는 점에서 중요했다. 런던 지사장으로 3년간 근무하는 동안 그는 리처드 휴스Richard Hughes, E.M. 델라필드E. M. Delafield, 필립 궤달라Philip Guedalla, 존 보이턴 프리스틀리J. B. Priestly, 해롤드 라스키Harold Raski, 줄리언 헉슬리Julian Huxley 등 수많은 저자의 저서를 하퍼스에서 출판함으로써 자신의 업무를 성공적으로 수행했다.

그는 하퍼스 뉴욕 본사의 문학 담당 편집자로 취임해 그 회사의 이사가 되었다. 1929년에는 부사장이 되었고, 1931년에는 사장, 1945년에는 회장이 되었다. 그는 재임하는 동안 회사의 경영을 이끌어가면서 하퍼스의 문학 편집 기획을 활발하게 추진해 나갔다. 그는 손튼 와일더Thornton Wilder, 루이스 브롬필드Louis Bromfield, 존 건서John Gunther, 토머스 울프Thomas Wolfe 등 우리의 귀에 익은 재능있는 저자를 발굴해 하퍼스의 필자로 끌어들여 그들의 책을 출판하는 데 뛰어난 재주가 있었다. 그는 가장 널리 알려진 존경받는 편집자였다.

1967년 여름, 캔필드 씨는 스스로 회장 자리를 사임하고, 그 회사의 선임 편집자로서 직무를 계속 담당하겠다고 발표했다. 그 발표를 다른 사람들이 어떻게 해석하든 그는 끝까지 철두철미한 편집자이기를 바랐던 것이다."

¶ 타이밍이 베스트셀러를 만든다

이 서문에서도 알 수 있듯이 그는 회장 자리까지도 버릴 만큼 스스로 끝까지 철두철미한 편집자이기를 바랐다. 그의 수많은 편집 활동 중에서 가장 먼저 떠오르는 것은 『유럽의 내막』의 기획과 출판이다.

저자인 존 건서를 한낱 평범한 신문기자에서 저널리스트로 출세시킨 이 책은 1936년에 출판되어 그해 논픽션 부문에서 베스트셀러 7위를 차지했다. 그해 소설 부문 베스트셀러 1위는 『바람과 함께 사라지다』였다.

『유럽의 내막』이 세상에 나오기까지는 캐스 캔필드의 눈물겨운 노력이 있었다. 그는 10년 전부터 이러한 책을 출판하려고 혼자 속으로 기획을 짜고 있었다. 이러한 생각을 하게 된 동기는 『다우닝 스트리트의 거울』이라든가 『워싱턴 메리고라운드』 같은 정계의 내막을 폭로하는 책을 재미있다고 생각했기 때문이었다. 유럽을 움직이는 인물이나 사건의 내막에 대해서 쓸 수 있는 사람이 있고 그 책을 출판한다면 유익한 책이 될 것이고 잘 팔릴 거라 생각했다.

그는 존 건서라는 젊은 기자를 주목했다. 《하퍼스 매거진》에 그가 쓴 독일 국민의회 습격 사건에 관한 기사를 읽고, 그자라면 자기가 생각하는 책을 집필할 수 있을 거라 여긴 것이다. 다만 건서가 과연 현대 유럽 전반을 다룰 만큼 충분한 견식을 갖추었는지에 대해서는 걱정이 되었다.

그는 당시 유명한 기자였던 H.R. 니카보카에게 교섭해보기로 했다. 니카보카라면 그 책을 쓸 수 있으리라 생각했던 것이다. 수개월 동안 이 신문기자를 쫓아다니다가 마침내 런던 버클리 호텔의 바에서 그를 만날 수 있었다. 니카보카는 캔필드에게 말했다.

"나는 그 글을 쓰는 데 적임자가 아니다. 건서에게 교섭해보게. 내가 아는 한 당신이 노리는 책을 쓸만한 재능과 집념을 가진 사람은 그밖에 없네."

캔필드는 존 건서를 찾아가 그의 의향을 떠봤다. 건서는 딱 잘라 거절하면서 책 한 권을 쓰기 위해서《시카고 데일리 뉴스》의 특파원 자리를 버릴 수 없다고 말했다. 캔필드는 실망했지만, 이 기획을 포기할 수 없었다.

수년이 지난 어느날 캔필드는 뉴욕의 호텔에 묵고 있는 건서를 찾아갔다. 이른 아침이었고 웬일인지 그는 몹시 기분이 나쁜 상태였다. 침대 모서리에 앉아서 찬물에 적신 타올을 머리에 감고 있었다. 술이 덜 깬 모습이었다.

곧 배를 타고 유럽으로 가야 하는 건서는 힘없이 악수를 교환한 뒤 아침 일찍 무슨 일로 찾아왔느냐고 물었다.

"유럽의 내막에 관한 책 때문이죠."

그가 이렇게 대답하자 건서는 침대에 벌렁 누웠다. 이윽고 정신을 차린 그는 천천히 말했다.

"당신이 이 방에서 나가준다면 나는 짐을 꾸리고 11시 배를 탈 수 있다. 그렇게 해준다면 나는 당신의 어떠한 희망이라도 들어주겠다."

캔필드는 그렇지 않아도 출판 계획서를 가지고 왔다며 계속해서 그를 설득했다. 결국 건서는 배를 타지 못하고 말았다.

"그럼 할 수 없다, 사인을 하지. 그러나 그런 계약서 따윈 아무런 의미도 없다는 것을 알아야 해."

그러나 일단 서명을 하면 계약서는 중대한 의미를 가지므로, 그로부터 1년도 지나지 않아 『유럽의 내막』은 출간되었다. 이는 캐스 캔필드의 편집자로서의 신념, 그 신념을 실현시키기 위한 끈질긴 집념의 소산이었던 것이다. 그리고 이 책이 베스트셀러가 된 것은 타이밍 때문이었다. 이에 관해서 그는 이렇게 말하고 있다.

"타이밍에 대한 뛰어난 감각은 좋은 책을 만드는 불가결의 요소이다. 시대의 흐름에 뒤처지는 것은 치명적이라 할 수 있다. 편집자가 그들이 쓰는 시대에 보조를 맞추지 못한다는 것은 비극적이다. 반대로 그 시대의 흐름에 너무 앞서가는 것 또한 치명적이다. 출판은 어디까지나 기업이라는 것을 잊어서는 안 된다."

그리고 그는 자기가 편집한 수많은 책중 가장 타이밍이

좋았던 책으로『유럽의 내막』을 꼽았다. 이 책은 히틀러와 무솔리니가 유럽을 정복하려고 기고만장 날뛰는 그러한 위기 상황에서 출판되었던 것이다.

반대로 타이밍이 나빠서 실패했던 예로 그는 1939년에 출판한 월터 크리비츠키Walter Krivitsky의『스탈린의 비밀경찰』을 들고 있다.

크리비츠키는 미국으로 망명한 유럽의 소련정보조직의 책임자였다. 그는 이 책에서 소련정보조직의 냉혹하고도 잔인한 살인사건을 수없이 폭로했다. 당시로서는 놀랄만한 책이었다. 흥미진진한 사건을 엮은 이 책이 팔리지 않고 실패한 것은 독자들이 그 책에 폭로된 사건이 사실인지 아닌지 믿지 못했기 때문이었다. 독자가 믿지 않는 이상 그 책은 황당무계한 기록에 불과했던 것이다.

¶ 술기운으로 내린 판단이 베스트셀러가 되다

캐스 캔필드는 뉴욕의 파크 아베뉴 36가의 모퉁이에 있던 명문 집안에서 태어났다. 그는 여름이면 가족들과 함께 스위스에서 휴가를 보내기도 했다. 하버드 대학과 옥스퍼드 대학을 다녔으며 그가 옥스퍼드 대학에 다닐 때 하숙하던 집에는 후에 수상이 된 안토니 이든이 살기도 했다. 대학 시절에는 고

전 문학과 현대 문학을 즐겨 읽었다.

그의 회고록 『한 편집자의 편력 *Up and Down and Around*』(1971)과 그의 강연집 『출판의 경험』(1969)에 실린 편집자로서 그의 생활과 사상을 간추리면 다음과 같다.

캔필드가 하퍼 형제가 1917년에 창업한 하퍼 앤 브라더스에 들어간 것은 1924년의 일이었다.

캔필드는 하퍼스에 입사한 후 1927년까지 런던 지사의 지사장으로 일했다. 전임자가 무능했기에 입사하자마자 런던에 파견되었던 것이다. 그곳에서 캔필드가 맡은 일은 두 가지였다. 그중 하나는 영국의 작가와 책을 스카우트하는 일이었다. 또 하나는 하퍼스가 출판한 책을 영국에서 파는 일이었다. 전임자는 책을 파는 일과 조그마한 런던 지사를 관리하는 일밖에 하지 않았다.

캔필드는 그보다 영국의 작가를 스카우트하는 일에 주력했다. 이러한 그의 노력이 열매를 맺어 J.B. 프리스틀리, 리처드 휴스, 필립 궤달라 등의 저서가 하퍼 앤 브라더스에서 출판되어 미국 독자에게 소개되었다.

캔필드는 프리스틀리를 스카우트한 경우는 편집자로서의 수완을 발휘한 것이라기보단 우연한 행운이었다고 겸손하게 말한다. 그 경위는 이러했다. 프리스틀리에게는 A.D 피터스라는 젊고 유능한 대리인이 있었다. 어느 날 피터스는 캔필드에게 전화를 걸어서 프리스틀리라는 젊은이가 소설 계약을 희망한다고 말했다.

전에 이 젊은이의 수필을 읽은 적이 있었던 캔필드는 그를 재능 있는 수필가라고 기억했다. 그러나 캔필드는 아직 그가 젊고 세상물정을 모르기 때문에 계약 전에 원고를 보고 싶다고 피터스에게 말했다. 수필가는 작가로서 대성하기 어렵다는 것이 캔필드의 지론이었던 것이다. 당시 프리스틀리는 돈이 필요했고, 대리인도 약간의 인세 선불금을 받아주고 싶었기 때문에, 그는 셋이서 술을 한잔 하자고 초대했다.

캔필드는 어느 선술집에서 신인 작가와 그 대리인을 상대로 핑크 진을 7잔이나 마셨다. 그는 술에 거나하게 취하자 선불금 100파운드가 하찮게 여겨졌고 홧김에 소설을 받기로 약속해버렸다. 그 책이 바로 『달빛의 아담』으로 출간 직후 미국 내에서 베스트셀러가 되었다. 그리고 얼마 후 『착한 친구들』이 세계적인 베스트셀러가 되었고, 북 오브 더 먼스 클럽의 선정 도서가 되었다. "이것은 술기운으로 내린 판단이 우연히 들어맞은 것이다"라고 술을 좋아하는 캔필드는 회상했다.

캐스 캔필드 Cass Canfield

¶ 프랑스 수상의 원고 출판을 거절

캔필드에게는 잊을 수 없는 사건이 하나 더 있다. 1926년의 일이다. 파리에 있는 대리인으로부터 전화가 걸려와 당시 '프랑스의 호랑이'라고 불리던 조르주 클레망소(Clemenceau, 프랑스의 정치가. 1906~1909년에 걸쳐 수상을 역임, 1917년 1차 대전 중에 다시 수상이 되어 대독강경책으로 전쟁을 승리로 이끌었다)가 스파르타와 아테네의 항쟁을 논술한 원고를 완성했다고 알려왔다.

그날 밤 캔필드 부처는 프린스 오브 웨일스(후에 에드워드 8세)를 위한 파티에 참석할 예정이었다. 대리인의 말에 의하면 클레망소의 원고는 프랑스의 수상을 지낸 필자가 아테네와 스파르타의 대립에 기탁한 일종의 전쟁론이라는 것이었다. 캔필드는 큰 기대를 품고 파티를 부인에게 맡긴 채 파리로 날아갔다.

다음 날 아침, 클레망소를 만난 캔필드는 그에게 압도당하고 말았다. 프랑스의 호랑이는 원고가 하나밖에 없으니 바로 그 자리에서 읽어보고 의견을 말해달라고 했다. 내심 미국 출판사로부터 거액의 선불금을 기대하는 듯했다.

캔필드는 1층의 작은 방에 틀어박혀서 원고를 읽기 시작했다. 어릴 때부터 프랑스어를 배웠기에 원고를 읽는 데 애를 먹지는 않았지만, 원고 자체가 따분한 탓에 미국 독자들은 흥미를 느끼지 못할 거라고 판단했다. 원고를 다 읽은 뒤 그는 클레망소를 다시 만났다. 하지만 면전에서 거절할 수가 없어 하퍼스에서 출판할 것인가에 대해서 말끝을 흐리고, 마침내 작별 인사를 건넸다. 그제야 해방된 것처럼 마음이 놓였다.

이 책은 미국의 다른 출판사에서 출판되기는 했지만 미국 독자의 환영을 받지는 못했다. 캔필드의 판단이 옳았던 것이다. 거물급의 원고면 덮어놓고 출판하려는 '출판의 함정'을 자신의 날카로운 판단으로 피할 수 있었던 것을 두고 그는 행운이었다고 겸허하게 말한다. 이처럼 뛰어난 편집자의 요건 중 하나는 어디까지나 겸손함에 있는 것이다.

¶ 편집자는 촉매 역할을 해야 한다

1927년 뉴욕으로 돌아온 캔필드는 하퍼스 출판사의 문학 부문 어시스턴트 에디터가 되고 그 회사의 이사로 선출되었다. 하퍼스에 근무하게 된 후로 그 회사의 주를 모아 대주주가 되었으므로, 경영자로서 그 능력을 발휘한 것은 당연하다고 할 수 있다. 그러나 캔필드는 출판인으로서 평가되는 알프레드 크노프Alfred knopf와 달리, 출판인보다는 편집자로 유명하며 그 재능을 높이 평가받아 왔다. (하퍼 앤 브라더스는 1961년 11월, 교과서 출판사인 로우 피터슨과 합병해 주식을 공개하고 회사 이름도 하퍼 앤 로우**Happer & Row**로 바꾸었다).

캔필드는 무엇보다 편집 일을 좋아했다. 1967년 여름, 그는 경영에서 물러나 스스로 시니어 에디터가 되어 편집자 일에 전념했다. 하퍼 앤 로우의 '캐스 캔필드 북스 시리즈'는 그가 직접 편집한 책들이다. 출판에 대해서, 편집에 대해서 그만큼 명확한 철학을 가진 사람은 없을 것이다. 그러나 그는 출판계에 종사한 지 오래 되었지만 어떤 책이 잘 팔리는지 아직 알지 못하고 있다고 고백한다. 베스트셀러를 만드는 필요조건에 대해서 만족할 만한 해답을 아직 발견하지 못했다는 것은 아마 그의 솔직한 고백일 것이다. 그만큼 팔리는 책을 편집하고 출판한다는 것은 어려운 일이다.

캔필드의 저서인 『출판의 경험』은 두 개의 강연을 수록한 책이다. 그중 하나인 '참다운 편집자, 이상적인 편집자'는 그의 편집자론을 담고 있다. 여기서 그는 편집자는 어디까지나 촉매 역할을 해야 한다고 주장한다. 그는 편집자가 갖추어야 할 요건에 대해서 다음과 같이 말한다. 그 전문을 지면 관계상 전부 수록하지 못하는 점이 유감스럽다.

"출판인, 편집자의 능력은 그가 출판하는 책을 통해서 그가 얼마나 기본적인 책임을 충실히 이행하느냐에 따라 판단되어야 할 것이다.

첫째, 편집자는 저자의 책이 매력 있게 제작되고, 효과적으로 팔릴 수 있게 배포하는 데 책임이 있다.

둘째, 편집자는 자신이 희망하는 대로 원고를 재집필하고 수정하도록 저자를 설득시킬 능력을 갖추어야 한다.

셋째, 편집자는 저자의 이익이 되는 편에 서서 그가 어떤 위기에 봉착했을 때 보호해야 한다.

넷째, 편집자는 국민으로서의 의무와 책임을 이행하는 데 충실해야 한다. 어떤 책의 출판이 국가 이익을 해친다고 판단되었을 때는 저자에 대한 의무와 공익에 대한 의무 사이에서 현명한 판단을 내리지 않으면 안 된다.

다섯 째, 편집자는 원고뿐만 아니라 새로운 필자를 발굴하는 데 있어서 그것을 판별할 수 있는 날카로운 코를 가져야 한다.

참다운 편집자, 이상적인 편집자를 양성하고 발견하는 노력은 중요한 일이다. 편집자는 참으로 중요한 역할을 하고 있지만 그는 어디까지나 하나의 촉매여야 한다. 위대한 책은 오직 한 사람—그 책을 집필하는 저자—에 의해 만들어지기 때문이다. 편집자는 다만 그 책을 집필하는 아이디어를 제공하며 그 책을 쓸 수 있도록 저자를 도울 뿐이다. 때문에 편집자는 항상 익명으로 무대 뒤에 숨어 있어야 한다. 편집자의 유일한 기념비는 그가 일하는 출판사여야 한다."

캐스 캔필드 Cass Canfield

¶ 저자를 이해하고 돕는 편집자

저자에게는 자기를 성심껏 돌봐주는 편집자가 필요하다고 그는 역설했다. 편집자는 항상 저자의 편이 되어야 한다. 또 저자는 마음이 통하는 편집자를 필요로 한다. 이러한 저자와 편집자가 한 덩어리가 되었을 때 좋은 책을 만들어낼 수 있다.

에드나 세인트 빈센트 밀레이Edna St. Vincent Millay는 캔필드가 아는 범위 내에서 서정시의 재능과 수학자의 정신을 겸비한 가장 이색적인 여성이었다. 그리고 철저한 완전주의자이기도 했다. 그녀는 사랑하는 남편이 떠나자 심한 우울증에 빠져 뉴욕의 병원에 입원했다.

밀레이는 하루라도 빨리 퇴원해서 뉴욕주 오스텔리츠에 있는 자기 집으로 돌아가고 싶었다. 문제는 퇴원해도 좋을 것인가 하는 문제였다. 의사는 그녀가 우울증으로 자살할 우려가 있다고 보고 퇴원을 시켜도 좋을지 판단을 내리지 못하고 있었다. 결국 그 결정은 가까운 친구들에게 일임되었다. 그러나 친구들 사이에서도 의견이 엇갈려 최종적으로 그 결정은 그녀의 편집자인 캔필드에게 넘겨졌다.

그는 이 시인의 희망을 들어주기로 결심하고, 퇴원한 그녀를 오스텔리츠의 집까지 데려다 주었다. 자동차로 가는 긴 여행 내내 그는 화제를 차창 밖으로 보이는 경치에만 한정시켰다. 캔필드가 아무도 없는 쓸쓸한 집을 떠나올 때, 그녀는 자기를 퇴원시켜준 것을 감사하다며 말했다. "저는 자살 같은 건 하지 않을 거예요. 걱정하지 마세요." 그녀는 자살하지 않았고, 죽을 때까지 뛰어난 시를 여러 편 남겼다.

¶ 저자의 재능을 끌어내는 편집자

"출판인이 으뜸가는 목적으로 삼지 않으면 안 되는 것은 저자로 하여금 그 재능을 발휘하도록 해야 하며, 가능한 대로 저자를 격려해야 하는 것이라 생각한다."

캔필드의 이 말 중에서 '출판인'을 '편집자'라고 바꿔도 좋을 것이다.

캔필드는 어느 만찬회에서 마가렛 리치Margaret Leech 의 옆자리에 앉게 되었다. 초면이기는 했으나 그는 이 작가의 소설을 읽은 적이 있었다. 대화를 나누는 동안 그녀가 박식하고 기억력이 뛰어나다는 것을 알고, 캔필드는 역사물의 논픽션에 대해서 평소 생각하던 기획을 말했다. 시대를 좁게 한정시키면 시킬수록 결과는 재미있는 읽을거리가 되는 게 아닌가 하는 것이 캔필드의 지론이었다.

유럽 문명의 발달을 전부 다룬 재미있는 책을 쓰는 것은 불가능에 가깝다. 그는 그러한 책에서는 인물이나 사건을 흥미롭게 쓰는 것은 도저히 불가능하다고 말했다.

마가렛 리치와의 대화가 끝날 무렵에 캔필드는 에이브러햄 링컨의 생애를 이 주 동안 한정시킨 책을 써보면 어떠냐고 권했다. 그렇게 하면 당시 신문에 나온 사건이나 링컨이 사람들에게 한 말, 당시 사람들이 중대한 시기에 생각하던 것들을 르포르타주로 엮어낼 수 있을 거라고 했다.

캔필드의 제안에 매력을 느낀 마가렛 리치는 그런 주제의 글을 한번 써보고 싶단 생각이 들었다. 그러나 링컨을 쓰는 것은 아무래도 잘 될 것 같지 않아, 남북전쟁 당시 워싱턴 시민의 생활을 써보기로 했다. 이렇게 출판된 리치 여사의 『워싱턴의 나팔소리』는 퓰리처상을 받았고, 오늘날에도 널리 애독되고 있다.

『워싱턴의 나팔소리』가 베스트셀러가 되자 역사물 논픽션의 흐름을 바꿔놓았다. 이 책의 수법을 본딴 논픽션이 등장한 것이다. 짐 비숍Jim Bishop의 『링컨이 쓰러진 날』, 월터 로드Walter Lord의 『굴욕의 날』 등이 그것이다.

캔필드는 마가렛 리치에게 자기의 아이디어를 강요한 것이 아니었다. 오히려 저자를 고무시키고 저자의 재능을 끌어낸 것이라고 말할 수 있다.

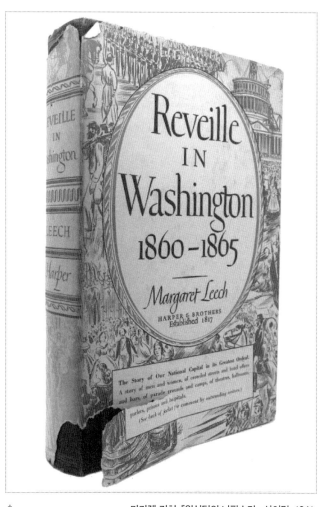

마가렛 리치, 『워싱턴의 나팔소리』, 사이먼, 1941.

¶ 판단은 오직 편집자가 하는 것

캔필드에 의하면 편집자에게 가장 중요한 것은 사냥개와 같은 코다. 그것은 산더미 같이 쌓인 원고 속에서 걸작을 가려낼 수 있는 날카로운 후각이다. 큰 출판사가 되면 일 년 동안 수천 수만 가지의 원고가 온다. 편집자가 그 많은 원고를 전부 읽을 순 없다. 그 결과 원고를 읽는 소위 '대상독자'의 판단에 의존하지 않을 수 없게 된다. 편집자는 그 '대상독자'의 기호나 편견, 지식을 파악하지 않으면 안 된다.

원고에 따라서는 전문가의 의견이 필요한 경우도 있다. 1920년대 초 하퍼스는 저명한 역사가에게 어떤 방대한 원고를 읽어봐달라고 부탁했다. '독자'의 능력으로는 도저히 그 원고의 내용을 판단할 수 없었기 때문에 그 역사가에게 의뢰했던 것이다.

원고를 읽은 역사가의 의견은 다음과 같았다. "문제작이기는 하나, 그 내용을 이해하려면 독자가 상당한 지식을 갖춰야 하므로 영리 목적으로 출판하기에는 부적당하다." 하퍼스는 이 역사가의 의견을 받아들여 출판을 거절했다. 그 원고는 슈펭글러가 쓴 『서구의 몰락』이었다.

여기에는 하나의 교훈이 있다. 편집자가 원고의 가치에 대해서 전문가의 의견을 존중하는 것은 좋지만, 그 책이 팔릴 것인가에 대해서는 전문가의 의견을 무시해야 한다. 그 판단을 할 수 있는 것은 오직 편집자뿐이기 때문이다. 그래서 하퍼스에서는 책의 제목도 저자에게 맡기지 않고 편집자가 직접 결정한다고 한다.

"실패의 위험을 각오하는 것은 창조적인 출판에 있어서는 불가결하다"라고 캔필드는 말한다. 그 좋은 예로 옥스퍼드 대학 출판국과 레이첼 카슨Rachel Carson의 관계를 들 수 있다. 지금은 『침묵의 봄』으로 널리 알려졌지만 옥스퍼드 대학 출판국이 그녀의 원고에 관심이 있을 때는 내무부에 근무하는 무명의 존재에 불과했고 어느 출판사에서 낸 『바닷바람을 맞으며』는 실패작으로 평가받았다.

옥스퍼드 대학 출판국은 이 실패를 무시하고 카슨 여사와 출판 계약을 체결했다. 그 원고는 『우리를 둘러싼 바다』였다. 훗날 이 작품은 『침묵의 봄』과 함께 고전으로 남은 걸작이 되었다.

평범한 사람이 생각지도 못한 아이디어를 제공하는 경우도 있다. 어느 날 캔필드는 택시를 타고 이동중이었다. 그가 탄 택시의 운전기사는 몹시 지친 얼굴이었다. 까닭을 묻자 어린 아이들과 놀아주느라 기진맥진했다고 한다. 운전기사 찰리는 "누군가가, 어린이를 즐겁게 하는 놀이 1,000가지 같은 책을 써 주면 좋겠는데"라고 엉겁결에 말했다.

얼마 후 하퍼스에서 『어린이를 즐겁게 하는 놀이 838가지』가 나와 롱셀러가 되었다. 캔필드는 하퍼스 출판사로부터 이 운전기사에게 100달러의 사례를 보내주었다. 이후 책의 아이디어를 제공해서 그것을 하퍼스에서 채택했을 때는, 그 제공자에게 100달러의 사례를 주는 것이 회사의 관례가 되었다.

¶ 출판이란 실패를 각오하는 것

출판이란 하나의 모험이라고 할 수 있다. 다시 말해서 출판이란 '실패를 각오하는 것'이다. 이러한 모험을 통해서 성공한다는 데 출판의 묘미가 있고, 또 출판의 기쁨이 있다. 편집자로서 캔필드의 경험은 참으로 풍부하다. 더구나 그 경험 하나하나가 모두 모험이라 생각된다.

마지막으로, 이 위대한 대편집자의 생애 중 가장 판단이 어려웠던 문제에 대해서 언급하기로 하자. 그것은 레프 트로츠키Leon Trotsky가 쓴 『스탈린』의 출판을 둘러싼 문제이다. 그는 지금도 그때의 판단이 옳았는지 글렀는지 곰곰이 생각하게 된다고 한다.

1940년 초, 캔필드 부처는 휴가차 멕시코시티에서 쉬고 있었다. 그곳에서 망명 생활을 하는 트로츠키를 찾아갔다. 그가 집필한 스탈린의 전기가 거의 완성 단계였고, 전반부의 교정쇄는 이미 나와서 트로츠키가 보고 있었다. 캔필드가 만난 트로츠키는 아주 활동적이고 재미있는 인물이었다.

그러나 트로츠키는 캔필드 부처가 방문한 지 두세달 후에 암살당하고 말았다. 피가 사방에 흩어지고, 교정쇄도 피에 물들었다. 지금도 그 검붉은 핏자국이 남은 교정쇄는 하버드 대학 도서관에 보관되어 있다.

트로츠키의 스탈린 전기는 이렇게 미완성으로 끝났기 때문에 하퍼스 출판사는 고인이 남긴 방대한 메모를 정리해서 스탈린 전기를 완성시킬 만한 집필자를 찾지 않으면 안됐다. 이것이 소련 문제의 권위자 찰스 말라무스Charles Malamuth를 찾아냄으로써 해결되었다. 말라무스도 기대에 어긋나지 않는 훌륭한 원고를 집필했다. 마침내 견본이 나와서 금요일 아침 신문 잡지의 서평가에게 발송되었다.

그로부터 48시간이 지난 토요일은 1941년 12월 7일이었다. 일본군이 진주만을 기습공격한 날이다. 일본과의 전쟁이 시작되자 캔필드는 트로츠키의『스탈린』의 출판을 심사숙고하지 않을 수 없었다. 소련이 미국의 동맹국이 되는 것은 뻔한 일이다. 동맹국의 영도자의 전기를―그것도 그의 숙적이 쓴 비난투성이의 전기를―출판하는 것이 국가의 이익에 부응할 것인가. 아무리 미국이 언론의 자유가 있는 나라라고 할지라도 과연 정부는『스탈린』의 출판을 묵인할 것인가. 캔필드는 워싱턴에 있는 세 사람에게 상의했다. 세 사람 모두 대통령과 접촉할 수 있는 인물들이었다. 그들은 모두 난처한 얼굴로 하퍼스는 사기업이니까 출판을 중지할 것인가 말 것인가를 결정하는 것은 편집자의 몫이라고 말했다.

　이렇게 해서 월요일 정오, 캔필드는 국가의 이익을 생각해『스탈린』의 출판을 중단하기로 결정했다. 이 책이 나온 것은 세계대전이 끝난 이후인 1946년이었다. 캔필드는 아직까지도 이때의 결정이 옳았는지에 대해 알지 못한다. 그러나 책임을 회피하는 것보다는 책임을 지고 실패하는 것이 편집자가 취해야 할 태도이며, 그는 편집자 역시 국민으로서 의무를 충실히 해야 하며, 국가 이익에 위배되어서는 안 된다고 주장했다.

스캔들을 위한 스캔들이나,
센세이션을 위한 센세이션을 배격한
양식과 풍자 정신.

해롤드 로스　　**Harold Ross**

《뉴요커》
창간자 · 편집자

¶ 성공하는 잡지보다 좋은 잡지를

해롤드 로스가 창간한 《뉴요커》는 결코 많은 부수를 자랑
하는 잡지가 아니다. 1977년 말 조사에 의하면 발행 부수는
49만 4,127부이다. 100만 부를 넘는 잡지가 즐비하게 널려
있는 미국 잡지계에서 그 부수는 결코 많은 것은 아니지만,
미국 저널리즘의 발전에 이 잡지보다 큰 영향을 준 잡지는
흔치 않을 것이다. 그것은 창간자이자 편집자였던 해롤드 로
스가 타고난 완전무결주의로『뉴요커』의 편집을 예술의 경지
까지 끌어올렸기 때문이다.

이에 대해 테오도르 피터슨은 그의 저서『20세기 잡지』
에서 이렇게 말한다.

"1925년 2월 창간호가 나올 때부터 1951년 12월 그가 죽을 때까지 26년간 《뉴요커》는 틀림없는 해롤드 로스의 분신이었다. 주말에 들어온 스포츠 기사와 외신 기사를 제외한 모든 기사는 잡지에 실리기 전에 반드시 그의 손을 거쳐야 했다.

누가 보아도 로스는 냉담하고, 눈치 없고, 거칠고, 곧잘 화를 내고 불손하기까지 해서 친구가 많지 않았다. 그러나 한번 사귄 친구에게는 철저하게 충실했다. 그는 명백히 많은 것을 요구하는 편집자였고, 꼼꼼한 편집자였고, 또한 위대한 편집자였다. 《뉴요커》에는 이러한 로스의 성격이 반영되었다. 그러나 신기하게도 그의 성격과 《뉴요커》의 세련되고 위트가 있으며 가끔은 신랄하게 꼬집는 성격과는 전체적으로 일치하지 않는다."

1951년 12월 6일, 로스가 폐암으로 사망했을 때 이 잡지의 편집자였던 E.B. 화이트E.B. White는 《뉴요커》를 위해 평생을 바친 해롤드 로스를 추모하는 글을 다음과 같이 실었다.

"그의 야심은 성공한 잡지를 만드는 것이 아니라, 좋은 잡지를 발행하는 데 있었다. 그는 《뉴요커》를 하나의 운동으로 보았다. 그의 무기가 된 것은 그다지 풍부하지 않은 지식과 겨우 책 두 권에 불과했다. 그것은 『웹스터 사전』과 『현대영어 활용 사전』이었다. 이 책들은 그의 역사이자, 그의 지리(地理)이며, 그의 문학, 예술,

음악 그리고 그의 모든 것이었다. 로스의 무식함에 아연해져서, 과연 자기가 적임자를 만났는지 어떤지 몰랐던 사람들도 있다. 그러나 그는 반드시 적임자였다. 문제는 오직 하나, 상대가 로스의 심금에 닿을 수 있었느냐 없었느냐 하는 것이었다."

로스와 함께 초창기 《뉴요커》를 편집했던 랄프 잉거솔Ralph Ingersoll은 이렇게 말한다.

"어느 의미에서 그는 행운아였다. 그에게는 기념비로 남은 잡지가 있다. 그것은 뼈를 깎는 고심 끝에 태어난 1,397호의 잡지이다. 그것을 만드는 노고는 분만실에서 함께 일했던 사람밖에 모른다……. 로스는 큰 목표를 정해놓고 그 한가운데를 명중시키기 위해 몸이 가루가 되도록 노력했다. 그의 꿈은 소박했다. 순수하고 조금도 뽐내는 데가 없었다. 그는 잡지를 좋게 만들고 싶다. 재미있게 만들고 싶다. 공정하게 만들고 싶다고만 바랐다."

군인을 위한 신문 《스타스 앤 스트라이프스Stars and Stripes》를 창간한 해롤드 로스는 1892년 11월 콜로라도주의 아스펜에서 태어났다. 아스펜은 사방이 깊은 산으로 둘러싸인 시골 마을로, 은광산이 유명하다. 로스가 7세가 되던 해에 그의 아버지는 광산에 손을 대었다가 실패했고 온 가족은 솔트레이크 시티로 이사했다. 집이 가난했던 그는 스스로 학비를 벌어서 고등학교를 다녔지만 끝내 졸업은 하지 못했다.

그러나 어린 그는 '어떻게 해서든지 훌륭한 신문기자가 되자'고 결심했다. 그는 중학교 2학년 때 고장의 지역 신문인 《트리뷴》의 견습기자가 되었다. 자신이 원하던 길에 들어선 그는 기자로 성공하자는 의욕을 불태우면서 열심히 뛰어다녔다. 그리고 그를 필요로 하는 신문사라면 어디든 마다하지 않고 자리를 옮겨 다녔다. 어느 의미에서 방랑벽이 있는 떠돌이 기자였다. 《메리스 빌 어필》에서 《새크라멘토 유니온》으로, 《파나마 스타 헤럴드》에서 《애틀랜틱 저널》로 직장을 옮겨 다니다가, 1915년 캘리포니아로 돌아와 《샌프란시스코 콜》 신문에서 활약했다. 이무렵 그에 대해서 동료들은 '뛰어나지는 않았지만 유능한 기자'였다고 말한다.

1917년, 제1차 세계대전이 일어나자 그는 철도 공병단에 입대, 프랑스에 주둔하게 되었다. 때마침 주둔군 사령부에는 육군성의 명을 받아, 미군 장병에게 읽힐 신문 발행을 서두르고 있었다. 사령부에서는 군인에게 읽히기 위해서는 군인이 직접 신문을 만들어야 한다며 적합한 편집자를 물색하고 있었다.

군인으로서 로스는 칠칠치 못한 졸병이었다. 항상 군복의 상의 단추를 풀어헤치고 각반도 제대로 매지 않은 너저분한 복장을 하고 다녔기 때문에 전우들로부터 "어이, 해롤드 그런 복장을 하다간 영창에 들어가거나 잘못했다간 총살감

이야!"라고 야단맞았다.

이러한 그에게 어느 날 사령부로부터 호출이 왔다. 그는 드디어 영창행인가 하고 생각하면서 사령부에 출두했다. 그런데 뜻밖에도 미군 기관지의 편집을 맡으라는 명령을 받았다.

"예스, 서!" 그는 큰소리로 대답하고 그 일을 맡았다. 그의 핏속에 흐르는 신문에 대한 의욕이 크게 물결쳤다. 그 신문에는 《스타스 앤 스트라이프스》라는 이름이 붙여졌다. 해롤드 로스의 뛰어난 편집 솜씨로 그 역사적인 창간호는 1918년 2월 8일 파리에서 발행되었다. 편집진 명단 속에는 그의 이름이 찬란히 빛나고 있었다.

¶ 독자가 바라는 새로운 것을 찾아

제1차 세계대전이 끝났다. 《스타스 앤 스트라이프스》의 명편집자로서 명성을 날리고 파견부 사령부로부터 여러 차례 표창장을 받은 해롤드 로스도 1919년 봄, 군복을 벗고 미국으로 돌아왔다.

제대를 한 그는 《스타스 앤 스트라이프스》를 함께 편집한 전우들을 규합해 《홈 섹터 *Home Sector*》를 발행했으나 단명에 그치고 말았다. 그 후 제대한 군인을 위한 《아메리칸 리

† 《스타스 앤 스트라이프스》 1918년 2월 8일자.

전》이라는 기관지의 편집자로 일했으나, 타고난 편집자로서의 센스는 그를 그곳에 오래 머물게 하지 않았다.

그는 1924년 당시 미국에서 상당한 영향력이 있는 유머러스한 주간지 《저지*Judge*》의 편집장이 되었다. 그가 신문에서 잡지로 자리를 옮겨 본격적으로 잡지 편집의 테크닉을 배운 것은 그 무렵이었다고 한다. 그가 신문기자로 일할 때 뉴스를 만들어내는 걸 본 동료와 선배 기자들은 그 뛰어난 재능에 혀를 내둘렀다. 하지만, 잡지를 편집하는 데 있어서도 항상 그의 머릿속에는 "무엇인가 세상을 깜짝 놀라게 하는 새롭고 놀랄 만한 기획 없을까……" 하는 생각으로 가득 차 있었다. "이 세상에는 무언가 없는 것이 있다. 그 '무엇'을 독자는 항상 찾고 있는데 어떻게서든지 그것을 만들어내고 싶다." 잠잘 때나 깨어 있을 때나 그는 그것만을 생각했다.

그는 자신의 잡지를 창간하기 위한 기획을 하나하나 엮기 시작했다. 토요일 밤이면 호텔에 모여 당시 재치 있는 문인인 도로시 파커Dorothy Parker, 로버트 벤츨리Robert Benchley, 마크 코널리Marc Connelly, 프랭클리 P. 애덤스Franklin P. Adams, 에드나 퍼버Edna Ferber 등과 어울려 포커를 하면서 여러 구상을 발전시켜 나갔다.

이 포커 놀이의 무리 중에는 제과업으로 돈을 번 라울 플라이쉬맨Raoul Fleishmann이 있었다. 플라이쉬맨은 로스가 고급 유머와 풍자를 담은 주간지를 창간하고 싶다고 말하자

전적으로 찬동하며 자본을 대겠다고 나섰다.

새로운 잡지에 대한 아이디어는《스타스 앤 스트라이프스》와《저지》를 편집할 때 얻은 경험이 밑거름이 되었다고 볼 수 있다.《스타스 앤 스트라이프스》가 사병들을 위한 신문으로 사병들에 의해 만들어져 관료적이지 않았던 것과 마찬가지로 새로운 잡지는 세련된 도시민을 위한 잡지로 도시민에 의해 집필·편집되어야 하며 대중을 의식해서는 안 된다.《저지》의 유머는 그 잡지가 대중을 대상으로 하기 때문에 지나치게 광범위하고 저속하다. 그리고 마감 날짜와 발행일 간격이 넓기 때문에 신선함이 없다. 뉴욕의 독자를 대상으로 한 새로운 잡지는 유머와 논평의 신선도가 충분히 살아있도록 편집·발간되어야 한다.

그가 생각해낸 잡지는 세련된 뉴욕 시민을 대상으로, 그들을 만족시키는 신선한 유머와 풍자로 가득해 뉴욕의 생생한 표정을 투영시킨 것이었다.

뉴욕이라는 도시, 이 도시는 인간이 만들어낸 것이지만 인간의 상상력과 통찰력을 훨씬 초월해 잠들지 않는 거대한 빌딩의 집합체였다.

50여 나라의 갖은 인종이 모여들어서 선과 악이 서로 이웃하고, 양지와 음지가 서로 악수하는 도시, 그 한편에서는 무한의 재력과 권력이 서로 엉켜서 최고의 쾌락과 섹스와 행복을 추구한다. 고급 문화와 저속한 문화가 함께 살고, 인간의 욕망과 야망이 허무와 충실 사이에서 한시도 쉬지 않고 약동하는 곳이 바로 이 세계적인 대도시 뉴욕의 얼굴이다.

이러한 매혹적인 도시를 무대로 '미국의 표정'을 부각시키는 잡지를 생각해낸 것이다. 더구나 그는 자신이 만드는 잡지를 하나의 연속된 '역사의 표정'으로 표현할 것을 계획했다. 이렇게 해서 그가 만들어낸 잡지는 그 이름도 화려한《뉴요커 *The NewYorker*》라는 제호를 달고 1925년 2월 21일 창간되었다.

¶《뉴요커》의 이상

해롤드 로스는 창간사에서 잡지에 대한 이상을 다음과 같이 밝혔다. 이는 그가 26년 동안 잡지를 이끌어온 편집의 기본 방침이었고《뉴요커》의 성격 그 자체였다.

> "《뉴요커》는 말과 그림으로 뉴욕의 생활을 반영하는 잡지가 될 것이다. 《뉴요커》는 가장 인간적인 잡지가 될 것이다. 그 주조가 되는 것은 밝음과 기지. 그리고 풍자 정신이지만 농담은 배척한다. 《뉴요커》는 소위 과격주의나 유식한 척하는 것을 배격한다. 《뉴요커》는 소위 세련된 것을 추구하기 때문에 독자를 크게 계몽시켜 줄 것이다. 《뉴요커》는 속임수를 배척할 것이다.

신문과 비교한다면 《뉴요커》는 사실의 속기보다는 그 해설에 주력할 것이다. 사건의 배후에 있는 사실들을 활자화시켜 나가겠지만, 스캔들을 위한 스캔들이라든가 센세이션을 위한 센세이션은 다루지 않을 것이다. 그리하여 의심할 여지없는 건전한 잡지가 될 것이다. 독자를 즐겁게 하면서 유익한 지식을 제공할 것이므로 슬기롭게 사는 독자나 슬기롭게 살고자 하는 독자에게 하나의 필수품이 될 것이다.

《뉴요커》는 현대의 사건, 화제의 인물 소개에 매주 몇 페이지를 충당할 것이다. 이 기사는 사건의 여러 요소를 이해하는 데 도움이 될 것이며, 집필에 있어서는 그러한 요소의 중대성과 의의를 지적할 수 있는 필자들이 쓰게 될 것이다. 《뉴요커》는 진실을, 진실의 전부를 두려움 없이, 또한 공정하게 제공할 것이다.

오락과 미술은 각 담당자가 충분히 커버하고 각 담당자는 인물과 에피소드를 소개하는 동시에 오락과 미술에 관련된 여러 가지 일도 전달할 것이다. 《뉴요커》의 양심적인 안내란은 매주 연극, 영화, 음악회, 전람회, 스포츠 등 뉴욕에서 개최되는 모든 행사를 게재할 것이며 "오늘밤 무엇을 할까?"라는 질문에 항상 좋은 답변을 제공할 것이다. 《뉴요커》의 애주가를 통해서 독자는 클럽, 호텔, 카페, 만찬회장, 카바레 등 대중이 모이는 근사한 곳에서 무슨 일이 있었는지를 항상 알 수 있게 될 것이다.

화제의 신간에 대해서도 그 내용을 비판하고, 읽을만한 가치가 있는 도서 리스트를 게재할 것이다. 편집자를 위한 페이지를 할애해서 일주일 동안의 사건에 대해서 심각하지 않은 필치로 소개할 것이다.

개인 소식란도 있다—뉴욕에 온 사람, 뉴욕에서 떠난 사람, 뉴욕에서 무엇인가 일을 하는 사람들의 소식을 작은 마을에서 발행하는 신문 스타일로 간단히 전달할 것이다. 이것은 약간 풍자적이기도 하겠지만, 얼마간 뉴스 가치도 있을 것이다.

《뉴요커》는 매주 짧고 긴 유머가 있고 풍자적인 산문과 논문을 여러 페이지에 걸쳐 게재할 것이다.

《뉴요커》는 삽화에서 뛰어난 잡지가 될 것이다. 그 삽화는 《뉴요커》의 목적에 일치되는 캐리커처, 스케치, 만화, 유머와 풍자를 겸비한 그림이다. 《뉴요커》는 시골에 사는 노파를 위한 잡지가 아니다. 노파가 무엇을 생각하는 지는 《뉴요커》가 알바가 아니다. 그렇다고 무례를 범하겠다는 뜻은 아니다. 《뉴요커》는 뉴욕의 독자만을 위해 발행하는 잡지이기 때문에 전국에 독자를 가진 잡지를 난처하게 만들지는 않을 것이다. 《뉴요커》는 전국적으로 상당한 독자를 기대하지만, 이 기대는 뉴욕에 관심이 있는 사람들에 의해서 충족된 것으로 믿는다."

¶ 폐간까지도 생각게 한 초창기의 부진

해롤드 로스는 잡지의 가치는 그 부수가 많고 적음에 있는 것이 아니라 그 내용과 질에 있다고 믿었다. 그의 관심은 오로지 잡지의 영업보다도 편집에 있었다. 그렇다고 그가 뉴욕 시민을 주 독자로 삼는 이 잡지의 기업성에 대해 전혀 무관심했다고 단정할 수는 없다. 그는 뉴욕이 미국을 대표하는 도시인 만큼 최저 10만 이상의 독자를 확보할 수 있으리라 믿었고, 광고 수입에 대해서도 낙관했다. 뉴욕에는 부유한 소비자들이 살기에 다른 신문이나 전국 규모의 잡지에 광고하는 것보다 《뉴요커》에 광고하는 것이 보다 저렴하고 효과적이라는 인식을 광고주들이 갖게 되리라고 믿은 것이다.

그러나 광고주들이 이러한 인식을 갖게 되고, 또 뉴욕 시민들이 《뉴요커》의 진가를 알게 될 때까지는 시간이 필요했다. 그러한 시간 동안 《뉴요커》는 고전하지 않을 수 없었다.

로스는 《뉴요커》 창간을 단 두 사람의 편집자, 필립 와일리Philip Wylie와 타일러 블리스Tyler Bliss, 그리고 한 명의 광고 부원 , 두 명의 비서, 한 명의 전화 교환원으로 시작했다.

그는 창간호의 판매를 5만 부 내지 7만 부로 예상했으나 실제 판매 부수는 1만 5,000부에 불과했다. 3호는 1만 2,000부, 4호는 1만 500부로 떨어지더니 4월에 들어서자 8,000부로 줄어들고 말았다. 이에 따라 매주 8,000달러의 적자를 기록하게 되었다.

어느 5월 《뉴요커》에 자금을 대던 플라이쉬맨은 이 잡지의 운명을 결정하기 위한 회의를 소집하고, 폐간시키기로 결정했다. 그가 회의를 끝내고 걸어 나가는데 편집자 한 명이 '이건 살생 행위와 다름없다'고 투덜거리는 소리를 들었다. 이 말을 들은 그는 새로운 투자자가 나타날 때까지 잡지 발행을 좀 더 계속하기로 결심을 바꾸었다.

해롤드 로스는 애당초 자본 5만 달러만 있으면 《뉴요커》를 꾸릴 수 있다고 판단했다. 그리하여 그가 2만 달러를 출자하고 플라이쉬맨이 2만 5,000달러를 출자했다. 그러나 창간호부터 광고 수입이 적은데다 부수도 저조했기 때문에 그들이 투자한 돈은 곧 바닥이 났고, 1년 동안 무려 22만 5,000달러라는 적자를 보고 말았다. 그 대부분을 플라이쉬맨 혼자서 충당했던 것이다.

플라이쉬맨이 《뉴요커》 폐간을 보류하기로 결정했을 때, 로스는 현재의 편집 스태프로는 자기가 의도하는 잡지를 만들 수 없다는 것을 깨닫고, 새로운 편집진을 구성하기로 결심했다. 편집진을 새롭게 구성하자 로스는 좋은 잡지를 만드는 일에 미친듯이 몰두했다.

¶『뉴요커』를 살려준 한 젊은 여자의 수기

당시 로스를 비롯한 편집자들은 두 달 동안 단 하루도 쉬는 날이 없었고, 마감에 임박했을 때는 새벽까지 철야 작업을 했다. 이러한 고된 업무 때문에 만화 편집자 제임스 서버James Thurber는 체중이 크게 줄고 건강이 약화되었고, 결국 로스에게 휴가를 신청했다.

그러나 서버는 휴가가 끝난 지 이틀이 지나도 출근을 하지 않았다. 화가 난 로스가 까닭을 묻자 자신이 기르는 반려견이 행방불명이 되어 그 개를 찾으러 다녔다고 했다. 로스는 그건 '아가씨'들이나 하는 일이라고 비난했다. 이 말을 들은 서버는 화를 냈다. '아가씨'라니 그게 무슨 말이냐고 로스에게 달려들었고 그들의 주먹 다짐이 시작되었다. 두 사람 다 성질이 급했다. 그러나 이 싸움도 한 여름 소나기처럼 로스의 시원한 너털웃음과 함께 끝이 났고, 두 사람 사이에는 새로운 우정이 싹텄다.

로스는 서버를 초대해 바에서 술을 마시면서 "나는 이 잡지하고 결혼한 사람이다. 내 머릿속에는 잡지 생각밖에 없다고"고 했다. 이에 대해 서버는 자신의 회고록『로스와의 세월』에서 말하고 있다.

이 무렵부터 《뉴요커》는 조금씩 소생할 기미가 보이기 시작했다. 그 결정적 계기가 된 것은 사교계의 젊은 여성 엘

† 《뉴요커》 1925 년 11월호

해롤드 로스 Harold Ross

린 맥케이Ellin Mackay가 제공한 연재 수기였다. 반항심이 강한 그녀는 우편 전보 회사의 사장 클라렌스 M. 맥케이의 딸로 〈왜 우리는 카바레에 가는가?〉라는 제목의 수기를 《뉴요커》에 싣게 되었다.

이 수기는 사교계에 싫증이 나서 카바레에 출입하는 상류층 여성의 생활을 폭로한 내용이었다. 그 내용이 종래의 인습을 타파하는 반항적인 내용인데다 필자가 상류층 여성이었기에 이 기사는 《뉴요커》에 실리자마자 다른 신문들이 그 일부를 재수록하고 인용할 정도로 반항을 일으켰다.

미스 맥케이는 후에 아버지의 반대를 무릅쓰고 가수인 어빙 벌린Irving Berlin과 결혼, 다시 한번 화제를 불러일으킬 때까지 《뉴요커》를 위해서 많은 기고를 했다. 그녀의 수기가 실리자 《뉴요커》의 독자가 크게 늘어났고, 그에 따라 광고 수입도 급증했다.

《뉴요커》는 착실히 부수를 늘려나갔다. 그것은 무엇보다도 해롤드 로스가 고집스러울 정도로 완벽주의를 추구하며 뉴욕 생활에 대한 안내에 충실했기 때문일 것이다. 크리스마스가 가까워지면 남성용, 여성용, 어린이용의 쇼핑 안내가 상세하게 게재되기도 했다. 그 무렵이면 잡지 페이지가 늘어나고, 연말부터 연초까지는, 페이지가 대폭적으로 줄어든다. 페이지 수는 일정하지 않지만 광고만은 풍부했다. 기사 페이지가 삼분의 일밖에 되지 않을 때도 있었다.

1977년 말 《뉴요커》의 부수는 49만 4,127부다. 그중 예약 구독이 45만 190부 점두 판매가 4만 3,937부이다. 잡지의 힘을 말하는 광고 페이지는 미국 잡지계에서 두 번째로 많았다(1위는 《비즈니스 위크》). 《뉴요커》의 부수는 비록 50만 부도 되지 않았지만, 그 막대한 광고료로 확고한 기반을 쌓아올렸던 것이다.

¶ 너무나도 철저한 완벽주의자

《뉴요커》의 편집자로서 11년 동안 로스와 함께 일했던 러셀 말로니Russell Maloney는 그 당시를 이렇게 회상한다. "그것은 육체적으로나 정신적으로나 기진맥진할 정도로 일에 몰두한 자살 행위와도 같은 기간이었다."

그가 이렇게 회상한 것은 로스의 철저한 완벽주의 때문이었다. 로스에게 있어서 완전무결이라는 것은 목표나 이상이 아니라, 항상 몸에 지니고 다니는 손목시계나 모자처럼 속성과도 같았다.

그가 완벽주의자가 된 것은 창간 이후 2년 동안 잡지의 오탈자가 너무 많아 이를 없애기 위해서였다고 한다. 그는 조사부를 설치해 잡지에 게재되는 모든 사실을 철저히 확인하도록 지시했다. 이 조사부는 《세터데이 이브닝 포스트》를 참고해 만든 것으로 《포스트》에서는 여성 조사원 7명이 원고의 사실과 이름, 날짜 등을 일일이 체크했다.

그러나 로스의 경우 약간 그 정도가 지나쳤다. 예를 들어 《뉴요커》의 권두 칼럼인 〈도시의 화제〉에 엠파이어스테이트 빌딩 이야기가 나오면, 로스는 조사부에 명령해 이 빌딩에 전화를 걸어 확실히 존재한다는 것을 확인할 때까지는 만족하지 않았다는 조금은 과장된 이야기까지 전해진다.

로스는 조급하게 쓴 기사에 대해서는 만족하지 않았다. 완벽을 기하지 않았다고 생각했기 때문이다. 창간 초기인 20년대에는 〈도시의 화제〉란에 실릴 3,000단어의 원고를 단 한 사람의 기자가 한나절에 썼지만, 1947년에는 이 기사를 쓰는데 기자 4명이 일주일 내내 매달려야 했다.

해롤드 로스의 이러한 완벽주의가 《뉴요커》의 편집을 예술의 경지까지 끌어올렸고, 독자의 전폭적인 신뢰를 받는 잡지를 만들어낼 수 있었다.

¶ 광고는 첫 번째 독자를 위한 광고여야 한다

해롤드 로스는 잡지에 게재되는 광고에 대해서, 그 광고는 첫째로 독자를 위한 광고여야 한다는 철학이 있었다. 이를 위해서 광고의 게재권은 독자를 가장 잘 알고 있는 편집자가 쥐고 있어야 한다고 주장했다. 이에 대해서 그는 이렇게 말했다.

> "모든 광고는 먼저 독자를 위한 광고여야 하며, 이익은 2차적인 문제다. 항상 우리의 첫 번째 의무는 우리들의 독자에 대한 것이며 두 번째 의무는 우리들의 현재와 과거의 광고주에 대한 것이라는 것을 명심해야 한다."

그는 이 원칙을 창간 초부터 견지했고, 이러한 원칙은 30년 후에야 다른 잡지 광고부의 내규로 채용되었다. 로스는 모든 광고에 대해서 그 게재를 거부할 수 있는 권리를 창설하고 실제로 장악하고 있었다. 그가 죽은 뒤로는 이 문제에 있어서 편집부와 광고부가 서로 협의하는 방침을 세워 놓고 있다.

광고 게재를 거부하는 이유에는 여러 개가 있었다. 광고하는 상품이나 광고 도안 자체가 저속한 경우, 광고하는 상품이 독자에게 어필하지 못한다고 판단되는 경우, 광고 문안이나 레이아웃이 수준 이하인 경우, 그 광고 페이지가 유용하지 못하다고 판단되는 경우 등이었다.

이러한 '독자를 위한 광고'라는 그의 편집 방침이 독자의 신뢰를 확보하고, 잡지의 질을 향상히는 데 밑거름이 되었음은 두말할 여지도 없을 것이다. 로스는 이러한 편집의 우위

성과 독립성을 지키기 위해 편집부는 다른 영업 부서의 간섭을 받아서는 안 된다고 주장했다. 《뉴요커》의 가장 큰 투자가였던 라울 플라이쉬맨도 그와 마찬가지로 편집 기능과 영업 기능의 분리를 신조로 삼았다는 것은 로스에게 큰 행운이 아닐 수 없었다.

¶ 겉으로 보기에 촌놈 같은 인상이었지만……

해롤드 로스는 세계에서 가장 도회적이며 세련된 잡지 《뉴요커》를 만들었지만, 그의 용모와 인상은 《뉴요커》의 이미지와는 걸맞지 않았다.

1937년 로스가 런던을 방문했을 때 어느 파티에서 그를 처음 만난 《타임스》 기자는 이렇게 말했다. "처음 만났을 때는 그가 《뉴요커》를 편집한다는 것이 거짓말이라고 생각했다. 그러나 그 파티를 떠날 때는 역시 로스가 아니고서는 그 잡지를 편집할 수 없다고 인식을 달리하게 되었다."

어느 여류 작가는 로스의 얼굴을 '광대의 얼굴'이라 했고 또 어떤 작가는 '도둑놈 얼굴'이라고 혹평했다. 1920년경 작가와 저널리스트가 모여서 아마추어 연극을 상연할 때 로스가 맡은 역은 '택시운전수'였다. 그는 그러한 인상을 주는 얼굴의 소유자였다.

《뉴요커》에 가끔 수필을 쓰는 신문기자, 스탠리 워커는 편집자 서버에게 이렇게 말했다.

　"로스의 걸음걸이를 보았는가? 저건 인디언의 걸음걸이다. 느릿느릿하게 비틀거리면서 얼굴을 숙이고 걷는 것이 낙타와 똑같다." 이렇듯 그를 아는 사람들이 말하는 해롤드 로스의 용모나 풍채는 세련된 《뉴요커》의 편집자라고 하기에는 너무나도 어울리지 않는 '촌놈' 그 자체였다. 그러나 《뉴요커》는 틀림없이 이러한 로스가 창조해낸 근사한 잡지였다.

　한마디로 말한다면 해롤드 로스는 죽는 날까지 초심을 잊지 않은 편집자였다. 그의 여러 결점이 《뉴요커》라는 잡지에 의해서 장점으로 역전되었다고 할 수 있다. 그는 괴벽스러운 성격이었지만 재능에 대해서는 너그러운 편집자였다. 그와 오래 사귄 《뉴요커》의 편집자나 필자들은 대개 한 번씩은 그와 정면으로 충돌하여 싸움을 벌였다. 로스 또한 그와 같이 자기에게 반항하지 않는 사람은 신용하지 않는 성미가 있었다.

　미국의 잡지 편집자는 예외 없이 하나의 잡지를 성공시키면 차례차례 새로운 잡지를 창간해 '잡지 왕국'을 쌓아올린다. 헨리 루스는 《타임》이 성공하자 《포춘》과 《라이프》를 탄생시켰다. 휴 헤프너는 《플레이보이》가 성공하자 《쇼 비즈니스 일러스트레이티드》, 《위》를 창간했다.

　그러나 해롤드 로스는 오직 《뉴요커》에 전 생애를 바쳤다. 그는 어디까지나 '원 매거진 원 프로젝트 맨One magagine one project man'이었다. 잡지 왕국을 쌓아올리겠다는 야심도 없었고, 권력이나 재산에 대한 욕심도 없었다. 결혼은 세 번 했지만, 실제적으로는 《뉴요커》하고만 결혼해 완전무결한 잡지를 만드는 데 평생을 바친 철저한 편집자였다.

¶ 로스의 뒤를 이은 2대 편집장

1951년, 《뉴요커》의 편집에 일생을 바친 해롤드 로스가 암으로 세상을 떠나자, 6주 후에 윌리엄 숀William Shawn이 2대 편집장으로 취임했다. 그는 《뉴욕》을 편집한 클레이 펠커나 《플레이보이》를 편집한 휴 헤프너와는 대조적으로 자기 이름이 겉으로 드러나는 걸 몹시 싫어했다. 철두철미하게 화려한 무대 뒤에 숨은 편집자로, 사람들이 모이는 곳에 잘 나타나지도 않고, 사진도 없기 때문에 《뉴요커》 회사가 있는 '44가의 유령'이라는 별명이 붙은 사람이다. 이 기회에 잠깐 그에 대한 얘기를 적어두기로 한다.

　윌리엄 숀은 1907년 시카고에서 태어났다. 그는 미시간 대학을 2년간 다니다가 중퇴하고 라스베이거스에서 신문기자가 되었다. 이때부터 그는 《뉴요커》의 칼럼 〈거리의 화제〉의 담당 기자로 《뉴요커》에 취직했다. 이 칼럼은 《뉴요커》의 권두를 장식하는 읽을거리로 그야말로 뉴욕의 생활을 밝고 풍자적으로 반영한 가장 독자가 많은 면이다.

숀이 《뉴요커》에 입사한 지 6년 만에 해롤드 로스는 그를 매니징 에디터managing editor로 기용했다. 해롤드 로스는 《뉴요커》의 편집 업무를 원만하게 운영하기 위해 그와 같은 인재를 찾고 있었던 것이다. 숀이 성미가 까다로운 로스의 마음에 드는 매니징 에디터가 된 것을 보면 그는 기획 능력뿐만 아니라 관리 능력에 있어서도 뛰어난 사람이었던 모양이며 이러한 능력이 있었기에 해롤드 로스의 뒤를 이어 편집장으로 지명됐을 것이다.

《뉴요커》가 도회적으로 세련된 잡지라는 기본 성격은 지금도 달라지지 않았지만, 숀이 편집장이 된 후로 잡지 내용의 폭이 넓어졌다. 그 대표적인 기사가 1979년 《타임》 지가 최우수 논픽션으로 선정한 C. D. B. 브라이언의 〈우군의 오발탄〉이다. 이것은 월남전쟁에서 우군의 오발탄으로 아들을 잃은 중서부의 보수적인 농민이 차츰 과격파가 되어간다는 애처로운 기록이다.

월남전쟁이 '소리없는 대다수 국민'에까지 깊은 상처를 줬다는 것을 폭로한 〈우군의 오발탄〉은 처음에는 《뉴요커》에 게재할 1회분의 르포르타주로 기획되어 있었다. 숀은 브라이언의 희망에 따라 수천 달러의 취재비를 주었는데, 브라이언은 막상 취재를 하고 보니 1회분의 짧은 르포르타주에는 쓰고 싶은 이야기를 다 쓸 수 없을 것 같아 취재비의 반환을 숀에게 제안했다. 그러나 숀은 그것을 받아들이지 않고 오히려 브라이언을 격려했다. 이렇게 해서 브라이언은 2년의 세월을 걸쳐 취재한 끝에 〈우군의 오발탄〉을 완성시켰다. 숀이 브라이언을 믿고 끈질기게 기다렸던 것이며, 그 보람이 있었기에 〈우군의 오발탄〉이 큰 반응을 일으켰던 것이다.

숀은 집필자로 하여금 원고를 다시 고쳐 쓰게 만드는 재주가 뛰어났다. 숀이 조용한 편집실에서 차근차근 원고를 검토하는 동안, 필자들은 그 옆에서 긴장한 얼굴로 그 결과를 조용히 기다렸다. 그리고 숀의 마음에 들지 않는 대목이 있으면 그는 먼저 그 부분에 대한 필자의 의견을 물었다. 그래서 필자가 자발적으로 그 대목을 다시 고쳐 쓰도록 만든다. 그리고 필자는 고쳐 쓰기가 끝났을 때 숀의 권유로 고쳐 쓴 것이 아니라 자기 의사대로 그렇게 했다는 착각에 빠졌다. 숀이 "역시 당신(집필자)의 의견에 따라 고쳐 쓰기를 잘했다"고 말했기 때문이다.

그래서 《뉴요커》의 필자가 저서를 출판하면 그 안표지에 '이 책은 윌리엄 숀에게 바친다'라는 헌사를 기록하는 경우가 많다. 집필자들도 숀의 도움 없이는 그 책이 나올 수 없다는 것을 잘 알고 있기 때문이다.

어떤 집필자는 숀을 "타고난 위대한 예술가이며 편집자이다. 그리고 부당할 정도로 겸손한 사람이다"라고 평한다.

그는 다른 사람하고 함께 방을 나가거나 들어갈 때, 상대가 여자이든 남자이든 자기가 먼저 나가는 법이 절대 없게끔 한다. 식당에서 함께 식사할 때도 누가 먼저 의자에 앉는가로 한 번은 꼭 실랑이를 벌인다. 그만큼 겸손한 사람이다.

《뉴요커》라는 대잡지의 편집장이라는 절대적인 힘을 가졌으면서도 그것을 겉으로 드러내지 않는 겸손한 편집자 정신, 그것이 필자로부터 신뢰를 얻는 그의 비결일지도 모른다.

죽는 날까지 교정지를 손에서
놓지 않았던 그는 화려한 무대
뒤에서 남모르게 활동한 이름
없는 편집자였다.

삭스 코민스 Saxe Commins

랜덤하우스의
시니어 에디터

¶ 부인이 쓴 그의 전기『편집자란 무엇인가』

같은 편집자라도 잡지 편집자의 경우에는 발간되는 잡지 판권란에 이름이 나오기 때문에 비교적 세상에 잘 알려졌지만, 일반 단행본 출판사의 경우에는 그렇지 않다. 출판사 편집자는 그 이름이 겉으로 드러나는 일이 거의 없다. 그야말로 아는 사람만 아는 화려한 무대 뒤의 무명의 존재인 것이다. 따라서 편집자 전기라든가 회고록 같은 게 많지 않았다. 그런데 10여 년 전부터 조금씩 사정이 달라져 소위 북스 온 북스Books on books라고 하는 출판계 관련 도서가 미국에서 눈에 띄게 출판되기 시작했다.

　이는 출판계 진출을 희망하는 젊은이들이 늘어난 결과,

북스 온 북스에 대한 수요가 많아졌기 때문일지도 모른다. 1977년에 출판된 베넷 세르프Bennett Cerf의 자서전 『앳 랜덤』이 그해 베스트셀러가 된 것도 이러한 추세라고 말할 수 있다. 1978년에 출판된 삭스 코민스의 저서도 그러한 편집자 전기로 큰 화제를 모았다.

시카고 대학 출판부에서 출판된 『편집자란 무엇인가What is an editor』는 삭스 코민스의 부인이자 음악 평론가인 도로시 코민스Dorothy Commins가 쓴 코민스 전기이다. 이 책은 코민스가 리버라이트와 랜덤하우스에서 편집자로 활약할 때의 생활, 유진 오닐Eugene O'Neill, 싱클레어 루이스Sinclair Lewis, W.H. 오든W.H. Auden, 윌리엄 포크너William Faulkner 등과 교류한 서한이 수록되어 있다. 이 책을 보면 코민스가 이름을 드러내지 않는 편집자로서 미국 문화계에 얼마나 큰 공로를 했는지 엿볼 수 있다. 책의 서문에서 부인 도로시는 이렇게 말한다.

"편집자로서 삭스 코민스는 대담하고 상상력이 풍부했으며, 뛰어난 아이디어를 생각해내고, 저자들이 좋은 생각이 떠오르지 않아 절망적으로 씨름하고 있을 때 멋있는 표현을 끄집어내는 깊은 직관력이 있었다. 그는 이러한 재능을 애착과 충실함을 가지고 그와 함께 일했던 모든 저자에게 아낌없이 베풀어주었다. 삭스 코민스의 편집 업무는 정확한 문장력과 문학에 대한 넓고 깊은 이해를 필요로 했다. 또 제작에서부터 판매 촉진에 이르기까지의 출판의 전반적인 실무에 대한 뛰어난 능력이 필요했다. 삭스 코민스는 출판 전반에 관한 타고난 교사로 많은 필자나 학생들을 대상으로 강의와 토론을 했고, 한때 콜롬비아 대학에서 출판 강의를 맡기도 했다. 그가 30대 중반에 출판계에 처음 발을 들여놓았을 때는 편집자를 양성하고 교육하는 공식적인 기관이 없었다. 그래서 그는 항상 자기가 범한 시행착오를 통해서 습득한 지식을 새로운 세대인 편집자 후배들에게 전달하고자 했다. 그러한 뜻에서 이 책은 좋은 교육 자료가 되리라고 믿는다."

¶ 뜻을 이루지 못한 저자였던 편집자

삭스 코민스에 관한 일화는 랜덤하우스의 사장 세르프의 자서전 『앳 랜덤』에서 극작가 유진 오닐의 편집자로서 등장한다. 세르프도 오닐의 신임이 두터웠던 편집자인 코민스를 빼놓고는 대 극작가의 이야기를 할 수 없었던 모양이다. 자서전에서 세르프는 삭스 코민스를 두고 "나의 둘도 없는 옛 친구이자 랜덤하우스의 공로자 중 한 사람, 그리고 작고할 때까지 다년간에 걸쳐(1933~1958년까지) 우리들의 시니어 에디터였다"라고 기록한다. 이 '시니어 에디터'라는 말은 우리말로 옮길 때 적합한 표현이 없다. '선임 편집자'라고 해야 할까,

'수석 편집자'라고 해야 할까, 어쨌든 상당히 큰 권한과 책임을 가진 '간부 편집자'라고 볼 수 있다.

베넷 세르프는 삭스 코민스를 두고 뛰어난 편집자였다고 칭찬하는 한편 '뜻을 이루지 못한 저자'였다고도 비판했다. 이는 코민스와 저자의 관계를 보고 그렇게 말한 것이었다. 편집자가 저자에게 조금도 도움이 되지 않거나, 저자의 집필 활동에 충분한 흥미를 나타내지 않으면, 또 저자에게 자기 의견을 지나치게 강요하면 둘의 관계는 벌어지기 마련이다. 마음이 너그러운 저자라면 그러한 미묘한 관계에서 드러나는 결점을 편집자 본인에게 일러주겠지만 대개 출판사에 담당 편집자 교체를 요구하는 경우가 많다.

자기 의견을 지나치게 저자에게 강요하는 편집자는 대개 '뜻을 이루지 못한 저자' 즉, 문필 생활로 성공하기 위해 뜻을 세웠다가 도중에 좌절하거나 포기하고 만 사람들이다. 이들은 자기가 저자보다 글을 더 잘 쓸 수 있다고 생각하기 때문에 원고를 마음대로 뜯어고치려고 한다. 코민스는 뛰어난 편집자인 동시에 자신도 심리학 관련 책을 출판한 저자이기도 했다. 그는 '뜻을 이루지 못한 저자' 중 한 명으로 자신이 맡은 저자에게 지나치게 많은 것을 요구하기도 했다.

일례로 삭스 코민스는 많은 저자로부터 신뢰를 받았지만 존 오하라John O'hara와는 사이가 좋지 않았다. 그가 자기 의견을 너무나도 고집하는 바람에 오하라가 코민스의 편집을 거부하고 만 것이다. 세르프는 이는 분명 코민스의 잘못이라고 판단했지만, 오하라 역시 작가로서 굉장히 명예욕이 강한 사람이었기에 일방적으로 코민스만을 책망할 수는 없을 것이다. 코민스는 제임스 A. 미치너James A. Michener의 사랑을 받았고, 오닐이나 윌리엄 포크너로부터는 전폭적인 신뢰를 받았으며, 버드 슐버그Budd Schulberg나 어윈 쇼Irwin Shaw를 길러냈다.

¶ 치과 의사에서 편집자로 전업

삭스 코민스의 키는 약 173센티미터로 갸름한 얼굴에 짙은 눈썹과 머리카락 그리고 날카로운 신경의 소유자였다. 평소에는 안경을 쓰지 않았지만 일을 할 때만큼은 안경을 썼고, 때때로 안경을 코 밑으로 내려 먼 하늘을 응시하곤 했다. 옷에 대해서만큼은 무관심하여 유행이 무엇인지도 몰랐다. 하지만 항상 검정이나 밤색의 차양이 넓은 중절모를 애용했다. 그는 모자가 낡아도 좀처럼 새것을 사지 않았다. 하루는 모자가 하도 낡아서 부인이 새것을 사라고 했다. 그러자 그는 헌 모자를 찬찬히 쳐다보더니 "이 모자가 어때서? 난 이 너덜너덜한 차양이 오히려 좋은데"라고 했다고 한다.

또 그는 대학에 다닐 때부터 줄담배를 피웠는데, 후에는 파이프를 즐겨 피우게 되었다. 어릴 때부터 스포츠를 좋아했고 이 취미는 평생 지속되었다. 좋아하는 스포츠는 수영, 테니스, 스케이트, 야구였다. 고등학교를 졸업한 이후에는 펜실베이니아 대학 의과대학에 들어갔다. 그가 의과대학 졸업을 앞두었을 때 집에서 충격적인 소식이 왔다. 형인 해리가 결핵에 걸려 애리조나로 요양을 하러 가야 한다는 것이었다. 넉넉하지 못한 살림 가운데 형의 치료비를 위해서는 막대한 돈을 지출하지 않을 수 없었다. 그래서 그는 의과대학을 그만두고 치과대학으로 학적을 옮겼다.

대학에 다닐 때 삭스 코민스는 틈만 나면 뉴욕에 갔다. 당시 뉴욕에는 화가이자 배우인 에드워드 밸런타인Edward Ballentine과 결혼한 누이가 그린위치 빌리지에 살고 있었다. 가난하지만 재주 있는 예술가들이 모여 살던 그린위치 빌리지의 분위기는 문학 청년이었던 삭스 코민스에게 많은 영향을 주었다. 그러던 어느 주말, 코민스는 신진 저널리스트로 두각을 나타내던 존 리드John Reed를 만나게 되었다. 그리고 1916년, 『세계를 뒤흔든 열흘』을 쓴 이 청년을 통해 극작가 유진 오닐을 알게 되었다. 그해 여름 프로빈스타운의 조그마한 극장에서 오닐이 집필한 〈카디프를 향해서 동쪽으로〉가 상연되고 있었던 것이다. 이때 인연이 된 코민스와 오닐은 서로 좋은 말동무가 되어, 문학에 대한 여러 의견과 자신들이 읽은 책에 대한 감상을 솔직하게 터놓는 사이가 되었다. 이후 대학을 졸업한 코민스는 뉴욕 로체스터에 치과를 개원했다. 날마다 환자가 밀릴 정도로 바빴으나 그런 와중에도 오닐 같은 문우들과의 교제를 끊지 않았다. 어쩌면 오닐을 알지 못했다면 코민스는 한낱 치과 의사로 일생을 마쳤을지도 모를 일이다.

¶ 포크너 담당 편집자가 되어

삭스 코민스는 30대 후반이 되어서야 편집자로서 첫발을 내딛게 되었다. 처음에는 리버라이트의 편집자, 그리고 이후에는 랜덤하우스의 편집자로 활약했다. 처음에는 유진 오닐의 담당 편집자였다. 오닐은 사세가 기울기 시작한 리버라이트에서 랜덤하우스로 출판사를 바꿀 때, 자신의 책 담당 편집자는 반드시 코민스여야 한다는 조건을 내세워 사장인 세르프로 하여금 이 요구를 받아들이도록 했다.

코민스는 단지 오닐의 편집자만이 아닌, 윌리엄 포크너의 편집자이기도 했다. 코민스가 후에 노벨상을 받는 이 작가를 만난 것은 1930년대 중반이었다. 하지만 코민스는 이미 1927년부터 포크너의 존재를 알고 있었다. 코민스가 포크너를 알게 된 것은 참으로 우연한 기회 때문이었다. 코민스는 친구인 로이드 콜맨Lloyd Coleman과 심리학에 관한 공저를

† 윌리엄 포크너

출판하게 되었고, 출판사로부터 그 책을 받기로 했다. 그런데 출판사의 실수로 그 소포 속에 포크너의 소설『모기』가 들어 있었던 것이다. 이전까지 코민스는 포크너라는 작가에 대해 알지 못했다. 그런데 이것이 인연이 되어 그의 소설을 관심 있게 지켜보다 급기야 그의 담당 편집자가 된 것이다.

1936년, 포크너가 그의 원고『압살롬, 압살롬!』을 랜덤하우스로 가져왔고 코민스가 이를 편집했다. 그 후로 코민스는『정복당하지 않는 사람들』(1938),『야생 종려나무』(1939),『마을』(1940),『모세여 내려가라』(1942),『에밀리에게 장미를』(1945),『무덤의 침입자』(1948),『기사의 덫』(1949),『윌리엄 포크너 단편 걸작집』(1950),『여승을 위한 진혼가』(1951),『포크너 독본』(1954),『우화』(1954),『큰 숲』(1955),『도시』(1957) 그리고 세상을 떠나기 직전까지도『저택』을 편집했다.

포크너의 세 번째 선집인『포크너 단편 걸작 선집』은 코민스와 도널드 S. 클로퍼Donald S. Klopfer의 기획으로 출판된 책이었다. 처음에 포크너는 이 책의 출판을 반대했지만 후에 코민스에게 보낸 편지에는 다음과 같이 적었다.

“이 단편집 출판에 있어서 당신과 돈(클로퍼)의 의견이 옳았고, 내가 잘못 생각했다. 나는 바보였다. 나는 이 단편집의 의의를 이해하지 못했다.”

삭스 코민스 Saxe Commins　　　177

¶ 포크너의 노벨상 수상과 그의 편집자

이 단편집이 출판된 1950년, 포크너는 미시시피주 옥스퍼드에서 농장 일에 여념이 없었다. 늦가을의 어느 날 저녁, 코민스는 뉴욕에 있는 자신의 아파트 문을 열고 들어오자마자 아내에게 말했다. "오늘 하루 혼났다. 신문기자들이 몰려와서 말이야. 포크너가 노벨상을 받는다는 소문이 퍼졌다더군." 밤 10시 20분, 전화 소리가 요란하게 울리기 시작했다. 미시시피주 옥스퍼드에서 포크너의 부인 에스텔이 건 장거리 전화였다. 전화를 받은 코민스는 말했다. "그렇습니까? 에스텔 부인, 참으로 멋있습니다. 워싱턴에 있는 스웨덴 대사관으로부터 통지가 있었습니까? 그런데 무엇이 문제입니까? 빌(포크너)은 예복이 없습니까? 그건 조금도 걱정할 필요가 없습니다. 옥스포드에서 구할 수 없다면 뉴욕으로 오는 도중 멤피스에서 틀림없이 구할 수 있을 것입니다. 뭐라고 말씀하셨습니까? 예복은 사고 싶지 않고, 빌려 입고 싶다는 말씀입니까?"

그다음 날 있었던 일에 대해서 그의 동료였던 클로퍼는 다음과 같이 회상했다.

"내가 삭스의 사무실로 들어서자 포크너로부터 전화가 와서 노벨상 수상식 때 입을 예복과 실크해트를 빌려 입을 수 있게 준비해 달라고 했다. 포크너는 삭스의 물음에 자기

옷 치수와 목의 굵기, 모자의 치수를 자세히 말했다."

코민스는 규모가 큰 양복점인 블루크스 브라더스를 찾아갔으나, 그곳에서는 의상 대여를 하지 않는다면서 다른 가게를 소개해 주었다. 코민스는 '5번가 양장점'이라는 가게를 찾아가 용건과 포크너의 치수를 말했다. 그러자 애교 있는 지배인이 말했다.

"당신 친구에게 꼭 맞는 예복이 있습니다. 빛깔은 블루 블랙입니다만."

"안 됩니다. 블랙으로 된 예복이 필요합니다."

"잘 모르시는군요. 예복에는 그레이 블랙하고 브라운 블랙이 있습니다만, 블루블랙이 가장 좋습니다."

예복과 필요한 물건을 산 코민스가 랜덤하우스에 배달해 달라고 부탁하고 그 가게를 나오려고 하자 지배인이 말했다.

"이 예복이 있어서 다행이었다고 친구분에게 전해 주십시오. 스펠만 추기경의 조카분이 지난달 이 예복을 입고 로마에서 법왕님을 찾아뵈었으니까요."

이렇게 해서 모든 준비를 끝낸 코민스는 랜덤하우스에서 여러 사람과 함께 포크너가 도착하기를 목이 빠지게 기다렸다. 그중에는 포크너의 술친구들도 있었다. 코민스는 잔뜩 들뜬 다른 사람들과는 달리 우뚝 서 있기만 했다. 이것을 본 사람들이 말했다.

삭스 코민스 Saxe Commins

"왜 그러고 있나, 코민스. 지금은 기뻐해야 할 때가 아 닌가?"

"그렇고말고, 잘 알고 있지. 그러나 너무 들떠서는 안 되네. 지금이 포크너에게 가장 중요한 순간이기 때문이야."

코민스는 포크너가 차분하게 노벨상 수상 연설문을 써주기를 바랐고, 그런 분위기를 조성하고 싶었다. 이러한 코민스의 자상한 배려를 받은 포크너는 수상 연설문을 작성하자마자 이를 공표하기 전에 코민스에게 먼저 보여주었다.

"저는 이 상이 저라는 인간에게 주어진 게 아니라, 제 작품에 주어진 것이라고 생각합니다. 한 인간의 영혼이 일생 동안 땀을 흘리고 괴로워하면서 이룬 작품에 주어진 것입니다. 이러한 노력은 영광을 위한 것도, 더구나 이익을 위한 것도 아닙니다. 다만 인간의 영혼이라는 소재로 이전에 없었던 새로운 것을 창조하기 위함입니다…….

인간은 동물 중에서 불멸의 소리를 갖고 있기 때문이 아니라 영혼을 가졌고, 동정과 희생과 인내가 가능한 정신이 있기에 불멸의 존재입니다. 시인이나 작가의 의무는 이러한 일을 글로 쓰는 것입니다. 인류의 과거를 영광스러운 것으로 만들었던 용기, 명예, 희망, 자랑, 동정, 연민, 그리고 희생의 정신을 상기시킴으로써 사람의 마음을 북돋고 간난을 견디어 나가는 데 도움이 되어 주는 것이 작가의 특권입니다……."

이 연설문을 읽은 코민스는 자기 자신의 명예 못지않게 자랑스러웠고 대견해했다. 포크너의 수많은 작품을 편집한 코민스에게는 그의 노벨상 수상은 곧 자신의 수상이나 다름 없었을지도 모른다.

¶ 나는 청소하고 수리하는 사람이다

삭스 코민스는 칵테일 파티 같은 시끄러운 분위기를 싫어했다. 새로운 책을 편집하고 출판하는 일에 몰두하기 위해서는 술자리 같은 번잡스러운 자리는 애써 피해야 한다고 생각했다. 이에 관해서 도로시는 다음과 같이 회상했다.

> "어느 파티에 참석했을 때의 일이었다. 파티에 참석하자마자 삭스는 나를 구석으로 끌고 가더니 중얼거리듯이 말했다. "우리 그만 집으로 돌아갑시다." 마침 그때 매력적인 여성 한 명이 하이볼을 손에 들고 다가오더니 그에게 물었다. "왜 이런 구석에 있습니까? 당신은 작가입니까?", "아닙니다." 그는 한마디로 대답했다. 그 숙녀는 계속 물었다. "그럼 당신은 무엇을 하는 사람입니까?" 그는 금방 대답했다. "저는 청소하고 수리하는 사업을 하고 있습니다." 숙녀는 그 대답을 듣자마자 그 자리를 떠났다. 아마 그녀는 자신을 초대한 안주인에게 틀림없이 이렇게 말했을 것이다.

"원 세상에, 어쩌자고 저런 사람을 이 파티에 초대했어요?" 삭스는 농담조로 말했지만, 편집자라는 직업에 대한 핵심적인 진리를 말한 것이나 다름없다. 출판이라는 것은 일반 대중이 아는 것 이상으로 필자와 편집자의 공동 노력으로 이루어진다. 책의 질이나 그 책이 독자에게 주는 감동은 편집자가 '청소와 수리'의 작업을 얼마나 충실하게 하느냐에 달려 있기 때문이다."

삭스는 《새터데이 리뷰 오브 리터러처》에 기고한 글에서 편집자는 "불모의 바위를 파란 연필로 쪼아 거기서 샴페인이 솟아나게 하는" 능력을 갖추어야 한다고 말했다. 저자가 가져온 원고는 광범위한 수정과 퇴고를 필요로 할 때가 많았다. 보통 사람 같으면 그 일만으로도 종일 매달려야 하겠으나, 삭스의 경우에는 불과 일부분에 불과했다.

¶ 편집자라는 직업에 대한 철학

삭스 코민스는 편집자라는 직업에 대해서 그 나름대로 철학이 있었다. 콜롬비아 대학에서 강연했을 때 그는 다음과 같이 말했다.

"편집자란 무엇인가? 편집자가 무엇인가를 알기 위해서는 그가 무엇이었는가, 어떻게 변했는가를 조사할 필요가 있다. 첫째로 편집자는 하나의 기능공으로서, 자기의 기술을 자랑스럽게 생각하고, 여러 아이디어를 생각해내는 데 날카롭고, 민감하게 반응한다. 편집자는 부적격, 부정확, 오보, 허튼소리, 속임수를 용서하지 않는다. 편집자는 재능을 위해서, 의견의 자유로운 교환을 위해서, 그리고 정보의 최대한의 보급을 위해서 싸운다. 편집자는 그래픽 아트에 관한 모든 기술이나, 커뮤니케이션의 모든 수단을 활용하는 데 뛰어난 재주가 있다. 편집자는 사고와 추리 그리고 예측에 있어서 두뇌 회전이 빠르다. 편집자는 그에게 행운이 있기를 빈다. 편집자에게는 수많은 역할이 요구된다. 새로운 원고를 대할 때마다 편집자는 새로운 기획과 신인의 등용, 그리고 새로운 형식에 자신을 적응시켜야만 하기 때문이다. 그러므로 편집자는 자기가 담당하는 신간 하나하나가 전혀 다른 실체라는 것을 항상 명심하면서 유연한 정신을 가져야 한다."

또한 코민스는 너무나도 겸손했고 항상 무대 뒤에 숨은 존재이기 위해 노력했다. 그것은 다음과 같은 글에서도 알 수 있다.

"글을 읽을 줄 아는 사람이면 누구나 편집자라고 할 수 있다. 왜냐하면 누구든지 자기가 읽는 책의 기획에 대해서 반응을 나타내고, 책의 내용이나 형태에 대해서 자기 나름의 생각이 있고, 자신의 배경이나 판단력, 편견, 비판력에 따라 원고에 손을 대고 싶단 생각에 사로잡히기 때문이다. 편집자는 연필을 손에 들고, 읽고 있는 반문맹이라고 할 수 있을지도 모른다."

2차 대전 중에 코민스가 태평양 전쟁에 참여한 한 군인에게 보낸 편지를 보면 그가 실제적이며 현실적인 성격의 편집자였다는 것을 엿볼 수 있다. 그 편지의 전문을 인용하면 다음과 같다.

"우리들이 하려는 일에 대해 깊이 이해해 주셔서 감사하기 그지없습니다. 또 랜덤하우스를 대신해 감사드립니다. 그러나 먼저 랜덤하우스에서의 제 조그마한 역할을 확실히 말씀드려야겠습니다. 동료들은 제가 비즈니스맨이라고 생각한다면 비웃을 것입니다. 저는 출판에 대해서 소박한 생각을 가진 현역 편집자에 불과합니다. 저는 출판의 첫 번째 의의는 사상의 전달에 있다고 생각합니다. 이윤 추구가 최고조에 달하게 될 지구 최후의 날까지 경제 절대론자는 제멋대로 떠들라고 내버려 둡시다. 그래도 저는 인쇄된 말에는 생명이 있으며, 요한께서 '태초에 말씀이 계시니라, 이 말씀이 하나님과 함께 계셨으니 이 말씀은 곧 하나님이시니라'라고 말씀하신 바와 같이 성스러운 것이라고 생각합니다. 신학자들이 '말씀'이란 말을 그리스도의 뜻으로 해석한다면 그것 또한 좋은 일이겠죠.

그러나 이는 출판이 우리가 사는 현대라는 테두리에서 벗어나, 또 시대가 부여하는 한계 밖에서도 존재할 수 있다는 뜻은 아닙니다. 무엇보다도 먼저 현실적인 출판인, 가능하다면 장사에 철저한 출판인이 되는 것이 중요합니다. 그리고 저는 이렇듯 장사에 철저한 출판인을 열렬히 지지합니다. 그런 출판인이야말로 현실 세계에서 자신의 임무를 다하는 출판인이며, 우리들의 자녀들이 곧 알게 될 미래의 형성에 사소하나마 이바지를 하는 출판인입니다. 이것은 막연한 이상주의가 아닙니다. 이것이야말로 결정적인 현실이며, 제가 아는 유일한 현실입니다. 저는 악서가 때로 돈을 벌기도 하고 손해를 보기도 하는 것과 마찬가지로 양서도 돈을 벌기도 하고 손해를 보기도 한다고 생각합니다. 상업적인 성공은 타협의 결과라는 사고방식은 너무나도 안이한 오해입니다. 양서도 악서도 팔리는 것이며, 경제적으로 보답을 받든지 받지 못하든지 둘 중 하나라는 원리가 확립된다면, 우리가 선택해야 할 길은 분명하다고 생각하고 있습니다."

¶ 원고를 뜯어고친 지 4년 만에 출판한 책

코민스가 에드거 스노Edgar Snow를 알게 된 것은 그가 『중국의 붉은 별』 원고를 랜덤하우스로 가져왔을 때다. 그 원고를 읽고 크게 감동한 코민스는 당장 스노와 출판 계약을 했다.

『중국의 붉은 별』은 1936년에 출판되었고, 그 후 스노의 모든 저서는 코민스가 담당했다.

스노는 1930년대 중국 공산당 운동을 목격하고 이를 책으로 저술한 최초의 서양인이다. 그는 마오쩌둥의 신임을 받아 중국 깊숙한 산골에서 수개월 동안 함께 침식했다. 또한 그는 저우언라이와 그의 동료들과도 친교를 맺었다. 그가 그들과 함께 6,000마일에 걸친 역사적인 대장정에 참가해, 만리장성의 남쪽 산악 지대를 전전하면서 보고 들은 이야기를 적은 것이 바로 이『중국의 붉은 별』이다. 이어서 출판된 스노의 저서『아시아를 위한 전투』,『우리 편에 선 인민』,『소비에트 집권의 패턴』,『스탈린은 평화를 가져야 한다』도 모두 코민스가 담당한 책이다.

1951년 경, 스노는 중국과 만주, 인도, 러시아 등으로 가는 계기가 된 방랑 시대의 일들을 자서전 형식으로 쓰기 시작했다. 곧 그의 청춘의 회고인 셈인데, 스노처럼 경험이 풍부한 저널리스트도 자신의 이야기를 쓰는 것이 힘들었던 모양이다. 결국 첫 번째 원고는 코민스를 실망시키고 말았다. 이때 일을 그는 다음과 같이 기록했다.

"가장 걱정했던 일이 에드거 스노에게 일어났다. 그가 원고 마감을 여러 번 지연시킨 것은 책의 내용이나 자기의 의견과 경험을 기록하는 방법에 자신이 없었기 때문이다. 오래 전, 집요하게 독

촉한 덕에 그의 초고 두세 페이지를 볼 수 있었다. 하지만 나는 그 원고가 통일성이 없이 제멋대로이고, 부주의한 점이 많아 실망했다. 결국 원고를 다시 집필하라는 코멘트를 많이 붙여서 되돌려 보냈다. 우리는 함께 점심을 먹으면서 그 원고의 코멘트를 함께 검토했고 스노는 다시 한번 수정을 해보겠다고 약속했다. 그 후 언제 출판할지 결정하기 위해 나는 스노를 여러 번 독촉했다. 그리고 마침내 그는 상당한 분량의 원고를 나에게 건넸다."

코민스는 그 원고를 자세히 검토했고, 스노 자신도 원고에 불만이 많다는 것을 알았다. 스노는 '결함이 있는 부분은 보충하겠다'고 약속했는데 아직 아무것도 하지 않은 상태였다. 코민스는 편집자로서 또 친구로서 이를 걱정했다. 설령 약간의 수정을 한다 해도 이대로 출판한다는 것은 스노를 위하는 길이 아니다, 라고 믿었기 때문이다. 결국 두 사람은 함께 원고를 완성시키기로 했다. 스노는 이를 위해 자주 랜덤하우스로 코민스를 찾아갔다. 전면적으로 다시 쓰는 것과 다름없었기에 코민스와 스노는 원고를 한 줄 한 줄 면밀히 검토했다. 제목을 결정하는 것도 어려운 문제였다. 초고를 완성시키는 데만 2년이 걸렸다. 그가 스노에게 코멘트를 적어 보낸지 4년이 지난 뒤에야 코민스는 이정도면 출판을 해도 무난하겠다고 생각했다. 이렇게 해서 『시작을 위한 여행*Journey to the Beginning*』이 1958년에 출판되었다.

¶ 원고 삭제 문제로 오하라와 충돌

에드거 스노는 코민스의 헌신적인 협력에 감사하고, 그의 협력이 없었다면 그 책은 빛을 보지 못했을 것이라고 도널드 클로퍼에게 편지를 보냈다. 그러나 그때는 이미 코민스가 세상을 떠난 뒤였다. 『시작을 위한 여행』은 스노가 원고를 쓰기 시작해서 출판하기까지 8년이나 걸렸다. 스노가 너그러운 저널리스트가 아니었다면 아마 코민스하고 충돌하고 말았을 것이다. 도중에 집필을 포기하거나 출판사를 바꾸었을지도 모를 일이다.

마음이 너그러웠던 스노와 달리 까다로운 작가인 존 오하라는 편집자인 코민스하고 싸우고 말았다. 그 원인은 오하라의 대표작이라 할 수 있는 『삶에 대한 분노A Rage to Live』 때문이었다. 이 제목은 알렉산더 포프Alexandaer Pope의 『수필』에서 따온 것으로 코민스는 이 원고에는 외설적인 표현이 너무나도 많으므로 이를 삭제할 것을 권했다. 당시 뉴욕에서는 외설 출판물에 대한 단속이 심했다.

코민스의 사무실에서 원고 삭제를 요구받은 오하라는 열화와 같이 화를 내고, 코민스가 문진 대신 사용하던 네모난 대리석을 집어 코민스에게 내던졌다. 다행히 코민스가 재빨리 몸을 피했기에 맞지는 않았다. 수일 후 오하라는 아무 일도 없었다는 듯이 코민스의 사무실을 찾아와, 순금으로 만든 샤프펜슬을 선물로 두고 갔다. 지난 일을 사과하는 증표였다.

오하라에 대한 코민스의 이러한 경고는 오늘날의 시각으로 보면 어리석은 일처럼 보일지도 모른다. 그러나 당시 오하라는 당국의 체포를 피하기 위해 뉴욕에서 몸을 숨기지 않으면 안 되는 상황이었다. 이렇게 볼 때 코민스의 처사는 필자를 보호하기 위한 편집자의 배려에서 나온 거라고 할 수 있다. 이후에도 오하라와 코민스는 얼마 동안 함께 일을 했지만, 역시 두 사람의 관계는 서먹해져 오하라가 요구했는지, 코민스가 희망했는지 알 수 없지만 코민스는 다시 오하라의 소설을 편집하지 않았다.

이 일에 대해서 베넷 세르프는 오하라의 편을 들고, 코민스가 잘못한 것처럼 기록하지만 《뉴요커》 잡지의 기고가였던 브렌던 길이라는 작가는 『뉴요커 이야기』에서 오하라를 비난했다. 요컨대 오하라는 허영심이 남달리 강하고 성질이 급해 다루기 힘든 사나이였다는 것이다. 그러나 작가와 편집자가 충돌했을 때 대개 비난받고 우는 것은 편집자 쪽이다. 이것은 편집자라는 직업상 어쩔 수 없는 일일지도 모른다.

¶ 작가를 격려하고 용기를 주는 편집자

코민스는 어윈 쇼와도 오랫동안 친분을 맺었다. 단편 소설의 명수였던 쇼는 2차대전 이후 장편 작가로 변모해『젊은 사람들』로 일약 유명 작가가 되었다. 1955년, 쇼는 장편 소설『루시 크라운*Lucy Crown*』을 쓰고 있었는데 좀처럼 자기 작품에 만족하지 못하고 있었다. 500쪽이나 썼는데도 테마가 뚜렷하지 않았던 것이다. 당시 파리에 살던 쇼는 코민스에게 편지를 보냈다. 지금의 집필은 '악전고투의 연속'이라고 하소연하고 코민스의 내방을 간절히 요청했다. 그는 코민스의 조언을 듣고 하루라도 빨리 원고를 완성시키고 싶었던 것이다. 그러나 코민스는 바빠서 유럽으로 갈 수가 없었다. 쇼는 결국 혼자서 소설을 완성시키고 그 원고를 코민스에게 보냈다.

그 원고를 읽은 코민스는 편지로 찬사를 적어 보냈다. 그러나 원고에 대한 자기의 의견과 비판, 수정을 요하는 부분의 코멘트를 달았다. 유럽에서 돌아온 쇼는 코민스의 조언에 따라 원고를 수정했다. 코민스는 "어윈은 솔직하고 예의가 발라 함께 일하는 것이 즐거운 사람"이라고 기록하고 있다. "나는 그가 위대한 재능의 희생자라고 믿는다. 그는 무슨 일이든지 쉽게 할 수 있으며, 의심할 줄 모른다. 어떠한 스토리나 어떠한 문장이나 어떠한 말도 그의 마음에서 넘쳐 나온다. 그 결과 재능에만 의존하고 그것을 제대로 다루지 못한다. 그는 항상 무의식 중에 힘들이지 않고 즉흥적으로 작품을 쓰는 것 같다."『루시 크라운』원고는 코민스의 권유에 따라 상당 부분 삭제되기도 하고 수정되기도 했다. 이렇게 수정된 원고가 책으로 출판된 것은 1956년 3월 30일이었다. 쇼는 코민스에게 편지를 보냈다.

> "이 편지는 『루시 크라운』에 대해서, 과거에 출판된 다른 나의 소설에 대해서 당신이 베풀어주신 은혜에 대한 감사 편지입니다. 당신도 아시는 바와 같이 적어도 경제적인 면에서 『루시 크라운』은 대성공이었습니다……. 나는 타이프라이터를 상대로 일하는 고독한 인간입니다. 집필에 착수하기 전에 저는 소설에 대한 이야기를 별로 하지 않고, 대부분 혼자서 써 나갑니다. 제가 잘했다는 말을 듣고 싶은 것은 일이 끝났을 때뿐입니다. 당신은 그럴 때마다 저를 격려해주셨습니다. 당신이 자랑할 만한 책이 되기를 바라고 있습니다……. 우리들이 함께 일한 지 벌써 20년이 됩니다. 결코 나쁜 일은 아니지 않습니까?

¶ 죽는 날까지 교정쇄를 손에 들고

1957년 가을, 삭스 코민스는 건강 진단을 받기 위해 프리스튼 병원에 입원했고 의사로부터 수술을 받아야 한다는 진단을 받았다. 병원에는 포크너나 스노가 문병을 찾아왔다. 수술은 성공하고 회복기에 접어드는데, 이듬해 봄 가벼운 심장마비를 일으켰다.

4월, 코민스는 병원 침대에 일어나 앉을 수 있도록 회복되었다. 그는 병원에서도 『시작을 위한 여행』 교정쇄를 읽고 있었다. 아내가 말렸으나 그는 말을 듣지 않았다.

"제발 나를 이해해 줘요. 이 책은 가을 초까지는 출판되어야 해요. 랜덤하우스에 예정대로 교정쇄를 보내야 해요." 그는 막무가내였다.

7월 16일, 교정쇄 검토가 끝났다. 코민스는 그것을 아내에게 건네면서 말했다.

"빨리 포장해서 우체국 문이 닫기 전에 우송해 줘요. 내일 정오까지는 랜덤하우스에 도착해야 하니까."

그다음 날 아침 새벽, 의사는 코민스의 죽음을 그의 아내 도로시에게 알렸다. 그의 머리맡에는 윌리엄 포크너가 보낸 다음과 같은 전보가 놓여 있었다.

"삭스를 알고 있는 모든 사람은 그는 한결같이 '나를 사랑했다'라는 말이 가장 훌륭한 비명(碑銘)이 될 것이라는 데 동의하여야 할 것이다."

윌리엄 포크너

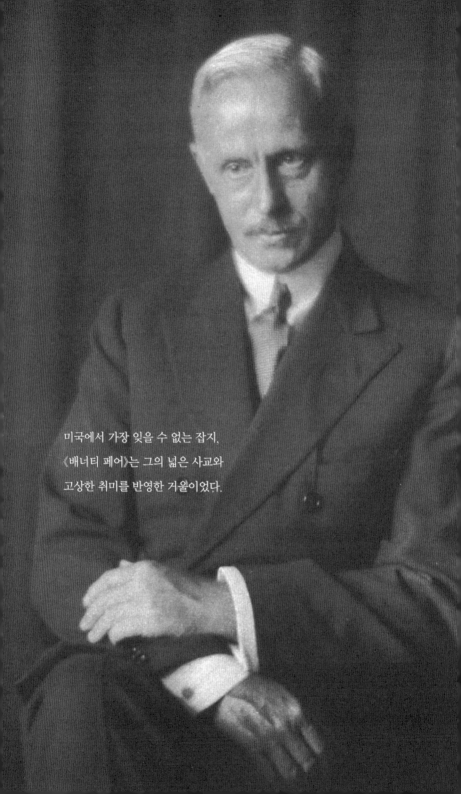

미국에서 가장 잊을 수 없는 잡지,
《배너티 페어》는 그의 넓은 사교와
고상한 취미를 반영한 거울이었다.

프랭크 크라우닌셸드 Frank Crowninshield

《배너티 페어》
편집장

....

¶ 잡지 사상 가장 기억할 만한 잡지

1960년 봄, 『배너티 페어 *Vanity Fair*』라는 제목의 대형 단행본이 바이킹 프레스에서 출판되었다. 정가가 10달러나 되는 호화판 단행본이었다. 이 책은 '미국에서 가장 잊을 수 없는 잡지'라고 일컬어지는 《배너티 페어》에서 걸작 기사를 모아 편집한 것이다. 이러한 단행본을 출판하는 것 역시 잡지 왕국 미국다운 기획이라고 아니할 수 없다. 이 책의 편자는 사회학자로 유명한 클리블랜드 아모리 Cleveland Amory와 우리가 잘 아는 유명한 배우 프레데릭 브래들리 Frederic Bradlee이다. 아모리는 사회학 중에서도 주로 상류 사회 연구가로서 『배너티 페어』를 편찬한 뒤에 1962년에 출판된 그의 저서 『누가 사교계를 죽였는가』로 베스트셀러 작가가 되었다. 브래들리는 《배너티 페어》를 편집한 프랭크 크라우닌셸드 조카의 아들이다. 브래들리는 아모리와 함께 『배너티 페어』를 편찬하는데 그 조사에만 2년이 걸렸다고 한다. 아모리는 미국 잡지의 역사 속에서 《배너티 페어》가 차지한 위치를 밝혀내려고 시도했고, 브래들리는 증조부인 프랭크 크라우닌셸드와의 추억을 이야기한다. 두 사람의 글을 읽으면 《배너티 페어》가 어떤 잡지였는지 대략 짐작이 간다.

19세기에 창간된 이 잡지는 1920년대에는 약 10만 부가 나갔고, 1937년 《보그》에 흡수될 때는 약 9만 부가 나갔다. 이처럼 발행 부수만 보면 대단한 잡지가 아닌 《배너티 페어》가 '미국 잡지 사상 가장 기억할 만한 잡지'라고 꼽히는 것은 뛰어난 편집 때문이다. 테오도르 피터슨은 그의 저서 『20세기 잡지』에서 《배너티 페어》를 불과 2페이지에 걸쳐 간결하게 소개한다. 이 책에 의하면 《배너티 페어》라는 이름을 가진 잡지는 19세기에만 적어도 세 차례나 창간되었다.

1892년 12월에 창간된 《배너티 페어》는 컨데 나스트Condé Nast가 인수한 것으로 주로 스포츠, 음악, 연극에 중점을 둔 잡지였다. 이 잡지를 컨데 나스트가 1913년에 인수·발간하면서 처음 4호까지는 《드레스 앤 배너티 페어》라는 제호를 썼다. 이 제호에서 짐작할 수 있는 바와 같이 당시 《배너티 페어》는 드레스, 곧 패션에 중점을 둔 잡지였다.

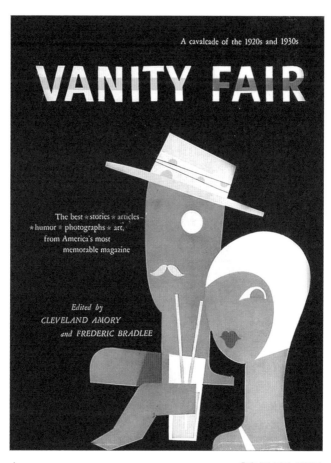

A cavalcade of the 1920s and 1930s

VANITY FAIR

The best ∗ stories ∗ articles –
∗ humor ∗ photographs ∗ art,
from America's most
memorable magazine

Edited by
CLEVELAND AMORY
and FREDERIC BRADLEE

† 　　　　　　　　　　　　　　　『배너티 페어』 단행본

그러나 컨데 나스트는 그 편집에 대해 몹시 불만이었다. 그래서 그 잡지를 옛 친구인 프랭크 크라우닌셸드에게 보여주고 자문했다. 이때 크라우닌셸드는 "사람들이 파티에 나갔을 때 화제에 올릴만한 이야깃거리를 제공하는 잡지가 없다. 예술, 스포츠, 유머 등 화젯거리가 되는 이야기를 편집하면 좋을 것이다"라고 말했다. 이에 동감한 컨데 나스트는 당장에 그를 편집장으로 모셔왔다. 이렇게 크라우닌셸드는 《배너티 페어》가 1936년 《보그》에 흡수될 때까지 그 편집장으로서 "미국에서 가장 기억할 만한 잡지"의 전통을 쌓아 올렸던 것이다.

¶ 넓은 사고와 고상한 취미를 잡지 편집에 반영

크라우닌셸드는 1895년부터 1900년까지 《북맨 *Bookman*》의 발행인, 1900년부터 1903년까지 《메트로폴리탄 *Metropolitan*》, 《센추리 *Century*》의 편집장, 1903년부터 1907년까지 《만지스 *Mansey's*》의 편집자로 일한 경험이 있었고, 프랭크 먼지 Frank Munsey의 작품 대리인으로서 런던에서 2, 3년 동안 근무했다. 그는 재주꾼이었고 미술과 문학에 대한 높은 식견이 있었으며 우아한 생활의 실천가였다. 그는 친구가 많았고, 그들에게 큰 영향력을 행사했다. 이처럼 넓은 교제 범위가 편집 활동에 큰 도움이 된 것은 말할 것도 없다. 이에 대해서 컨데 나스트는 이렇게 말하고 있다.

"예를 든다면 다음과 같이 사람들을 설득하기가 쉬웠다. 정치인 이자 외교관인 조셉 H. 쇼트Joseph H. Choate가 우리 잡지를 위해서 글을 써 주었고, 여배우 아이린 캐슬Irene Castle이 사진 촬영을 쾌히 승낙했고, 존 사젠트Jhon Sargent가 자신의 스케치를 우리 잡지에 사용하는 것을 승낙했고, 올더스 헉슬리Aldous Huxley가 우리 잡지의 스태프로 참여했고, 조 루이스Joe Louis가 우리들의 촬영장에서 한두 시간을 기다렸고, 어거스트 벨몽August Belmont와 해리 페인 휘트니Harry Payne Whitney가 그들의 마구간에서 말을 촬영하는 것을 협조했었고, 이사도라 덩컨Isadora Duncan이 자선 무용 리사이틀에서 기꺼이 찬조 출연했고, 제럴딘 패러Geraldine Farrar가 우리들의 어떠한 주문에도 응해주었다."

이처럼 이름 없는 잡지가 초창기부터 쟁쟁한 명사들을 마음대로 다룰 수 있었던 것은 순전히 크라우닌셀드의 넓은 교제 덕이었다. 크라우닌셀드도 사교계를 좋아하는 자기 자신에 대해서 이렇게 말한 적이 있다.

"사교계에 대한 나의 관심—때로는 그 관심이 너무나도 노골적이어서 '속물'이라는 말을 듣는 것이 약간 마음에 걸리기도 하지만─은 그 모임의 돈이나 지위가 가져다주는 무수히 많은 것들을 내가 좋아한다는 사실에서 비롯된 것이다. 그림, 자수, 희귀본, 멋있는 복장, 댄스, 정원, 별장, 맛있는 요리, 미녀들을 나는 좋아한다."

이러한 크라우닌셸드의 고상한 취미는 《배너티 페어》에 그대로 반영되었고 미술, 문학, 연극 등을 중심으로 한 멋있는 월간지가 탄생했다. 당시만 해도 《배너티 페어》에 소개된 복사판을 통해서 피카소, 루오, 마티스, 고갱을 처음으로 알게 된 미국인이 많았다. 하지만 컨데 나스트는 《배너티 페어》의 내용이 빈약하다고 생각해서, 제이 프랭클린Jay Franklin이란 필명으로 정치 평론을 쓰는 존 프랭클린 카터John Franklin Carter와 헨리 F. 프링글Henry F. Pringle을 편집 고문으로 기용해 잡지를 본격적으로 혁신시키려고 했다. 크라우닌셸드는 시사 문제에는 너무나도 어두워 시대의 변화에 적응하지 못했던 모양이다.

《배너티 페어》는 편집이나 체제에서는 세련된 잡지였으나 부수는 늘지 못했다. 20년대 초 가장 많이 나갈 때는 9만 9,000부까지 기록했으나, 8만 6,000부로 떨어졌고 1936년 《보그》에 흡수될 때는 9만 부 수준이었다. 광고 수입도 마찬가지였다. 1920년대 초에는 연간 50만 달러의 광고 수입이 있었으나, 1935년에는 29만 2,895달러까지 떨어졌다. 이러한 광고 수입의 감소 때문에 컨데 나스트는 《배너티 페어》를 《보그》에 흡수시키지 않을 수 없었다.

¶ 시대에 뒤처지면서도 시대를 너무나 앞서갔던 잡지

앞에서 이야기한 『배너티 페어』를 편찬한 클리블랜드 아모리는 서문에서 '그녀'와 같은 잡지는 일찍이 없었고, 앞으로도 절대로 나오지 못할 것이라고 적고 있다. 그 서문은 《배너티 페어》와 크라우닌셸드에 대한 찬사로 가득한 미문이다. 《배너티 페어》를 '숙녀'로 보고 '그녀'라는 대명사를 사용한 그 서문의 일부를 인용해 본다.

> "그녀는 1914년에 태어나 1936년에 세상을 떠났다. 고풍스럽고 전통적인 신사가 전쟁에 대해서는 극히 솜씨가 뛰어나지만, 평상시에는 별로 솜씨가 뛰어나지 않은 것과 달리, 《배너티 페어》라는 숙녀는 비록 전쟁이나 불황에는 강하지 못했지만, 1920년대라는 황금시대에 '그녀'는 참으로 훌륭했다. 암울하기만 한 60년대에서 '그녀'를 회고해 볼 때, '그녀'는 시대에 뒤처져 있으면서도 시대를 앞서갔고, 더구나 틀림없이 '그녀' 시대에 걸맞은 잡지였다고 생각된다."

《배너티 페어》가 시대에 뒤처졌다는 말은 변화가 극심한 거친 시대에서 그 흐름에 영합하지 않고 고집스럽게도 19세기에 머물려 했다는 것을 뜻한다. 하얀 넥타이와 야회복이 상징적인 에드워드왕조 시대는 순식간에 지나가고 말았다. 그런데도 《배너티 페어》는 에드워드왕조 시대의 우아함과 세련됨을 몸에 지니고 있었다. 그러면서 《배너티 페어》는 이 과거와의 인연을 단절시키려 하지 않았다. 이러한 《배너티 페어》를 편집하고 만들어낸 프랭크 크라우닌셸드는 19세기에 태어났고 정신적으로도 19세기 인간이었다. 마티스나 피카소 그리고 고갱의 그림을 소개하면서도 그의 가치관은 19세기에 머물러 있던 것이다. 20세기라는 새로운 시대 흐름에 추종하기를 거부했기 때문에 1930년대에 들어서서 《배너티 페어》는 《보그》에 흡수당하지 않을 수 없게 되었을 것이다.

《배너티 페어》는 새로 태어난 카페 사회나 브로드웨이의 수다와 매력뿐만 아니라, 1890년대나 1900년대라는 시대를 반영한 잡지였다. 아모리의 말을 빌리면 《배너티 페어》는 '과도기의 미국'이었던 것이다. 《배너티 페어》가 시대를 앞서 갔다는 말은 크라우닌셸드가 독자도 자기만큼 세련되고 교양 있는 사람들이라고 단정하고 그에 맞는 편집을 했다는 것을 뜻한다. 이를 증명이라도 하듯이 이 잡지에는 모던 아트 작품이 게재되었고, 어떤 작품은 프랑스어의 원문을 그대로 게재하기도 했다. 《배너티 페어》의 독자는 적어도 프랑스어 정도는 알아야 하고, 프랑스어를 모르는 독자는 그걸 아는 사람에게 물어보면 된다는 것이 편집자 크라우닌셸드의 주장이었다.

¶ 명성의 전당과 망각을 바라는 사람들

여기에서 우리는 《배너티 페어》의 유머를 느낄 수 있다. 사실 이 잡지는 철저하리만치 심각해지는 것을 피했다. 예를 들어 '망각을 바라는 사람들'이라는 유명한 페이지가 있다. 또 《배너티 페어》의 명물 칼럼 중에는 〈명성의 전당〉이라는 페이지가 있었는데, 1921년에는 다음과 같은 사람들이 선정되었다. 작곡가 모리스 라벨, T.E. 영국의 고고학자 로렌스, 피아니스트 발터 기제킹, 배우 엘런 테리, 대통령 부인 글래스 글럿지, 화가 마리 로랑생, 만화가 존 헬드 주니어, 영국인 윈스 롭 에임즈, 정치가 앨 스미스, 작가 칼 반 벡텐, 그리고 편집자 해롤드 로스까지.

　여기서 해롤드 로스가 1927년 명사로 선정된 것은 미국의 여러 신문사에서 기자로 활약했고, 전쟁 중에는 《스타스 앤 스트라이프스》를 편집했으며, 당시에는 《뉴요커》의 편집장이었기 때문이다. 말하자면 그는 당시 저널리스트를 대표했고, 《뉴요커》도 창간 3년째에 접어들면서부터 궤도에 올라선 시점이었다.

《배너티 페어》는 이 〈명성의 전당〉이란 코너에 싫증이 나서 〈망각을 바라는 사람들〉이란 페이지를 시작했다. 여기에 등장하는 사람들은 한때 유명했지만, 지금은 대중이나 신문의 눈으로부터 도망치고 싶어 하는 명사들이다. 말하자면 '서서히 잊힌 사람들'의 페이지였다. 프로 복싱 헤비급 챔피언이었던 프로이드 기본즈는 이 〈망각을 바라는 사람들〉에 자기가 끼자 불과 2, 3호 전에는 자기가 '명성의 전당'에 올랐는데 벌써 '잊힌 사람' 취급을 하는 것은 부당하지 않냐고 항의했다.

이 '망각을 바라는 사람들' 코너를 기획한 것은 당시 편집 총무였던 클레어 부드 루스Clare Boothe Luce(후에 《타임》, 《라이프》를 발행한 헨리 루스의 부인)였다. 이 항의가 들어오자 크라우닌셸드는 편집자를 변호하고자 이렇게 대답했다고 한다. "자네는 무슨 불평이 그리 많은가? 이것으로 비긴 셈이 아닌가?"

《배너티 페어》가 시대를 앞서간 점을 굳이 든다면 항상 새로운 재능을 소개했다는 사실이다. 같은 시기에 나온 다른 잡지에 비교한다면 《배너티 페어》가 소개한 미국이나 외국의 예술가가 훨씬 많았다. 유명 인사들은 《배너티 페어》에 먼저 소개된 다음에야 다른 잡지에서 등장했다. 이는 《배너티 페어》가 그만큼 시대를 앞서간 것이기도 하지만, 한편으로는 편집장 크라우닌셸드의 예술에 대한 안목이 그만큼 날카로웠다고도 말할 수 있을 것이다.

¶ 편집에 대한 절대적인 권한과 자유로운 분위기

크라우닌셸드는 《배너티 페어》 편집에 관한 절대적인 권한을 요구했다. 발행이었던 컨데 나스트는 보수적인 사람이었지만, 편집자에게는 최대한의 자유와 권한을 부여했다. 크라우닌셸드는 《배너티 페어》가 기울기 시작한 뒤에도 잡지 편집만큼은 독자적인 권한을 행사했다. 그렇다고 잡지의 부진을 그의 책임이라고 전가하는 것은 너무나 가혹하다. 아모리는 잡지가 망하기 시작한 원인을 편집과 광고의 분리에 있었다고 봤다.

한편 《보그》의 편집장 에드나 울먼 체이스Edna Woolman Chase가 전에 《보그》의 칼럼이었던 〈남자의 몸차림〉을 《배너티 페어》에서 해보지 않겠느냐고 권한 적이 있다. 그러나 크라우닌셸드는 이를 단박에 거절했다. 우리 잡지의 독자인 신사들은 몸차림에 대해 잘 알고 있다는 게 그의 생각이었다. 크라우닌셸드 자신 역시 철두철미한 신사이자 마음씨 고운 사나이였기 때문이다. 그는 신사에 대해 "동료의 힘이 되어

주려는 남자이며, 부인이나 환자, 약한 자, 불행한 사람에게 친절한 사람이다"라고 정의한다. 《보그》의 발행인인 이바 파트세비치Iva Patcevitch는 크라우닌셸드를 '최후의 모히칸족'이라 생각했다고 한다. 그는 과거 시대의 예의를 모두 몸에 지니고 있었는데 그 태도가 너무나도 완벽했기 때문에 도리어 불성실하게 보일 정도였기 때문이라 한다.

《배너티 페어》 편집장으로서 크라우닌셸드의 주급은 300달러였다. 클럽을 좋아했던 그는 특히 커피하우스라는 곳을 좋아했는데, 그 클럽의 규칙을 손수 써 주기도 했다. 그 첫째는 규칙이 없는 것이 규칙이다"였다. 《배너티 페어》의 편집실에도 규칙은 없었다. 그야말로 자유로운 분위기였다. 그래서인지는 알 수 없지만 일기당천의 쟁쟁한 편집자 겸 집필자들이 진을 치고 있었다. 《배너티 페어》는 틀림없이 그 시대의 가장 세련된 멋을 지닌 잡지였다. 단편 소설이나 에세이의 수준도 뛰어났다. 《배너티 페어》에 등장한 작가들이 그 당시에는 별로 이름이 알려지지 않았더라도 후에는 크게 명성을 떨쳤다는 것만으로도 이를 짐작할 수 있다.

이처럼 《배너티 페어》는 여러 면에서 개척자였기에 미국 문화를 재는 하나의 척도였다고 말할 수 있을 것이다. 일류 작가나 화가의 작품을 게재했을 뿐만 아니라 소위 포토저널리즘의 새로운 기준을 만들기도 했다. 《배너티 페어》는 흑인 작가나 화가의 작품을 인정하고 이를 게재한 최초의 잡지이기도 했다. 스타이켄이 촬영한 마크 코널리의 흑인극 『푸른 목장』으로 사진 부문에서 1930년에 퓰리처상을 받기도 했다. 조 루이스, 루이 암스트롱, 조지 오웰 역시 《배너티 페어》를 통해서 등장했다. 크라우닌셸드가 편집한 잡지를 장식했던 사람들은 당시에도 명사였지만, 오늘날에도 많은 이가 그 이름을 기억하고 있다. 그들은 시간이 흐른 뒤에도 문학, 미술, 연극, 음악, 스포츠, 정치, 사교계에서 지도적인 지위에 있었다.

그러나 정작 잡지에는 크라우닌셸드의 이름이 나온 적이 그다지 없다. 그에 대해서 쓰인 자료도 많지 않다. 크라우닌셸드만큼 재기발랄한 사람도 없었지만, 그는 언제나 철두철미하게 화려한 무대 뒤에 숨어서 그 무대를 연출하고 조종했다. 훗날 크라우닌셸드는 다음과 같은 말을 남긴다. "남자는 일단 결혼하면 참으로 불쌍한 남편이 된다." 그래서였는지 그는 평생 독신으로 살았다. 그 이유는 "단지 결혼할 수 없었기 때문이다"라고 그와 가까웠던 친구는 말한다. 그는 모든 여성이 자기를 그녀의 애인이라고 생각해 주기를 바라는 박애주의적인 페미니스트였다는 말도 있지만, 이것은 크라우닌셸드를 미화시킨 전설일지도 모른다.

¶ 가난한 화가의 아들로 태어나 서점에 취직

제프리 헬만Geoffery Hellman은 1947년에 세상을 떠난 크라우닌셸드에 대해서 주간지 《뉴요커》에 〈그것이 뉴욕이었다: 크라우닌셸드〉라는 글을 연재해서 다음과 같이 그의 프로필을 그리고 있다.

> 크라우닌셸드가 신사였다는 점은 이견의 여지가 없다. 하지만 일각에서는 이는 겉보기에만 그런 것이지 사실은 그렇지 않았다고 주장하는 이들도 있다. 그가 어떤 사람에 대해서는 친절하고 동정심이 많았지만, 다른 한편으로는 염치도 없고 은혜도 모르는 사람이었다는 것이다. 이렇듯 그를 두고 예술 전반에 대해 날카로운 식견을 갖췄다는 사람도 있는가 하면 천박한 예술 애호가에 불과했다며 경멸하는 사람도 있다.
>
> 크라우닌셸드의 성생활에 대해서도 여러 의견이 있다. 그는 여성들에게 '배드 프랭크'라는 별명으로 인기가 있었다. 하지만 그가 동성연애자라는 설과 함께 여성과는 평생에 단 한 번의 접촉도 없었다고 말하는 사람이 있는가 하면, 일주일마다 여자를 바꾸고 즐겼다고 주장하는 사람도 있었다.
>
> 1972년 파리에서 태어난 그의 정식 이름은 프란시스 웰치 크라우닌셸드이다. 화가였던 아버지 프레데릭은 항상 가난했기 때문에 자식들은 별다른 교육을 받지 못했다. 크라우닌셸드 역시 로마에

살 때는 이탈리아 가정교사로부터 잠시 교육받고, 프랑스에 있을 때는 수도원 학교에 다닌 게 전부였다. 어쩌면 프랑크 크라우닌셸드는 경제적으로 가난했기 때문에 어릴 때부터 사교계에 들어가고 싶다는 야심이 생겼는지도 모른다. 그러나 그는 경제적으로는 가난했을지언정 아버지가 화가여서 예술인들과의 접촉이 많았기에 정신적으로는 가난하지 않았다.

크라우닌셸드는 19살이 되었을 때 뉴욕으로 건너가 정착할 생각이었는데, 그러기 위해서는 직업이 필요했다. 그는 아버지 친구의 소개로 출판사와 서점을 경영하는 조지 헤이븐 퍼트넘George Haven Putnam을 만났다. 퍼트넘이 크라우닌셸드에게 무슨 일을 하고 싶냐고 묻자 그는 원고를 읽고 필자를 만나고 싶다고 대답했다. 퍼트넘은 유감스럽지만, 그 일은 자신이 직접 하고 있다면서 서점 점원이라면 주급 8달러에 채용해 주겠다고 했다.

어떻게든 출판계에서 일하고 싶었던 그는 이 일자리를 무조건 붙잡아야 했다. 그리고 얼마 지나지 않아 유럽에서 자란 미국 청년이라면 상류 사회에 무조건 받아들여진다는 것을 알게 되었다. 그는 밤낮으로 윗저고리 단추 구멍에 꽃을 꽂고, 콧수염을 기른 채에드워드왕조 시대의 우아한 멋을 부리며 유럽의 향기를 풍기고 다녔다. 크라우셸드는 그러한 몸가짐을 죽는 날까지 버리지 않았다. 그가 '맨해튼의 체스터필드 경'이란 별명이 생긴 것도 이러한 이미지 때문이었다.

¶ 철저한 멋쟁이 신사의 페미니스트 정신

크라우닌셸드는 멋쟁이 신사의 대명사라고 할 수 있는 체스터필드 경의 생활 방식을 모방했다. 미녀들의 재치를 칭찬하고, 추녀들에게는 그 미모를 찬양하고, 미녀도 아니고 추녀도 아닌 여자들에 대해서는 미모와 재치를 함께 찬미했다. 그는 자신이 편집한 《배너티 페어》의 창간호에서 다음과 같은 편집 방침을 내걸고 있다.

> "우리는 숙녀들을 위해서 고귀한 사명감에 불타고 있어, 무엇인가를 할 결심이다. 그 무엇이라는 것은 내가 아는 한 미국의 잡지가 그녀들을 위해서 한번도 시도하지 않았던 일이다. 우리들은 그녀들의 지성에 자주 호소할 작정이다. 감히 말한다면 우리들은 그녀들이 지적 활동을 할 수 있는 사람들이라 믿는다. 또 우리들은 현대 문학의 가장 독창적이고도 자극적이며 또한 매력으로 가득찬 것을 제공하는 것은 그녀들이라고 감히 믿고 있으며, 우리는 철저한 페미니스트라고 선언하는 바다."

서점에서 일할 때 크라우닌셸드는 무엇보다 책 모양에 흥미를 보였고, 그 내용에 대해서는 별다른 관심이 없었다. 1891년 말에 급료가 2달러 올랐으나 그는 서점 점원 생활 4년을 끝으로 《북맨*Bookman*》의 발행인이 되었다. 이 무렵 그는 『수도 생활 입문*Manners for the Metropolis*』이라는 책을 집필했다. 그는 이 책에서 "어떤 상황에도 반드시 30분 늦게 갈 것, 기다리는 것보다 지루한 일은 없다"고 수도 생활의 요령을 말하고 있다. 책의 내용이 대단한 것은 아니었지만, 책의 장정은 호화롭게 꾸며져 있었다. 이러한 점이 컨데 나스트의 주목을 받아 인연이 시작되었다.

컨데 나스트는 《배너티 페어》 외에도 《보그》, 《하우스 앤 가든》 등의 잡지를 발행해 미국 시민에게 하이 패션과 우아한 생활방식을 가르쳐 준 미국 잡지의 개척자 중 한 사람이다. 1874년 3월 뉴욕에서 태어난 프랑스인으로 조지타운 대학과 워싱턴 대학에서 법률을 공부한 다음, 《콜리어스*Collier's*》란 잡지사의 광고부에 입사했다. 이것이 그가 잡지와 인연을 맺은 시초로, 이후 광고와 영업 분야에서 주로 활약했다.

그는 돈벌이의 천재였고 한 푼의 팁까지 아끼는 은행가 같은 사람이었다고 한다. 그는 일할 때나 곁에 다른 사람이 있을 때는 언제나 몸을 꼿꼿이 한 채 단정한 몸가짐을 했다. 의자에 앉을 때도 느긋하게 앉는 법 없이 의자 등받이에 기대어 다리를 괴든지, 테이블에 팔꿈치를 얹었다. 파티에서 위스키나 칵테일을 아무리 많이 마셔도 몸을 흐트러뜨리는 법이 없었다. 주위에서는 "그가 강철 같은 등뼈를 구부리는 것은 혼자 있을 때 뿐일 것이다"라고 놀려댈 정도였다.

프랭크 크라우닌셸드 **Frank Crowninshield**　　　　211

¶ 편집자의 일과

1913년, 컨데 나스트가 크라우닌셸드에게 《배너티 페어》의 편집자 자리를 의뢰했을 때, 그의 나이는 41살이었다. 크라우닌셸드는 인생의 황금기에 자기 능력을 발휘할 수 있는 매체를 얻은 셈이다. 만약 그것이 2, 3년 늦춰졌더라면 편집자로서 이름을 남기지 못했을지도 모른다. 편집자로서 그의 일과는 제일 먼저 신문 제1면을 찢는 것부터 시작되었다. 그는 신문의 제1면은 절대로 읽지 않았다. 그는 정치 기사에 대해서는 거의 관심이 없었고, 그에게 있어서 신문기자는 '무례한 놈'에 불과했다. 그다음에 편지를 보기 시작하는데 먼저 여성들이 보낸 편지 봉투를 열었다. 크라우닌셸드는 봉투를 열기 전에 냄새를 맡고 마음에 드는 향수 냄새 순서대로 읽어갔다. 그는 향수에 관한 한 전문가였다. 봉투에서 나는 향수 냄새만 맡아도 어떤 직업을 가진 여성의 편지인지 맞힐 정도였다. 다음에 읽은 것은 업무와 관련된 편지였다. 편지 읽기가 끝나면 조그마한 금색 연필을 들고 편집을 시작했는데 광고 문안도 그 연필로 썼다. 그러나 이러한 작업을 오래 계속하지 못하고 도중에서 싫증이 나서 그만둔다.

그리고 그의 기분전환을 위한 놀이가 시작된다. 편집 스태프를 불러서 트럼프로 요술을 부리거나 물구나무서기를 해서 바다표범이 우는 흉내를 내기도 한다. 발가락으로 글씨를 쓸 수 없다는 사람이 있으면 구두를 벗고 발가락으로 손수 글씨를 써 보이기도 했다. 이러한 기분 전환이 끝나면, 벽에 걸어놓은 아프리카 탈을 찬찬히 들여다본 다음 다시 편집 일을 시작했다.

그는 금색 연필로 원고 수정을 시작한다. 한 단어를 지우고 다른 말로 고쳐 썼다가 다시 그것을 지우고 다른 단어로 고친다. 크라우닌셸드가 제일 좋아하는 말은 '재치 있게 발견해내는 능력'이었다고 한다. 게재한 원고를 읽고 난 뒤에는 다른 잡지들을 훑어보았다. 《배너티 페어》에 글을 쓸 만한 젊은 재능을 찾기 위해서이다.

크라우닌셸드로서는 그다음이 즐거운 편지 작업이었다. 여류 집필자들에게 미사여구로 가득한 편지를 쓰고, 그 편지와 함께 초콜릿 상자를 보내는 일이다. 남성 집필자에게는 때를 가리지 않고 축복과 격려의 전보를 보냈다. 크라우닌셸드의 뛰어난 재주 중 하나는 원고 게재를 거절하는 편지였다. 그는 그 편지를 쓸 때만큼은 조금도 상대의 기분을 상하게 하지 않고 오히려 용기를 주었다고 한다. 한 예로 폴 갈리코에게 다음과 같은 편지를 보낸 적도 있다.

"친애하는 벗이여, 이것은 멋있다! 소품으로써는 걸작이다! 얼마나 화려한가! 넘쳐흐르는 생명감! 표현 하나하나가 참으로 훌륭하다! 주옥같은 작품이다 ─ 왜 자네는 이 작품을 《하퍼스 바자》로 가져가지 않는가?"

¶ 미국 저널리즘의 신데렐라, 클레어 부스 루스 이야기

《배너티 페어》는 그 집필진이나 편집 스태프 중에 뛰어난 이가 많았다. 그중 한 사람이 클레어 부스 루스Clare Boothe Luce이다. 그녀는 후에 이탈리아 대사가 되었을 때 《배너티 페어》에 입사한 경위에 대해 다음과 같이 이야기했다. 사실 그는 처음에는 《보그》 편집자가 되고 싶었으나 컨데 나스트에게 깨끗이 거절당한다. 당시 나스트는 루스에게 당신은 머지 않아 재혼해서 유럽으로 가버릴 것이 아니냐고 했다고 한다. 그러나 그녀는 체념하지 않았다. 그러던 중 컨데 나스트가 1930년 유럽 여행을 떠나 회사를 비우게 되었다. 그녀는 그 틈을 노려 《보그》 편집실로 출근해 빈 책상을 차지하고 급료도 받지 않고 패션 원고를 쓰기 시작했다.

귀국한 나스트는 그녀의 재치 있는 원고와 뻔뻔스러운 행동에 압도당해, 빈자리가 하나 남아 있던 《배너티 페어》의 편집실로 보냈다. "편집장인 크라우닌셸드는 나를 보자마자, 집으로 돌아가 월요일까지 백 가지 기획을 생각해 오라고 했습니다. 내가 그 기획을 만들어 그를 찾아가자 그는 놀라면

† 클레어 부스 루스

서 말했습니다. '당신에겐 틀림없이 고문이 붙어 있지'라고."

말하자면 크레어 부스 루스는 미국 저널리즘의 신데렐라였다. 그녀는 오전 10시에서 11시가 되면 사무실에 씩씩하게 출근했다. 아름다운 그녀는 값진 고급 의상을 입고 고급주택지인 비크만 플레이스에 살고 있었다. 하녀를 4명이나 두고 살았는데 그중 한 사람은 그녀의 몸 시중만 전담하는 하녀였다. 그야말로 할리우드의 스타 못지않은 호화로운 생활을 보냈다.

루스는 가난한 집에서 태어났으나 1923년에 억만장자와 결혼한 뒤 1929년에 이혼하면서 받은 막대한 위자료 덕에 이처럼 호화로운 생활을 누렸던 것이다. 그러나 그 일상이 너무나도 심심한 나머지 컨데 나스트를 졸라 잡지 편집자가 되었던 것이다. 화가인 레이몬드 브렛드 코크는 그녀에 대해 이렇게 말했다. "건물에 비교한다면 겉으로 보기에는 아름답고 단단하지만 중앙난방장치는 없는 집 같다." 당시 28세였던 루스는 눈부신 금발을 가진 미녀여서 돈 많은 노인들까지 매료시켰다고 한다. 그녀는 1933년 《배너티 페어》를 떠날 때까지 크라우닌셀드를 도와서 《배너티 페어》를 편집했고, 1935년에 《타임》, 《라이프》, 《포춘》을 창간한 잡지왕 헨리 루스와 결혼했다.

¶ 인상파 그림의 게재로 발행인과 충돌

컨데 나스트는 《배너티 페어》의 편집에 있어서 크라우닌셸드의 독재권을 인정했지만 그가 앙리 마티스나 반 고흐, 아메데오 모딜리아니, 조르주 루오의 그림을 게재하자, 편집권을 일임하기로 한 약속을 파기하려 했다. 당시만 해도 인상파 화가의 그림은 아직 일반 대중의 환영을 받지 못했고 나스트도 그러한 그림을 폐쇄적이라고 생각했다. 이런 그림을 싣는다면 광고주들이 어떻게 생각할 것인가? 이런 그림을 원색 인쇄로 게재한다면 그 제작비가 얼마나 비싸게 드는가를 편집장은 알고 있는가, 라며 그는 따졌다.

컨데 나스트의 눈에 비친 크라우닌셸드는 그림에 대해서 하나도 모를 뿐만 아니라, 미치광이였다. 이 일 때문에 두 사람 사이에서는 여러 번 말다툼이 벌어졌다. 나스트는 인상파 그림을 많이 소장한 크라우닌셸드가 자기 그림값을 올리기 위해서 잡지를 이용하는 것이 아닌가, 라고 의심했다. 그는 유럽 여행을 자주 떠나고 전도유망한 젊은 화가를 많이 알았다. 1912년 뉴욕에서 열린 유럽 화가 전람회에서 그는 자진해서 그들의 작품을 선전하는 일을 떠맡았다. 미국의 일반 대중이 피카소나 반 고흐, 마티스, 로랑생, 모딜리아니, 루오 등의 화가를 알게 된 것은 오로지 크라우닌셸드의 공로라고 할 수 있다.

¶ 마음 약하고 인정 많은 편집자

《배너티 페어》의 이익은 거의 제로나 다름없었다. 부수도 9만 부를 넘어서는 일이 없었다. 나스트가 《배너티 페어》 경영을 지속하기 위해서는 《보그》와 같이 돈벌이가 잘 되는 잡지로부터 자금을 융통하지 않으면 안 됐다. 광고주들도 《배너티 페어》에는 냉담했고, 크라우닌셸드도 광고에는 무관심했다. 1930년대에 들어서자 시대는 차츰 《배너티 페어》와 크라우닌셸드에 등을 돌리기 시작했다. 결국 1937년 《배너티 페어》는 《보그》에 흡수되고 말았다. 그 무렵 크라우닌셸드도 편집자로서는 노쇠기에 접어들고 있었다.

《배너티 페어》가 망한 것은 1930년대의 불황이 원인이 아니었다. 《에스콰이어》가 모험적인 형태로 창간되었고, 《뉴요커》도 신흥 세력으로서 《배너티 페어》에 정면으로 도전해 온 것이다. 《배너티 페어》는 훌륭하고 멋있는 잡지였으나 시대의 변화에 적응하지 못하고 《보그》에 흡수되고 만 것이다. 크라우닌셸드는 편집자로서 1910년대에서 20년대에 걸친 사람이었지, 30년대 사람은 아니었다. 많은 사람이 지적하고 있듯이 여러 한계가 있었다. 특히 30년대에 있어서 그는 시대에 뒤처진 사람이 되어버린 것이다. 30년대는 20년대와 같이 춤이나 추고 농담이나 주고받는 한가한 시대가 아니었다.

크라우닌셸드는 《배너티 페어》가 《보그》에 합병된 뒤

플로리다에서 옛날 동료였던 헬렌 롤렌슨에게 다음과 같은 편지를 보냈다.

"45년에 걸친 출판 업무에서 해방되어서 6주 전부터 여기서 지내고 있습니다. 지금 생각하면 그때는 여러 걱정이나 불안도 있었지만 우리에게 가장 즐거울 때가 아니었을까요?"

이 편지를 받은 헬렌 롤렌슨은 크라우닌셸드는 너무나 유머러스한 호사가였다고 평하고 있다. 그는 잡지 편집에는 독재자이기는 했으나 후배 편집자에게는 상당한 자유와 권한을 주는 선배였다.

본래 그는 마음이 약해 남에게 상처 주는 일을 몹시 싫어했다. 그뿐만 아니라 자기가 데리고 있는 편집자를 해고시키는 일을 몹시 싫어한 인정 많은 편집자이기도 했다. 크라우닌셸드는 은퇴한 후 실내 장식가인 동생 에드워드와 같은 아파트에 살았다. 동생마저 세상을 떠나자 크라우닌셸드는 지인은 수천 명이 넘지만 정작 가까운 친구는 없는 고독한 노인이 되었다. 그는 누구든지 일정 거리를 두고 사귀는 인생을 살았던 것이다.

70세를 맞이한 그는 고양이를 귀여워하고, 그림과 아프리카의 탈을 사랑했으며, 가끔 저녁 식사 초대를 받아 외출했다. 골프를 즐겼으며 수영은 하루도 빠지지 않았다. 또 여전히 물구나무서기도 할 수 있었다. 하지만 1943년에는 돈이 급해서 자신이 수집한 그림을 18만 달러를 받고 팔기도 했다. 이때 팔았던 그림은 그동안 모은 급여로 사 모았던 것이었다.

이제 나이가 들자 자기 인생을 되돌아볼 여유도 생겼다. 그는 자기 인생에 있어서 몇 가지 실패를 예시로 든다. 그 하나는 상류 사회에 지나치게 열을 올린 속물 근성이었다. 두 번째는 자기 사업으로서 잡지사 경영이나 저작권 대리업을 확립하지 못했다는 것, 세 번째는 새로운 음악과 그림, 건축, 나이트클럽, 댄스, 음식, 여자를 너무 좋아했다는 것, 세 번째는 비인간적일 정도로 술을 멀리했다는 것. 그는 포도주나 위스키는 물론 맥주도 거의 마시지 않았다. 1947년 4월, 크라우닌셸드는 젊은 조카딸에게 편지를 썼다. "병든 지 벌써 3개월이 된다. 두 달 동안 입원했고, 그동안 수술을 받았다……." 그야말로 너무나도 외로운 만년이었다. 그가 세상을 떠난 것은 1947년 7월 22일의 일이었다.

¶ 47년 만에 복간된 《배너티 페어》

《배너티 페어》는 언제나 미국 잡지의 상징으로 화제에 올랐다. 항상 다음과 같은 형용사가 뒤따랐다. 참신한, 가슴 뛰게 하는, 멋있는, 자연스러운, 익살스러운, 풍자적인, 문학적인, 탐욕스러운, 매혹적인, 지적인, 시각적인, 한가한, 화제가 되는, 너무나 속된 등등. 요컨대 《배너티 페어》는 세련된 대중 잡지였고, 편집에 있어서만큼은 그 이상이기도 했다. 《배너티 페어》는 새로운 문화의 쇼윈도였고 이 잡지에 이름이 실린다는 것은 일종의 명예이며, 일류라고 인정받는 일이었다.

이러한 욕망이 실현되어 1983년 《배너티 페어》가 무려 1,000만 달러의 막대한 자본을 투자해 47년 만에 복간되었다. 이는 단연 미국 잡지계의 화제가 되었다. 복간호의 편집장을 맡은 리처드 로크는 "생활이나 취미가 다양화된 현재에 있어서 모든 종류의 문화와 정치를 커버하는 잡지를 만들겠다"라고 그 포부를 말했다. 그러나 그가 편집한 복간 제1호인 83년 3월호는 의도 불명의 잡지라는 혹평을 받았다. 여기서 리처드 로크가 물러나고 그 뒤를 이어 레오 라만이 편집장이 되었다. 68세의 그는 《보그》의 읽을거리 담당 편집을 맡았다. 라만씨는 83년 9월호의 〈편집자가 보내는 편지〉에서 다음과 같이 쓰고 있다.

"내가 열다섯 살이었을 때 친구가 물었다. "너는 장래에 뭐가 되고 싶니?" 나는 대답했다. "《배너티 페어》의 편집장!" "그게 뭔데?"라고 친구가 되물었다."

이 글만 봐도 잡지에 뜻을 둔 사람에게 《배너티 페어》가 얼마나 매력 있는 잡지였는가를 엿볼 수 있다. 레오 라만은 15세 때부터 꿈꾸었던 《배너티 페어》의 편집장이 되었으나 이미 나이가 많았던 그가 새로운 잡지를 편집한다는 것은 무리였다. 역시 소문대로 그는 잠정적인 편집장이었다.

그 뒤를 이어 세 번째 편집장으로 지명 받은 사람은 30세 여성 미스 티나 브라운이었다. 브라운은 옥스퍼드 대학 출신으로 영국 잡지 《터틀러》의 편집장을 맡고 있었다. 이 잡지가 83년 4월 《배너티 페어》를 발행하는 컨데 나스트 출판사에 매수되면서 그녀가 편집장으로 지명 받았던 것이다. 아마 미스 브라운이 《터틀러》 편집에서 보였던 모던하고 풍자적인 솜씨가 높은 평가를 받은 모양이다. 이 여자 편집장 밑에서 《배너티 페어》가 과연 옛날의 영화를 되찾을 수 있을지는 지켜볼 만한 일이다. 잡지가 새로운 독자의 지지를 얻을 때까지는 시간이 걸리는 법이므로, 《배너티 페어》도 긴 눈으로 지켜보아야 할 것이다.

37세의 늦은 나이에 출판사에 투신,
윌리엄 스타이런의 작품 등 수많은
베스트셀러를 편집했다.

히람 하이든   **Hiram Haydn**

보브스 메릴의
편집자

....

¶ 성공을 자랑하기보다 실패를 이야기한다.

1973년에 작고한 히람 하이든의 회고록 『말들과 얼굴들*Words and Faces*』이 그 이듬해 하코트 브레이스 조바노비치 출판사Harcourt Brace Jovanovich에서 출판되었다. 이 책에서 하이든은 자신의 편집자 시절에 대해 솔직하게 이야기한다. 미국 편집자들의 저서를 읽어보면 그들은 한결같이 놀라울 정도로 정직하다. 그뿐만 아니라 자기의 성공을 자랑하기보단 실패를 이야기하는 데 열중한다.

하이든도 자신의 실패 중 예시로 랜덤하우스에서 편집자로 일하고 있을 때—그는 이 출판사에 삭스 코민스의 상사로 1955년에 입사했다—노먼 메일러Norman Mailer가 쓴

『사슴의 정원』과 블라디미르 나보코프Vladimir Nabokov가 쓴 『롤리타』 출판을 거절한 일을 들고 있다. 이 책들은 후에 모두 베스트셀러 만들기로 유명한 퍼트넘에서 출판되었다.

처음에 노먼 메일러의 『사슴의 정원』은 라인하트Rine-hart에서 출판될 예정이었다. 라인하트는 메일러와 출판 계약까지 체결했으나 그 소설에 나타난 외설적인 부분이 법률 문제까지 번지는 것을 두려워한 나머지 교정쇄까지 만들고도 출판을 단념했다. 그래서 메일러는『사슴의 정원』의 교정쇄를 몇 군데 출판사에 돌리기로 했다. 일종의 입찰제 형식으로 자신에게 가장 좋은 조건을 제시하는 출판사와 계약을 맺을 생각이었다.

이렇게 되자 메일러와 가까이 지내던 윌리엄 스타이런William Styron이 하이든에게 전화를 걸어『사슴의 정원』을 출판할 의향이 없냐고 물었다. 그들은 하이런이 스타이런의 처녀작이자 출세작이 된『어둠 속에 누워서』(1951)를 편집하면서 만나게 되었다. 하이든은 이 장편 소설을 원고 20페이지만 읽고 출판을 결심했는데 이러한 인연으로 이들은 다정한 사이가 되었다.

1955년 당시, 한때『발가벗은 자와 죽은 자』로 유명했던 메일러도『바바리의 강가에서』를 발표한 후로는 문학적인 평가가 약간 떨어져 있었다. 그러나 7년 전에 화려하게 등장했던 작가이며『발가벗은 자와 죽은 자』는 1948년 소설 부문 베스트셀러

제2위를 차지해 하드커버로 14만 부나 팔렸다) 장래를 촉망받는 젊은 작가였다.

하이든이 이 연락을 받고 메일러에게 큰 관심을 보인 것은 당연하다. 당시 랜덤하우스는 포크너나 존 오하라 같은 일류 작가를 거느린 문예물 출판사로 유명했다. 이때 신인이었던 메일러와 같은 해에 『먼 소리, 먼 방』을 출간한 트루먼 커포티Truman Capote가 사장인 베넷 세르프의 두터운 사랑을 받고 있었다.

그러나 하이든은 『사슴의 정원』을 읽어보고 '회색빛의 진절머리가 나는 소설'이라는 인상을 받았다. 참으로 '삭막한 소설'이었다고 그는 고백한다. 이 소설은 랜덤하우스에서는 출판할 수 없다고 판단했다. 결정권은 세르프로부터 하이든에게 일임되어 있었다.

하이든은 『사슴의 정원』을 삼류 소설이라고 생각하고, 메일러를 초대한 점심식사 자리에서 자기 의견을 솔직하게 말했다. '회색'이란 표현이 하이든의 머리에서 떠나지 않았던 모양이다. 회색빛의 스타일, 회색빛의 등장인물, 회색빛의 인상을 이야기했다. 메일러는 못마땅한 웃음을 띠고 하이든의 이야기를 듣고 있었다고 한다.

따라서 하이든이 『사슴의 정원』을 거절한 것은 외설 때문이 아니었다. 외설이라는 것은 랜덤하우스로서는 별로 문제가 아니었다. 이 출판사에서는 외설 출판이 금지되었던 조이스의 『율리시스』를 출판, 최고 재판소에서 싸워서 이긴 자랑스러운 전통이 있다. 이때 용감하게 싸웠던 것은 베넷 세르프이다. 그는 『사슴의 정원』을 랜덤하우스에서 출판할 의향이 있었지만, 걱정했던 것은 역시 그 외설적인 부분이었다. 그러나 결정권을 가진 하이든이 반대했기 때문에 결국 랜덤하우스로서는 이 책을 단념할 수밖에 없었다.

후에 하이든은 『사슴의 정원』을 다시 읽고 처음 읽었을 때와는 달리 '좋은 소설'이라고 생각했다. 왜 그 소설을 평가하는 눈이 달라졌는지, 왜 처음 읽을 때는 보잘것없는 삼류 소설이라고 판단했는지 자기 자신도 알 수 없다고 했다. 결국 『사슴의 정원』을 출판하지 않겠다고 한 자신의 결정이 실패였다고 여긴 것이다.

『사슴의 정원』에는 후일담이 있다. 록스베리에 있는 스타이런의 집에서 파티가 열렸을 때 일이다. 그날 밤 메일러는 아무에게나 시비를 걸었고 특히 베넷 세르프에게 욕을 퍼붓기 시작했다. 메일러는 랜덤하우스가 『사슴의 정원』 출판을 거절한 것이 베넷 세르프의 의견이라고 오해했던 것이다. 메일러는 세르프에게 "밖으로 나가 한판 싸우자"라고까지 말했다. 놀랍게도 메일러보다 25세나 연장자인 세르프는 뜰로 나갔고 정작 메일러는 자리는 뜨지 않고 욕만 퍼붓고 있었다.

¶ 37세, 늦은 나이에 편집을 시작

히람 하이든은 전직 교사였다. 그래서 친구들은 그에게 빈정 댈 때마다 '교수님'이라고 불렀다. 1907년 오하이오주 클리블랜드에서 태어난 그는 자신의 경력을 그의 회고록에서 다음과 같이 간단히 소개한다.

"나는 비교적 늦게 37세의 나이로 편집 업무에 종사했다. 1944년 『아메리칸 스칼라 *The American Scholaer*』의 편집자가 되고, 1945년 출판계에 발을 들여놓기 전에 내 직업은 교사였다. 1928년 아머스트 대학을 졸업한 뒤 나는 13년간 클리블랜드에 있는 하우큰 사립학교에서 교편을 잡았다. 그 마지막 3년은 웨스턴 리서브 대학에서 공부해 석사 학위를 받고 밤에는 그 대학의 야간부에서 교편을 잡았다. 1941년부터 42년 사이에 나는 교단에 서는 한편 컬럼비아 대학에서 비교 문학으로 박사 학위를 받았고, 1942년 7월부터 1944년 2월까지 노스 캐롤라이나주 그린즈버러에 있는 한 여자 대학에서 교편을 잡았다. 1944년 2월, 나는 뉴욕에서 활약하기로 결심하고 집을 옮겼다. 파이 베타 카파(Phi Beta Kappa) 본부(학업이 우수한 대학생 중에서 선발된 회원이 종신 회원 자격으로 참가하는 전국 우수학생 친목회)의 사무국장 겸 그 모임의 기관지인 《아메리칸 스칼라》의 편집자가 되었다. 사무국장이라는 자리는 나로서는 골치 아픈 자리였다."

여하튼 《아메리칸 스칼라》라는 기관지의 편집을 맡은 것이 그가 출판과 편집 업무에 발을 들여 놓은 결정적인 계기가 되었다. 이것이 인연이 되어 이듬해 그는 크라운 출판사의 부편집자로 입사했다. 이때 그의 나이가 37세였으니 그의 말마따나 편집자로서는 너무 늦은 출발이었다.

¶ 크라운 출판사에서 편집 업무를 익혀나가

크라운은 냇 워텔스Nat Wartels, 밥 사이먼Bob Simon 두 사람이 1936년에 시작한 출판사였다. 사이먼이 판매를 맡고 평생 독신으로 지낸 워텔스가 편집·광고를 맡아 실권을 쥐고 있었다. 크라운 출판사를 창립하기 전 두 사람은 팔다 남은 잡지나 단행본을 떨이로 파는 서점을 경영했다. 출판사의 반품을 놀라울 만큼 싸게 사서 헌책방이나 싸구려 서점에 권당 2센트 정도로 팔아서 돈을 벌었다. 그렇게도 팔 수 없는 책은 장난감 포장용으로 팔기도 했다.

하이든은 크라운 출판사에서 4년 반 동안 근무했다. 그동안 그가 편집한 것은 아니지만 사이먼과 편집장인 에드먼드 풀러Edmund Fuller가 기획한 『미국 민화집』이 베스트셀러가 되었다. 이 책이 성공하자 그 후속편으로 뉴잉글랜드, 남부, 서부, 아일랜드 민화집을 계속 출간했고, 모두 베스트셀러가 되었다.

이렇게 해서 돈을 벌자, 회사의 실권을 쥐고 있던 워텔스는 문예물 출판에 뜻을 두게 되었다. 삼류 출판사의 경영자가 돈을 벌면 대개 질 높은 책을 출판하고 싶어 하는 것은 어느 나라나 마찬가지인 모양이다. 워텔스도 하이든에게 하이클래스 소설을 출판하고 싶다고 말했다. '따끔한 것', '달콤한 것'이 좋다고 말하는데, 하이든으로서는 나이는 많았지만 편집 경험이 없었기 때문에 어찌하면 좋을지 망설일 뿐이었다.

"왜 있지 않나, 하이클래스의 소설들, 읽는 사람의 마음을 기분 좋게 만들어주는 그런 소설 말이야"라고 워텔스는 말했다. 이러한 소설을 그는 '블록버스터 베스트셀러'라고 불렀다. 이런 베스트셀러 이야기가 나오면 빈틈없는 이 유대인은 몹시도 흥분했다. 그는 소설과 섹스와 폭력이 아무리 많아도 개의치 않았으나, 그러나 너무나도 '외설적인 섹스'가 나오면 얼굴을 찡그렸다. 또 '악인'이 이기는 소설도 싫어했다. "그런 소설은 독자가 좋아하지 않는다고, 히람" 하고 워텔스는 마치 초등학생을 타이르듯 진지한 말투로 말했다.

워텔스의 비위를 맞추는 것은 힘들었다. 그러나 히람은 이를 참고 일하면서 편집자로서의 수련을 쌓아나갔다. 그는 이때를 회상하며 이렇게 말했다.

"처음부터 나는 앞뒤가 맞지 않는 워텔스의 요구를 충족시켜주는 일은 나 자신의 판단을 버리고 그의 특이한 기호를 연구하지 않는 한 불가능하다는 것을 깨달았다. 나는 편집장인 에드먼드 풀러의 도움 아래 나의 최선을 다하기로 결심했다."

그러한 노력 끝에 그는 한 친구의 소개로 존 스타인벡 같은 유명 소설가들의 대리인으로 활약하는 마비스 매킨토슈Mavis McIntosh를 알게 되었다. 당시 워텔스는 편집자가 대리인을 의지하고, 회사 비용으로 대리인과 식사하는 것을 달갑게 여기지 않았다. 그러나 주위에서 일류 출판사가 되려면 그렇게 해야만 좋은 원고를 얻을 수 있다고 설득하는 바람에 마지못해 하이든의 그러한 활동을 허락했다. 이렇게 해서 하이든은 크라운을 위한 소설 원고를 확보할 수 있었다. 그 원고들은 모두 '하이클래스 픽션'도 아니었고, '블록버스터 베스트셀러'도 되지 못했지만 화제가 되는 출판물이었다.

그중 하나가 워스 터틀 헤든Worth Tuttle Hedden의 『다른 방』이다. 이 소설은 대학을 갓 나온 남부 백인 처녀가 루이지애나주의 흑인 학교에서 교편을 잡는 동안에 흑인청년과 사랑에 빠진다는 내용으로, 1947년 당시로서는 진보적인 소설이었다. 이 소설의 출판에 난색을 표명했던 워텔스는 광고대리점에 내용 검토를 의뢰했고, 그 결과 대리점의 지지를 얻자, 《뉴욕타임스》 서평지에 전 페이지 광고를 실었다. 그 광

고 요금은 약 2천 달러였다고 한다. 크라운으로서는 처음 시
도하는 선전이었으며, 더구나 신간 한 권을 위해서 전 페이
지 광고한다는 것은 파격적인 일이었다. 이렇게 출판된『다
른 방』은 어느 정도 팔리기는 했으나, 하이든이 기대한 만큼
잘 팔리지는 않았다.

¶ 보브스 메릴로 자리를 옮기다

당시 크라운 출판사는 유대인을 주축으로 운영하고 있었다.
한때 역사가 깊은 출판사는 유대인을 적극적으로 배척했다.
유대인이었던 베넷 세르프도 처음 랜덤하우스를 창립했을
무렵에는 출판인들이 점심을 들면서 여러 의견을 나누는 모
임인 퍼브리셔스 런치 클럽에 가입하지 않았다. 가입해봐야
유대인이라고 이단자 취급을 받는 게 싫었기 때문이었다.

그러나 하이든이 출판계에 발을 들여놓은 1940년대
에는 출판계 지도자 중에 유대인이 많았다. 알프레드 크노
프Alfred knopf, 리처드 사이몬Richard Simon, 맥스 슈스터M.
L. Schuster, 베넷 세르프, 도널드 S. 클로퍼Donald Simon Klop-
fer, 바이킹 프레스를 운영하던 벤 휴브쉬B. W. Huebsch, 해롤
드 긴즈버그Harold Guinzburg 등이 모두 유대인이었다. 그러
나 전통 있는 출판사에서는 유대인을 채용해도 요직에 앉히

지 않았다. 또 유대인 출판사에서는 유대인이 아닌 이를 중용하지 않았다. 이러한 풍토 속에서 유대인이 주축인 회사인 크라운이 하이든을 예외적으로 우대한 것은 그가 대학교수였기 때문이었는지도 모른다. 그러나 하이든 스스로는 이단자라는 기분을 떨칠 수가 없었다. 자기는 이 회사에서 정통파가 될 수 없다고 생각했다. 그래서 1950년 7월에 보브스 메릴로 자리를 옮기는데, 그가 크라운을 떠날 수밖에 없다는 결심을 한 것은 그 회사에 정을 붙일 수 없기 때문만은 아니었다.

> "내가 보브스 메릴로 자리를 옮기기로 결심한 결정적인 이유는, 그 회사의 뉴욕 지사 편집자로서 내가 출판하고 싶은 책을 누구하고 상의할 필요 없이 독단적으로 출판할 수 있는 권한을 주겠다고 약속했기 때문이었다. 나는 편집자로서 그러한 자유와 책임을 갖고 싶었다. 그러나 크라운이라는 독재 체제를 떠나면서, 실은 그보다 더 오랜 전통을 가진 더 절대적인 독재 체제로 들어가고 있다는 것을 깨닫지 못하고 있었다."

이 글에서도 알 수 있는 바와 같이 새로운 직장인 보브스 메릴은 오랜 전통을 가진 출판사였기에 실은 크라운보다 훨씬 독재적이고 권위적이었다. 하이든은 이러한 사실을 보브스 메릴에 들어간 뒤에야 비로소 깨닫게 되었다.

¶ 그가 만난 편집자 두 사람

하이든은 크라운에서 근무할 때 유명한 편집자 두 사람을 알게 되었다. 그중 한 사람이 스크리브너스의 맥스웰 퍼킨스Maxwell Perkins이다. 하이든이 마비스 매킨토슈의 권유에 따라, 스크리브너스의 『20세기 라이브러리』를 기획하게 되었을 때 이 저서에 흥미를 보이던 퍼킨스를 만났다. 하이든의 기획은 20세기 저명한 사상가를 선정해서 그들의 짤막한 전기와 사상의 해설 및 그 영향을 전문가에게 쓰게 한다는 것이었다.

하이든은 다음과 같은 사상가들을 선정했다. 프로이트, 다윈, 마르크스, 베블런, 아인슈타인, 푸앵카레, 슈펭글러, 윌리엄 제임스, 도스토옙스키, 존 듀이, 케인즈, 조이스 등이다.

퍼킨스가 작고하기 1, 2년 전 일이었다. 하이든은 자신의 회고록에서 "내가 그의 사무실에 들어갈 때, 마치 미합중국 대통령 집무실에 들어가는 것 같은 기분이 들었다"고 적고 있다. 하이든이 만난 퍼킨스는 무척 야위었고 나이보다 늙어보였다. 눈을 보호하기 위해 녹색 색안경을 쓰고 있었기 때문에 우체국 창구의 사무원 같은 인상이었다. 그러나 눈은 날카로웠고 목소리는 묵직하고 위엄이 있었다. 두 사람은 오랫동안 이야기하지 않았다. 퍼킨스는 하이든이 작성한 리스트에 찬의를 표한 다음 한 사람이 빠져 있다고 말했다. 그가 리스트 끝에 작성한 이의 이름은 블라디미르 레닌이었다. 하이든의 회고록을 보면 그가 편집자로서 퍼킨스를 얼마나 존경했고, 그와 같은 편집자가 되기 위해 노력했는지 드러난다.

"명편집자 맥스웰 퍼킨스가 작고한 뒤, 나는 그의 명성을 물려받았다는 말을 듣게 되었다. 그런 소리를 듣게 된 것은 내게 그와 비슷한 점이 있기 때문이다. 그것은 퍼킨스와 마찬가지로 나 역시 새로운 젊은 작가들과 함께 일하는 것을 몹시 좋아한다는 것이다."

또 다른 편집자는 스크리브너스에서 차기 사장 후보인 찰스 스크리브너 주니어와 함께 『20세기 라이브러리』의 편집을 담당한 버로우스 미첼Burroghs Mitchell이다. 그는 중키에 보통 몸집에 정직하고 성격이 원만한 편집자였다. 그는 제임스 존스가 마티니를 마시고 술주정을 부릴 때도 냉정하게 상대해 주었다. 존스라는 작가와 『지상에서 영원히』라는 작품은 바로 이 버로우스가 발굴한 것이었다.

¶ 출판에 대한 판단은 정확해야

하이든은 경영자에 대해서도 저자에 대해서도 서슴없이 자기 의견을 말하는 사람이었다. 이것은 그의 신조이기도 했다.

편집자는 책을 선정하고 출판하기 위해서 일하는 것이다. 따라서 편집자는 출판사가 간행하는 대부분의 책을 책임져야 한다. 그래서 판매 회의에서는 편집자의 영업 부장이나 영업 부원에게 이 소설은 근래 보기 드문 걸작이라고 강조하며 떠들어댄다. 그러나 그것은 어디까지나 하나의 가정에 불과하며 신인의 소설이 얼마나 팔릴지는 아무도 모른다. 그래서 대개 출판사에서는 판매 회의 때 편집자를 제외하고 발행 부수를 결정하는 일이 많다. 편집자가 자기가 편집한 책을 지나치게 칭찬하기 때문이다.

"책에 대한 판단을 내리는 데 있어서 정직해야 한다는 것은 극히 중요한 일이다"

이것은 하이든이 편집자 생활에서 얻은 귀중한 교훈이었다. 특히 그는 보브스 메릴에 있을 때 이를 절실히 깨달았다. 보브스 메릴은 하이든 자신이 쓴 소설을 출판한 출판사이기도 했다. 하이든은 평생 소설 4권을 썼지만 작가로서는 편집자만큼 빛을 보지 못했다. 1943년 사장인 데이빗 로렌스 쳄버스David L. Chambers의 호의로 장편 소설이 출판되었을 때 하이든이 받은 인세는 선불금 400달러가 전부였다. 서평은 호의적이었지만 책 자체가 많이 팔리지는 않았다.

히람 하이든 **Hiram Haydn**

챔버스는 깔끔하고 부드러운 얼굴에 단안경을 쓰고 있었다. 겉으로 보기에는 점잖은 사람이었으나. 남의 약점이나 선한 마음을 곧잘 이용하는 야무진 장사꾼이었다. 하이든의 인세 선불금이 이상할 정도로 낮았던 것도 소설을 출판하고자 하는 작가의 열의를 교묘히 이용한 것이었다. 보브스 메릴은 사무엘 메릴Samuel Merill이 1838년에 인디아 나폴리스에서 창립한 중서부에서 가장 역사가 긴 출판사이다. 하이든이 이 출판사에 들어갔을 때 사장인 챔버스는 71세의 고령이었다. 그는 이 보브스 메릴에서 1920년대에 활약했던 편집자 출신이었다. 그에 관해서 『미국 출판사』는 이렇게 기록하고 있다.

"챔버스에게는 세련된 편집 능력과 확고한 경영 능력이 있다. 그는 항상 회사의 재정 상태를 엄격하게 확인했다. 그는 교과서 출판과 어린이 도서 출판을 강화해 회사가 항상 이익을 볼 수 있도록 유지했다. 그러나 그가 사장으로 있는 동안 뛰어난 책이나 많은 부수를 발간하는 책은 많이 출판되지 않았다."

이것을 보면 챔버스라는 사람은 돌다리도 두드려서 건너는 착실한 사람이었던 것 같다. 그러나 20년대에 그가 편집자로서 활약해 많은 베스트셀러를 출판했던 영광스러운 추억은 버리지 못하고 있었다. 그는 하이든을 만나서 자신이 편집자로서 활약하던 시절에 사귀었던 많은 필자의 이야기를 늘어놓았다. 그러나 그의 자기 자랑은 20년대 이야기가 전부였다. 보스스 메릴은 말하자면 과거의 영광 속에서 살았던 것이다. 쳄버스는 하이든에게 말했다. "우리들은 현재와 미래에 대해서 자네와 내가 할 일의 관계에 대해서 이야기를 나누지 않으면 안 된다." 그는 하이든이 편집자로서, 자기가 20년대 수많은 베스트셀러를 만들어낸 것처럼 보브스 메릴의 과거 영광을 되찾아주기를 바랐던 것이다.

¶ 스타이런의 징집 연기 신청

보브스 메릴에 들어간 하이든은 그의 책임 하에 문예물 출판을 부활시켜 나갔다. 그 대신 쳄버스로부터는 "자네가 내는 책은 유대인이나 흑인들의 책뿐이 아닌가"라는 불평을 듣기도 했다. 여하튼 하이든은 보브스 메릴에서 수많은 성공을 거두었다.

그중 하나가 제이 손더스 레딩Jay Saunders Redding의『미국에서 흑인이라는 것』이었고, 또 한 권은 윌리엄 스타이런의『어둠 속에 누워서』이다. 스타이런의 원고를 확보할 수 있었던 것은 하이든이 소설 지망자들을 위한 창작 교실을 지도한 덕이었는지도 모른다. 이 교실에는 스타이런 외에도 후에

『대부』를 쓴 마리오 푸조도 참가했다.

하이든이 크라운에 있을 때, 스타이런이『어둠 속에 누워서』첫머리 원고 20쪽을 들고 찾아왔다. 하이든은 그것을 읽어보고 출판 우선권을 얻어냈다. 그리고 하이든이 보브스메릴로 자리를 옮기자 스타이런도 그를 따라왔다.

크라운의 낫트 워텔스는 이러한 스타이런의 행동에 분개했지만, 스타이런은 물러서지 않고 크라운 출판사 앞에서 농성 데모까지 벌여 그로부터 해방되었다. 워텔스는『어둠 속에 누워서』를 기필코 크라운에서 출판할 작정이었던 모양이었다. 그 후 수년간 스타이런은 소설을 쓰는 데 전념했고, 하이든 부처의 집에도 자주 놀러와 한 가족이나 다름없는 가까운 사이가 되었다. 마침내 소설 완성이 가까워졌을 때, 한국전쟁이 일어나 스타이런은 해방대에 징집당했다. 하이든은 줄을 대서 국방성에 있는 어느 육군 준장에게 스타이런의 징집 연기를 진정했다. 그 준장은 소설을 쓰기 위해서 징집을 연기해달라는 말에 놀랐으나, 소설이 출판되면 그에게 한 부를 증정한다는 조건으로 하이든의 진정서를 받아주었다.

이렇듯 하이든의 노력으로 스타이런은 마침내 원고를 완성시키고 해병대에 입대했다. 그러나 정작 사장인 쳄버스가 스타이런의 작품에 회의적이었기 때문에, 하이든은 그를 설득하는 데 애를 먹었다. "만약 미스터 하이든이 이 책에 관해서 말하고 있는 것이 4분의 1만이라도 진실이라면 우리들은 언제든지 망설이지 않고 이 걸작을 출판할 용의가 있다. 그러나 '만약'이라는 가정이 마음에 걸린다"라고 쳄버스는 난색을 표명했다.

하이든은 스타이런의 소설이 걸작이라고 믿었다. 교정쇄를 많이 찍어서 문화평론가에게 우송하자 그것을 받아본 평론가들로부터 호의적인 답장이 왔다. 이에 용기를 얻은 하이든은 출판을 밀고나갔다. 이 책 한 권으로 스타이런뿐만 아니라 보브스 메릴도 주목을 받게 되었다. 아마 하이든이 맥스웰 퍼킨스 뒤를 이을 '명편집자'라는 말을 듣게 된 것도 『어둠 속에 누워서』가 성공을 거둔 결과일 것이다. 그 이후로 하이든은 처음 만나는 사람들로부터 "아아, 당신이 윌리엄 스타이런의 편집자시군요"라는 말을 듣게 되었다. 그만큼 이 책은 하이든의 편집자로서의 성가를 높였던 것이다.

¶ 랜덤하우스로 옮겼다가 출판사를 동업으로 차려

1955년에 하이든이 랜덤하우스로 자리를 옮겼을 때 스타이런 역시 그와 함께했다. 그러나 하이든이 1959년, 알프레드 크노프의 외아들인 패트 크노프Pat Knopf와 하퍼 앤 로우의 편집자 사이먼 마이클 베시Simon Michael Bessie와 함께 아디니엄Atheneum 출판사를 창립했을 때, 스타이런은 랜덤하우스에 남았다. 신생 출판사보단 문예물 출판의 실적이 많은 쪽을 택한 것이다. 이탈리아 작가 이탈로 칼비노Italo Calvino 역시 랜덤하우스에서 하이든이 발굴한 작가였지만 역시 아디니엄으로 옮기지 않았다. 그 이유를 칼비노는 하이든에게 이렇게 이야기했다.

> "저는 이탈리아로 돌아가겠습니다. 제 책이 윌리엄 포크너의 책을 내는 출판사에서 출판된다는 것은 미국에서 높이 평가받는 새로운 출판사에서 출판되는 것보다 훨씬 좋은 일입니다."

하이든은 보브스 메릴에서 5년간 근무한 다음 베넷 세르프의 권유로 랜덤하우스의 편집부장으로 취임했고, 그 4년 후에 아디니엄을 시작했으나 다른 두 사람의 동업자와 의견이 맞지 않아 손을 떼고, 1964년 하코드 브레스 조바노비치의 공동 경영자가 되었다.

하이든의 말에 의하면 미국 편집자들이 출판사를 자주 옮겨 다니는 것은 그 출판사에서 좋은 성적을 올리지 못한 결과라고 한다. 그러나 하이든의 경우는 사정이 다르다. 물론 메일러나 나보코브의 작품에 대해서는 앞에서도 설명한 바와 같이 그의 판단이 틀렸다고 볼 수 있다. 하이든은 『롤리타』를 읽었을 때 구역질이 날 정도로 못마땅했다. 베넷 세르프는 제2의 『율리시스』가 되지 않을까 하고 기대했지만, 하이든은 단호하게 그 출판을 거부했던 것이다. 그 때문에 하이든은 코넬 대학에서 나보코브의 강의를 듣던 자신의 딸로부터 핀잔을 많이 받았다고 한다.

하이든이 쓴 회고록 『말들과 얼굴들』은 회상록이라기보단 너절한 잡담을 늘어놓은 책이다. 그는 편집자가 쓴 이런 책을 누가 읽겠느냐고 투덜거리면서 당시 생활을 즐겁게 회상한다. 그는 하코트의 사장인 윌리엄 조바노비치의 권유로 이 책을 썼다. 조바노비치는 편집자로서의 하이든의 귀중한 기록을 남겨두기 위해서 이 회상록을 쓰게 했는지도 모른다. 이런 점에서 조바노비치는 빈틈없이 야무진 출판인이었다.

동업이기는 했으나 그가 독립해서 경영한 아디니엄에서 하이든이 이렇다 할 업적을 남기지 못한 것을 보면, 그는 그의 재능을 인정하는 경영자 밑에서 출판의 결과인 수지 계산에는 신경을 쓰지 않고 일할 때, 편집자로서의 그의 재능이 유감없이 발휘되었던 것이 아닌가 생각된다.

잡지는 엘리트를 위한
활자로 편집되어야
한다고 주장한 그는 편집자
집착론자였다.

클레이 펠커   Clay Felker

《뉴욕》의
창간자 · 편집자

¶ 편집 전기, 그 지긋지긋하고도 매력적인 직업

도대체 잡지 편집자란 어떤 직업인가? 또 그 직업의 어떠한
매력이 한번 여기에 발을 들여놓으면 밤낮 가리지 않는 끝없
는 격무에 시달리면서도 쉽게 빠져나오지 못하게 하는 것일
까? 클레이 펠커가 인수한 잡지 《에스콰이어》의 1977년 7월
호는 취직 문제를 특집으로 다루면서 직업으로서의 편집자
를 익살스럽게 정의한다. 특집 기사는 결국 편집은 어쩔 수
없는 운명이라는 결론을 내리는데, 그 내용이 재밌어서 잠깐
소개하기로 한다. 편집자란 직업을 설명하기 위해 〈에스콰
이어의 무대 뒤〉라는 제목의 편집 전기를 쓴 편집 차장 조프
리 노만은 독설의 대가 헨리 루이스 멘켄Henry L. Mencken의

편지를 인용했다. 이는 편집자 지망생을 타이르기 위해 보낸 것이었다.

"이 편지에 6연발 권총을 동봉하겠다. 거기에 총알을 넣어 네 머리를 쏘아보게나. 너는 지옥에 가서 많은 편집자를 만나게 될 것이며, 그들로부터 이 직업이 세상에 다시 없을 무서운 직업이라는 이야기를 듣고 그것을 깨닫게 되면 나에게 감사할 것이다."

그러나 정작 이런 말을 한 멘켄은 《스마트 세트*The Smary Set*》를 편집하고 《아메리칸 머큐리*American Mercury*》를 창간하는 등 잡지 편집에 그야말로 미친 사람이었다. 또 취직 특집이라는 기획을 세운 편집장 바이런 드벨도 주간지 《뉴욕》에서 편집자 생활을 시작해 《타임》, 《북 월드*Book World*》를 거쳐 《에스콰이어》에 들어온 편집자 경력 15년의 말하자면 잡지 중독자였다.

편집 전기를 쓴 노만은 말한다. "잡지 편집이란 일종의 중독일까, 아니면 감옥처럼 쉽게 빠져나오지 못하는 곳일까." 그는 틀림없이 전자일 거라 생각했다. 멘켄을 비롯한 대부분의 잡지 편집자가 그래도 이 일을 계속하는 것을 보면 돈 많은 여자와 결혼하는 것을 빼놓고는 이보다 재미있는 일은 없다고 생각했기 때문이다. 그는 잡지 편집자가 될 수 있는 자격은 있는 것 같기도 하고 없는 것 같기도 하다고 덧붙

인다. 그 자격에 대해서는 편집자에 따라 여러 의견이 있을 것이다. 《뉴요커》를 창간한 편집자 해롤드 로스는 책을 그다지 많이 읽지 않았다. 《뉴요커》의 원고 교정쇄를 훑어보는 것만으로 편집자의 생애를 마쳤다. 그런데도 그가 편집한 《뉴요커》는 미국에서 가장 문학적인 잡지가 되었다.

이 유머와 독설이 가득 찬 잡지 편집자론을 읽은 필자는 고소를 금치 못했다. 한때 잡지 편집에 미쳐서 그야말로 침식을 잊고 동분서주하던 과거 내 모습이 떠올랐기 때문이다. 그때 편집하던 잡지 편집 후기에 이런 글을 썼던 기억이 난다. "만일 내가 잡지를 편집하다 죽거든 그 묘비에는 '남보다 두 달 앞서 살다가 간 사람 여기에 잠들다'라고 적고 사망 날짜는 두 달 후의 그날을 적어다오"라고. 미국 잡지계의 명물인 클레이 펠커도 말하자면 이처럼 잡지 편집에 미쳤던 사람이 아닌가 생각된다.

¶ 그의 아버지도 어머니도 편집자였다

클레이 펠커 본인은 1928년생이라고 말하지만, 실제로는 1925년 미주리주의 세인트 루이스에서 태어났다. 아버지인 칼은 유능한 신문기자로 《스포팅 뉴스》의 편집장이었고, 어머니 콜라는 부인 잡지의 편집장이었다고 하니까 말하자면 저널리스트 집안에서 태어난 셈이다. 그러나 그의 가정은 결코 부유하지 않았다. 아버지는 정년퇴직 때까지 오랫동안 《스포팅 뉴스》에 근무했으나 끝내 회사의 주를 갖지 못했기 때문에 회사 경영에도 참여하지 못했고, 경영자들이 시키는 대로 따를 수밖에 없었다. 클레이 펠커가 이상할 정도로 주식에 집착한 것은 이러한 아버지의 처지를 항상 불만스럽게 생각했기 때문이었는지도 모른다.

클레이 펠커가 성장한 곳은 세인트루이스에 가까운 웹스터그로브의 교외였다. 8세 때 벌써 꼬마 친구들을 모아 신문을 만들었다고 하니까, 가정 환경도 환경이지만 어릴 때부터 저널리즘에 대한 자질이 있었던 모양이다. 고등학교를 졸업한 뒤 해군에 입대했고, 제대한 뒤 듀크 대학에 입학했다. 대학 시절 《크로니클》이라는 신문을 편집하고 있을 때 피터 마즈를 알게 되고, 두 사람의 교제는 《뉴욕》 창간 후까지 계속되었다. 마즈는 『마피아』, 『세르피코』라는 책의 저자로 그가 쓴 책은 모두 베스트셀러가 된다는 신화로도 유명한 저널리스트이다. 이후 펠커는 1951년부터 57년까지 《라이프》 잡지의 기자로 활약, 주로 워싱턴의 정치계와 스포츠 취재를 담당했다.

그 무렵 펠커는 레슬리 울드리치를 알게 되어 결혼하지만 얼마 가지 않아 이혼했다. 두 번째 부인은 할리우드의 신인 배우였던 파메라 티핀으로 가련한 얼굴에 육체미가 좋았

던 배우였다. 펠커는 이 파메라 티핀과도 《뉴욕》을 창간한
1년 후인 1969년에 이혼했다.

¶ 야심만만했던 《에스콰이어》 시절

1957년 그는 뉴욕으로 이사하고 《에스콰이어》의 편집자가
되었다. 그의 편집 능력은 《에스콰이어》 시절에 연마되고 두
각을 나타냈다고 할 수 있다. 당시 《에스콰이어》는 명편집자
아놀드 깅리치 밑에 랄프 긴즈버그Ralph Ginzburg, 해롤드 헤
이즈 등 야심적이고 젊은 편집자가 모여 있었다. 펠커를 포
함한 세 사람은 깅리치의 뒤를 잇는 차기 편집장 자리를 노
리고 열정적으로 일했다.

　　그들에게는 제각기 《에스콰이어》는 이렇게 편집되어야
한다는 강한 신념이 있어서 깅리치의 지지를 얻으려고 경쟁
했다. 언제나 편집 회의는 전쟁터와 다름없었다. 편집 회의
때마다 깅리치는 네 사람을 내쫓고 나서 그들이 제각기 편집
기획을 적어놓고 고집한 '피투성이가 된 투기장의 벽'을 물끄
러미 바라보았다고 한다.

　　1960년, 펠커의 기획에 따라 《에스콰이어》는 노만 메일
러로 하여금 로스앤젤레스에서 열린 민주당 대회에서 존 F.
케네디 대통령 후보 지명에 관한 기사를 쓰게 했는데, 이 기

사는 미국 저널리즘 역사의 한 페이지를 장식하는 명기사로 당시 많은 반응을 불러일으켰다. 이와 같이 《에스콰이어》의 수라장에서 경험을 쌓은 펠커는 1962년 해롤드 헤이즈와 편집장 자리를 놓고 경쟁하다 패하자 《에스콰이어》를 떠나고 말았지만, 후일 《에스콰이어》를 인수함으로써 최후의 승리자가 된 셈이다.

¶ 신문의 일요판 부록 《뉴욕》의 이름을 퇴직금으로 인수

《에스콰이어》를 떠난 펠커는 출판계의 명문인 바이킹 프레스Viking Press의 고문 편집자가 되었고, 일 년 후에는 《헤럴드 트리뷴》에 스카우트되어 일요판 부록인 《뉴욕》을 편집하게 되었다. 《뉴욕》은 《뉴욕 타임》이나 《데일리 뉴스》일요판에 대항하기 위해 발간되었다. 모 신문인 《트리뷴》의 경영이 신통치 않고, 또 뒤에 발간된 《월드 저널 트리뷴》이 별다른 두각을 나타내지 못한 것과 달리 《뉴욕》은 처음부터 대성공을 거둔다. 결국 《월드 저널 트리뷴》은 경영난으로 1968년 어이없게 쓰러지고 만다. 이때 그는 이 신문의 일요판 부록 잡지 이름인 《뉴욕》만이 이 위기에서 구해줄 재산이라 생각한다.

그는 퇴직금 6,600달러로 그 이름의 권리를 사고, 자금을 원조할 사람을 찾아내 새로운 잡지를 발간하기로 결심했다. 이때 펠커의 나이는 42세였다. 이제는 다른 사람 밑에서 월급쟁이 생활을 하는 것에 신물이 났기 때문에 자기 잡지를 시작하기로 한 것이다.

다행히 돈을 대줄 만한 친구가 있었다. 아만드 어프Armand Erpf라는 친구로 월 스트리트의 주식중개인 로브 로드스Loeb Rhodes의 투자분석가였다. 그는 1950년대에 급성장주를 추천해서 고객에게 큰돈을 벌어주는 걸로 유명했다. 그뿐만 아니라 확실히 성장할 만한 새로운 회사를 찾아내어, 그 주가 아직 쌀 때 대량으로 매입하는 투자 방법으로 돈을 벌어 투자가들 사이에서는 영웅 대접을 받았다. 일흔이 넘어서도 여전히 원기 왕성했던 이 유대인은 펠커의 기획―뉴욕의 부유한 독자층을 노린 '서비스 매거진'을 발간한다―을 듣고 유망한 사업이라 판단했다. 어프는 펠커를 동업자 파티에 데리고 나와, 투자가를 모을 수 있도록 도왔다. 미국에서는 잡지가 성공하면 큰 이익을 얻기 때문에 편집자와 기획이 좋기만 하면 돈이 많은 사람들이 주저 없이 투자하는 경향이 있었다.

이렇게 해서 1967년 10월에만 110만 달러의 자금이 모였다. 그러나 이렇게 모인 자금을 펠커 마음대로 쓸 수 있는 것은 아니었다. 투자가들은 잡지 편집자로서 펠커의 뛰어난 재능은 인정하면서도 비즈니스 센스, 곧 경영자로서 펠커의 수완에는 의문을 품었던 것이다.

어프를 비롯한 투자가들은 펠커의 독주를 견제할 인물이 필요하다고 생각했다. 그들은 A. 로버트 토빈과 알란J. 파토리코프 두 사람을 이사로 선출하고, 어프가 《뉴욕》을 발행하는 새로운 회사의 회장을 차지했다. 클레이 펠커는 발행인도 되지 못했던 것이다. 이것은 펠커에게는 굴욕적인 조건이었으나 타협할 여지가 없어 받아들이지 않을 수 없었다. 그러나 그는 항상 스스로를 비즈니스맨이라고 믿었기에, 그에 대한 꿈을 버리지 않았다.

¶ '읽는 잡지'에서 '보는 잡지'로 편집 방침의 대적중

이렇게 해서 1968년 4월,《뉴욕》창간호가 나왔다. 총 132페이지 가운데 광고만 64페이지였다. 제2호는 총 68페이지 중에서 광고를 12페이지로 줄였다. 광고 모집이 예상에서 크게 빗나가는 바람에 1968년 매호의 평균 광고 페이지는 9페이지에 불과했다. 결국 1968년에는 약 200만 달러의 결손을 보게 되어 위기에 봉착했다. 그러나 11월에 두 번째 자금 모집을 성공해 160만 달러를 증자함으로써《뉴욕》은 그 위기를 벗어났다. 그 결과 열정적으로 자금을 수집했던 알란 파트리코프가《뉴욕》의 자금 조성을 위한 주식을 공개했다. 한

주에 10달러였던 이 주를 산 투자가 중에는 유명 배우인 프랭크 시나트라도 있었다.

펠커가 《뉴욕》 편집의 새로운 방향을 발견한 것은 니콜라스 필레지Nicholas Pileggi가 쓴 칼럼으로, 뉴욕에서 아파트를 구하는 것이 얼마나 힘든가를 체험적으로 쓴 기사였다. 이 기사에 대한 독자들의 반응은 놀라울 정도였다. 펠커는 창간 취지서에서 "《뉴욕》은 뉴욕에 관한 뛰어난 읽을거리 중심의 잡지"가 될 것이라고 막연한 편집 방침을 밝혔다. 《뉴욕》이라는 잡지에 대해서 자신만만한 태도를 보였지만 편집 방침에 있어서는 뚜렷한 방향을 찾지 못하고 있었던 셈이다. 이것이 《뉴욕》 창간 이후 계속 고전하는 가장 큰 원인이었던 셈이다.

필레지의 〈아파트 구하기〉 기사가 의외로 큰 반응이 일자 펠커는 여기서 《뉴욕》이 지향해야 할 기본 방침을 찾아낸 것이다. 그는 이에 대해서 이렇게 말했다.

"우리들은 저널리스트로서 히피족이나 데모 상습자나 로큰롤Rock'n'roll족들을 너무나 오랫동안 호의적인 눈으로 보아왔다. 이제 우리들은 그들과 아무런 관계가 없다. 관계가 있는 것은 일년 수입이 8만 달러여도 파산할 수 있다는 사실이며, 살만한 아파트가 없다는 사실이며, 결혼 생활에는 새로운 압력이 수없이 나타난다는 사실이며, 새로운 돈벌이 길이 있다는 사실이다."

클레이 펠커 Clay Felker

비슷한 말을 《뉴욕》의 편집자 중 한 사람은 이렇게 말한다. "우리들은 클레이가 오늘 점심을 함께 든 사람들이나, 내가 어제 점심을 함께 든 사람들, 우리들이 항상 만나고 있는 사람들을 위해서 잡지를 편집하고 있다." 결국 펠커는 뉴욕에 사는 중산층이 어떻게 하면 그들의 생활을 보다 즐기면서 살 수 있을까 하는 방향으로 《뉴욕》의 편집 방침을 가져갔고 이게 적중했던 것이다.

펠커는 아트디렉터인 그라저의 협력을 얻어 '읽는 잡지'에서 '보는 잡지'로 바꾸어 나갔다. 참신하고 눈을 즐겁게 하는 표지, 독자의 눈을 끄는 화보, 컬러의 자유자재한 사용, 얄밉도록 멋을 부린 여백의 효과, 그리고 대개 제목에는 'How(어떻게)'나 'Why(왜)'를 붙였다. 예를 들어 〈어떻게 권력 투쟁이 행해지고 있는가〉라는 식의 제목을 붙였고, '그 권력 투쟁의 승자는 누구인가'를 독자에게 가르쳤다. 이는 『미국의 위대한 잡지 — 빌리지 보이스의 흥망』을 쓴 K.M. 마콜리프가 클레이 펠커를 두고 한 말이다.

"그는 미국 잡지를 크게 바꿔 놓았다. 불과 2, 3년 동안 그는 미국 잡지의 편집 — 그 기구, 내용, 그리고 목적까지도 — 을 크게 바꿔 놓았다. 이 산업에 혁명을 가져온 것이다. 그는 그 선두에 있었고 선망의 표적이었다."

¶ 활자는 교육 있고 여유 있는 엘리트를 위한 것

펠커에게 있어서 《뉴욕》은 "전성기의 로마이고, 아테네이고, 파리였다". 그리고 그의 독자는 고급 리무진을 타고 다니고 무도회장에서 디스코를 추며 일요일에는 브런치를 먹는 그런 사람들이었다. 그들은 자신들에게 어울리는 미술 전람회나 연극의 초연일, 패션쇼나 영화의 시사회 또는 파티에 참석하고 그런 곳에서는 무엇을 화제로 올려야 하는지 아는 이들이었다. 《뉴욕》은 매년 '최대 실력자 10인'이라든가 '명사 100명의 금년도 수입' 같은 것을 특집으로 꾸몄다. 이런 기사가 그의 독자에게 다시없을 화제의 씨앗을 제공하였음은 말할 것도 없다. 펠커는 《안티오크 리뷰》라는 잡지에 〈잡지 시대의 라이프 서클〉이라는 제목으로 자신의 잡지론을 이야기한다. 거기서 그는 새로운 잡지의 방향성에 대해서 다음과 같이 말한다.

> "새로운 잡지는 《에스콰이어》가 그랬던 것처럼, 교양 있고 활동적이며 상승지향적인 독자를 위해서 미묘하고 세련된 방법을 채용하지 않으면 안 된다……. 활자는 교육 있고 여유 있는 엘리트를 위한 매체로 TV로는 제공할 수 없는 정보를 제공하지 않으면 안 된다."

《뉴욕》은 바로 그런 잡지였다. 그가 말하는 '엘리트를 위한 활자'는 바로 돈과 권력과 섹스에 관한 세련된 이야기였다. 이와 관련해서 다나 L. 토마스Dana L. Thomas는 그의 저서 『미디어계의 거물들』에서 다음과 같이 말하고 있다.

"《뉴욕》은 세련된 미국의 열망을 표현하는 잡지이다. 독자들은 '유행'에 아주 민감한 이 잡지의 기사를 읽을 때는 입을 다물어야 한다는 것을 알고 있다. 유명인과 상류 사회의 동향에 초점을 맞춰 그들의 최신 유행 요리, 생활 방법, 파티, 밤 문화 등을 다룬다. 《뉴욕》은 섹스를 알몸으로 제공하지 않고 고급 포장지에 싸서 제공한다. 한 평론가는 《뉴욕》의 역할을 이렇게 말한다. '멸망 직전 현대로마제국의 필독서, 어느 호를 봐도 독자가 느끼는 것은 도시 하나의 만화경 같은 찬란한 모습이며, 그곳 주민들은 힘의 신전을 숭상하면서, 중년의 위기를 비틀거리면서 걸어가, 탐욕스러운 이혼 전문 변호사에게 방종한 결혼 생활의 해결을 부탁하는 한편 자기는 헬스클럽에서 동성연애를 즐기고 있다.'"

이와 같이 《뉴욕》은 돈과 권력 그리고 섹스의 읽을거리로 독자를 사로잡았지만, 단지 그것만이 아닌 뛰어난 작가나 저널리스트를 수없이 배출했다. 그런 점에서는 문학적으로 세련된 잡지이기도 했다. 이 대표적인 인물로 뉴 저널리즘의 사상적 지도자 톰 울프Tom Wolfe와 잡지 《미즈》로 유명한 글로리아 스타이넘Groria Steinem, 조지 굿맨George Goodman(일명 아담 스미드) 등이 있다. 노먼 메일러는 그의 최근 작품에 대한 독자의 이해 부족에 실망한 나머지 작품을 쓸 수 없게 되었을 때, 펠커의 도움으로 뉴 저널리즘파의 논픽션 작가가 되어 작가로서의 생명을 연장시킬 수 있었다. 리처드 리브스Richard Reeves는 《뉴욕》을 통해서 정치 리포터로서의 재능을 발휘했고, 니콜라스 필레기Nicholas Pileggi는 펠커의 비호를 받아 마피아 문제의 권위자가 되었다.

이러한 펠커의 편집 방침으로 《뉴욕》은 순풍에 돛을 단듯이 부수를 신장시켜 나갔고, 이러한 성공에 편승해 펠커의 권력지향적인 야망도 착착 성취되어 나갔다. 펠커는 편집자로서는 이상할 정도로 권력욕이 많은 사람이었다. 마침내 그는 《뉴욕》의 편집장, 발행인, 사장의 지위를 혼자서 독차지하게 된다. 그것은 1971년의 일이었다. 그해 《뉴욕》은 부수가 40만 부에 이르렀고 광고 페이지는 미국 잡지 중에서 제9위를 차지했다. 총 매상이 970만 달러로 40만 달러의 이익을 올렸다. 이러한 이익은 미국의 잡지에서는 흔히 있는 일이 아니었다. 더구나 이것은 창간한 지 불과 5년 만에 이룬 일이었다.

¶ 스타이넘을 돕는 《미즈》를 발간

《뉴욕》의 성공으로 착실하게 지위를 확보한 펠커는 잡지계에서 자신의 영역을 넓혀나가는 기회를 노렸다. 펠커는 《뉴욕》의 고정 필진인 글로리아 스타이넘이 여권 향상을 위한 새로운 여성 잡지를 창간할 뜻이 있다는 것을 알자, 그녀를 도와 《미즈》를 발간하기로 결심했다. 여기서 잠시 편집자이자 여권 운동가인 글로리아 스타이넘에 대한 이야기를 해보자.

1934년 오하이오주에서 태어나 스미스 대학에서 정치학을 전공한 후 1년간 인도에서 유학한 스타이넘은 귀국 후 《에스콰이어》와 《뉴욕》의 기고가로서 활약했다. 그녀가 유명해진 것은 1963년 29세 때 「플레이보이 클럽 잠입기」를 실은 첫 저서 『충격적인 행위와 나날의 반란』이 베스트셀러가 되면서부터였다. 이 책에서 그녀는 아름다운 얼굴과 날씬한 몸매로 미국의 유명한 술집 플레이보이 클럽의 접대부 바니걸이 되어 남성 신사들의 밤의 생태를 일일이 파헤치고 이를 폭로, 사회의 큰 충격을 안겨 주었던 것이다.

이렇게 행동하는 여권운동가로서 일약 여류 명사가 된 스타이넘은 마침내 펠커의 후원을 얻어 《미즈》를 발간하기에 이른다. 남성은 기혼 미혼을 따지지 않고 '미스터(Mr)'라고 부르는데 여성만 결혼 전에는 '미스(Miss)', 결혼 후에는 '미세

† 글로리아 스타이넘과 클레이펠커가 창간한 잡지 《미즈》.

스(Mrs)'로 구별하여 부르는 것은 여성에 대한 차별이 아닌가, 하는 데서 기혼, 미혼을 가리지 않는 총체적인 여성 호칭 '미즈(Ms)'라는 단어가 탄생, 70년대 초 이래 여권 운동의 상징어가 되었다. 이 상징을 그대로 제호로 삼은 잡지 《미즈》는 '해방된 여성'의 올바른 사회적 생활을 지향하는 잡지로 패션, 요리, 남성을 매혹시키는 법 등이 기사로 메워졌던 지금까지의 여성 잡지에 정면으로 맞섰던 것이다.

1971년 12월, 첫 선을 보인 창간호는 불과 44페이지의 얄팍한 잡지로 주간지 《뉴욕》의 부록 형식으로 발행되었고, 발행 부수는 30만 부였다. 클레이 펠커는 창간호의 경비 12만 5,000달러를 부담했고, 이익이 생기면 반절씩 나누어 갖기로 했다.

이 창간호를 두고 이 잡지가 5개월 이상 지속되면 다행이라고 비관적으로 예측한 사람이 적지 않았다. 미국에서는 새로운 잡지가 창간되어 흑자를 기록하기까지는 최소 300만 달러의 자금과 3년의 시일이 걸린다는 것이 일반적인 통념이었다. 그러나 그 예상은 완전히 빗나갔다. 《미즈》는 창간호부터 폭발적인 인기를 끌었다. 잡지가 나오자마자 3만 6,000명의 구독 예약이 쇄도했고, 가판에서는 발간 8일 만에 매진되는 대성공을 거두었다. 《미즈》는 1년 만에 부수가 50만 부로 늘어나 흑자를 기록하게 되었고, 1972년 6월부터 《뉴욕》에서 완전히 독립해 월간지 체제를 갖추게 되었다. 오늘날 글로리아 스타이넘은 여권 운동의 제일선에서 활약하고 있다. 이러한 그녀의 활약 뒤에는 《미즈》라는 잡지의 가능성을 정확히 예견한 클레이 펠커가 있었다는 것을 잊어서는 안 될 것이다.

¶ 반체제 문화를 대표하는 잡지 《빌리지 보이스》

《뉴욕》의 성공으로 자신의 지위를 확고하게 굳힌 펠커는 뉴욕 매거진에서 불과 수마일 떨어진 《빌리지 보이스*Village voice*》라는 잡지사에 눈독을 들였다. 이 잡지는 반체제 문화를 대표하는 잡지로 미국 언더그라운드 저널리즘**underground journalism**의 개척자와도 같았다. 이 잡지를 처음 창간한 사람은 31세 심리학자 에드 팬처**Ed Fancher**와 그의 친구 댄 울프**Dan Wolf**로, 그 계기는 작가이며 철학자인 댄 울프가 1955년에 이제는 그리니치빌리지에서 보헤미안 정신을 담은 주간지를 발간해도 성공할 거라 생각했기 때문이었다.

특히 이 계획에 열성적으로 협력한 이는 노먼 메일러였다. 그의 누이동생이 울프의 부인과 그전부터 친했다. 메일러는 새로운 주간지의 이름을 《빌리지 보이스》라고 붙였고 발행 자금으로 5만 달러를 내놓았다. 그것은 메일러 나름대로 속셈이 있었던 것이다. 이 잡지가 자신의 예술적·정치적

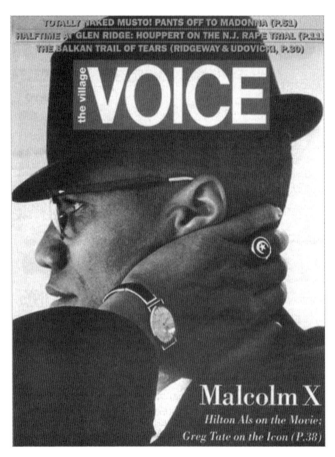

TOTALLY NAKED MUSTO! PANTS OFF TO MADONNA (P.51)
HALFTIME AT GLEN RIDGE: HOUPPERT ON THE N.J. RAPE TRIAL (P.11)
THE BALKAN TRAIL OF TEARS (RIDGEWAY & UDOVICKI, P.30)

the village

VOICE

Malcolm X

*Hilton Als on the Movie;
Greg Tate on the Icon (P.38)*

† 잡지 《빌리지 보이스》.

주장을 발표할 수 있는 터전이라 보았기 때문이었다. 그는 초기에 《빌리지 보이스》에 10개 이상의 칼럼을 집필했으나, 계속 오자투성이인 게 화가 나서 손을 떼고 말았다. 급료가 싼 인쇄공의 불성실한 오자와 잡지의 낮은 지질을 도무지 참을 수 없었던 것이다.

1955년 10월에 창간된 《빌리지 보이스》는 결코 순조롭지 못했다. 6년간 계속 적자만 냈다. 이 잡지가 흑자로 돌아설 수 있는 계기가 된 것은 1962년 인쇄공조합 뉴욕 지부가 신문사에 대해서 취한 스트라이크 때문이었다. 3개월 동안이나 계속된 뉴욕 신문 사상 가장 길었던 파업이 《빌리지 보이스》에게는 하늘의 도움이 되었던 것이다. 신문 가판대에 다른 신문은 나타나지 못했지만 《빌리지 보이스》만은 계속 진열되었다. 그 덕에 2만 부도 나가지 못했던 《빌리지 보이스》는 판매가 7배나 늘어나 13만 부를 돌파하게 되었다.

신문노동조합의 뜻하지 않은 도움으로 이 급진적인 잡지는 색다른 잡지라는 단순한 호기심에서 벗어나 당당한 잡지로 탈바꿈했다. 《빌리지 보이스》는 60년대 중반부터 국민 사이에 싹트기 시작한 카운터 컬처Counter culture의 대담한 대변자로서 착실하게 독자를 넓혀나갔다. 당시 미국 사회는 월남전쟁에 대한 반대 여론과 학생들의 잇따른 데모, 시민권을 위한 흑인들의 투쟁, 젊은이들의 반체제 운동 등으로 소위 카운터 컬처가 하나의 '유행'이 되었고 《빌리지 보이스》

클레이 펠커 Clay Felker　　　265

는 그 붐을 타기 시작했다. 그러나 《빌리지 보이스》가 유명해져 흑자를 기록하자, 펜처와 울프는 수익이니 손익분기점이니 하는 업무상의 잡무가 귀찮아졌다. 회사를 운영하는 번거로운 고생에서 해방되어 좀 더 한가하게 살고 싶어진 그들은 이 잡지의 주를 카터 버든Carter Burden에게 300만 달러에 팔았다. 그러나 버든은 뜻하지 않은 개인 사정이 생겨 경제적으로 어려워지자, 자기 주를 인수해 줄 사람을 찾기 시작했다.

이를 안 펠커는 잡지를 인수해야겠단 결심을 굳혔다. 그러나 그것이 결국 그가 피땀 흘려 쌓아올린 뉴욕 매거진에서 쫓겨나다시피 떠나는 계기가 될 거란 것을 그는 미처 알지 못했다. 펠커는 뉴욕 매거진의 대주주인 로브 로드스Loeb Rhodes의 힘을 빌려 《빌리지 보이스》를 인수하는 데 성공했다. 펠커는 《빌리지 보이스》의 주식 9퍼센트와 미국에서 가장 활기 넘치는 반체제 문화 잡지 편집장의 지위를 손에 넣게 되었다.

그러나 여기서 문제가 발생했다. 50대에 들어선 펠커가 《빌리지 보이스》에 그야말로 돈을 물 쓰듯이 쓰기 시작한 것이다. 물론 편집장인 펠커로서는 의욕을 앞세워 보다 좋은 잡지를 만들기 위한 지출이었지만, 그는 그것이 잡지 경영에 큰 부담을 준다는 것을 미처 깨닫지 못했다. 결국 그는 경영자 측과 불화를 겪게 되었고, 그가 가진 불과 9퍼센트의 주로서는 큰 발언권을 행사하지 못했다. 우여곡절 끝에 그는 뉴욕 매거진을 떠나지 않을 수 없게 되고 말았다.

¶《에스콰이어》의 편집장이 되어, 다시 집념을 불태워

펠커는 자신이 쌓아올린 왕국《뉴욕》을 눈물을 머금고 떠났다. 좋은 잡지를 만들겠다는 일념만으로 돈을 너무나 많이 썼고, 금전에 대해 무감각한 채 잡지 경영을 도외시한 게 주주들의 반감을 샀기 때문에 결국《뉴욕》을 떠나야 했다. 그러나 그는 잡지에 관해서는 집념의 사나이였다. 아직 편집자로서 그의 생애가 끝난 것은 결코 아니었다. 1977년 가을 그는 큰 돈줄을 잡아《에스콰이어》를 인수함으로써 다시 한번 세상 사람들을 깜짝 놀라게 했다.

앞에서도 언급한 바와 같이,《에스콰이어》는 펠커의 옛 집이다. 1960년대 초 그는《에스콰이어》의 편집자였다. 그때 동료로는 후에《에로스》를 창간한 랄프 긴즈부르크, 후에《에스콰이어》의 편집장이 되어 뉴 저널리즘을 발전시킨 해롤드 헤이스가 있었다. 야심가인 펠커는《에스콰이어》편집장 자리를 노리다가 헤이스와의 경쟁에서 패하자《에스콰이어》를 떠났던 것이다. 그 펠커가 산전수전을 다 겪은 끝에 마침내《에스콰이어》의 편집장이 되어 되돌아 온 것이다.

펠커는 다음과 같이 자신의 잡지론을 말한 적이 있다.

"잡지의 활력은 큰 출판 조직이나 편집 방침, 활발한 선전이나 유능한 세일즈맨에 의존하는 것이 아니라, 한 사람의 인간이 편집자로서 그리는 꿈과 활력에 의존하는 것이다."

이것은 잡지에 있어서의 '편집장 절대주의'라고 할 수 있다. 잡지의 성패는 오로지 편집장의 능력에 달려 있으며, 이를 위해서 편집장의 절대적 독재가 필요하다는 것이 그의 잡지 철학이다. 그래서 그는 곧잘 "나는 나의 흥미를 끄는 것을 편집한다"고 말했다. 《에스콰이어》의 창간 편집장인 아놀드 깅리치도 비슷한 말을 한 적이 있지만 이 두 사람의 편집에는 큰 차이가 있었다. 깅리치는 자기가 선정해서 글을 부탁한 집필자가 쓴 기사에는 별다른 참견을 하지 않았다. 깅리치가 편집한 《에스콰이어》는 이런 면에서 '집필자의 잡지'였지만, 펠커가 편집한 《뉴욕》이나 그가 편집하는 《에스콰이어》는 '편집자의 잡지'였던 것이다. 《뉴욕》의 필진은 편집자의 의견을 존중했고, 편집자들은 클레이 펠커의 생각을 존중했다.

이런 뜻에서 《뉴욕》은 펠커의 '원 맨스 매거진one man's magazine'이었다. 이것도 《뉴요커》가 해롤드 로스의 원 맨스 매거진이었다는 말과는 큰 차이가 있다. 해롤드 로스는 우수한 편집자의 뒷받침을 받고 있었다. 그러나 펠커는 동료 편집자의 의견까지도 무시하는 그야말로 독재자였다. 편집자나 집필자가 자기 비위에 맞지 않으면 호통을 치는 사나이였다. 그래서 펠커하고 싸우고 그만둔 편집자와 집필자가 수없이 많았다.

펠커는 1977년, 영국의 아소시에이티드 뉴스페이퍼스**Associated Newspapers** 사장 베레 함스워드**Vere Harms worth**와 합자로 폐간 직전의 《에스콰이어》—1977년의 적자가 200만 달러였다—를 매수, 편집장 겸 발행인이 되었다. 그러나 『매스컴계의 거물』을 쓴 토마스는 이에 대해서 상당히 비판적으로 적고 있다.

"그는 분통터지는 일을 맡은 것이다. 펠커가 맡은 잡지는 내용을 일신시키지 않으면 살아남을 수 없는 지경에 와 있다. 한때, 미국 잡지 중에서도 가장 독자적인 지위를 차지해 《포춘》이나 《플레이보이》의 본보기가 되었던 《에스콰이어》는 최근에는 개성 없는 '기타 잡지'라는 이미지에서 벗어나려고 필사적이었다. 펠커는 비관적인 가능성에 직면했다. 1975년부터 77년에 걸쳐서 《에스콰이어》는 1978년 3월부터 그 면모가 완전히 달라지고 말았다. 편집 스태프가 완전히 바뀌고, 격주마다 발간하는 잡지가 되었다. 종래의 《에스콰이어》는 일종의 문예 잡지 분위기가 짙었는데 펠커는 그것을 버리고 《뉴욕》 비슷한 뉴스 매거진으로 바꾸기 시작

클레이 펠커 Clay Felker

했다. 그리고 그 지면을 그의 철학인 '엘리트를 위한 활자'로 메워 나갔다. 그러나 펠커가 편집하는 《에스콰이어》는 결국은 상승지 향적인 독자의 지지를 받지 못했는지, 최근 들은 소식에 의하면 그는 《에스콰이어》에서도 떠나고 말았다고 한다."

"그는 나의 유일한 편집자이자
아버지였고 교사이며, 악마였고,
나의 합작자이자 양심이었다."

존 스타인벡

파스칼 코비치　Pascal Covici

바이킹 프레스의
존 스타인벡 편집자

....

¶ 작가의 어머니이자 교사였던 편집자

1964년 파스칼 코비치가 세상을 떠났을 때 그의 장례식에 참석한 스타인벡은 다음과 같이 말했다.

> "파스칼 코비치는 나에게 있어서 친구 이상의 존재였다. 그는 나의 편집자였다. 명편집자는 작가에게 있어서 아버지이자 어머니이며, 교사이자 악마 그리고 신이라는 사실은 오직 작가만이 이해할 수 있을 것이다. 30년 동안 코비치는 나의 합작자였고, 나의 양심이었다. 그는 나에게 실력 이상의 것을 요구했고, 그 결과 그 없이는 있을 수 없는 나를 만들었다."

1962년도 노벨문학상 수상자인 존 스타인벡의 말에서 우리는 한 작가의 문학 세계를 형성 및 발전시키는 데 있어서 편집자가 얼마나 큰 역할을 하는지를 알 수 있다. 노벨상 수상 위원회는 존 스타인벡을 노벨문학상 수상자로 결정함에 있어서 그의 '유머와 사회적 지각성' 그리고 '피압박민에 대한 동정심'을 꼽았다. 이러한 그의 작가 정신 뒤에는 언제나 그를 부모처럼 따뜻하게 돌봐주고 교사처럼 격려했던 명편집자 파스칼 코비치가 있었다.

¶ 서점 주인으로 출판사에 투신

파스칼 코비치는 1888년 루마니아에서 태어나, 1896년 부모와 함께 미국으로 건너왔다. 그의 가족은 시카고에 정착했고 코비치는 미시간 대학과 시카고 대학에서 공부했다. 그가 출판계에 발을 들인 것은 1922년, 그의 나이 34세 때 시카고에서 서점 경영을 하면서부터였다. 그 이상의 자세한 경력은 마디슨이 쓴 『미국 출판사』에도 나와 있지 않아 알 길이 없다. 20년대와 30년대의 시카고 문화계의 추억을 책 한 권으로 엮은 파니 부처의 『수많은 사랑, 하나의 사랑』에 의하면 코비치는 시카고에서 빌리마기라는 사나이와 코비치 마기 서점을 경영했고, 그 서점에는 당시 《시카고 뉴스》의 칼럼니스트였던 벤 헥트Ben Hecht가 자주 드나들었다. 헥트가 주재한 문예 신문 《리터러리 타임스》─단명으로 끝났지만─의 발행처가 이 코비치 마기 서점이었다.

판매 금지가 된 벤 헥트의 소설 두 권 중『판타지우스 마라레』(1922)의 발행인은 코비치 마기라고 되어 있고,『악의 왕국』(1924)의 발행인은 코비치로 되어 있다. 여기서 코비치가 서점을 경영하는 한편 전위적인 출판을 시작했다는 것을 알 수 있다. 퍼트넘의 편집국장으로서 명성을 떨친 윌리엄 타그William Targ의 회상에 의하면, 이 무렵 17세의 청년이었던 타그는 자신의 시집을 출간하고 싶어서 파스칼 코비치를 찾아갔다. 결국 출판을 거절당했지만, 코비치는 타그에게 강렬한 인상을 주었던 모양이다.

"그는 매력 있고 센스가 날카로운 사람으로 눈에는 해적과 같은 광채가 있었다. 그는 자비 출판을 대신 맡아서 돈을 벌었는지 모르지만(당시 대개 출판사가 그랬다) 그 취미는 일류였고, 책에 쏟는 정열은 대단한 것이었다."

타그는 당시 코비치의 인상에 대해 "그가 없었다면 스타인벡의 야심작『에덴의 동쪽』이 빛을 볼 수 있었는지 의심스럽다"라고도 말했다.

¶ 동성애를 다룬 소설이 판매금지 되었으나

1928년 뉴욕으로 자리를 옮긴 코비치는 리버라이트의 부사장이었던 도널드 프리드Donald Friede와 함께 코비치 프리드 출판사를 시작했다. 리버라이트는 호레이스 리버라이트라는 유대인이 경영한 20년대에 몰락한 출판사이다. 후에 랜덤하우스를 일으킨 베넷 세르프도 한때 여기서 근무했고, 극작가 릴리언 헬먼도 한때 여기서 근무했다. 시어도어 드라이저의 『아메리카의 비극』은 바로 이곳 리버라이트에서 출판되었다. 코비치도 프리드도 사회의 인습이나 전통에 구애받지 않고 출판에 정열을 쏟았다. 미국 출판계는 1920년대에 들어와서 출판물의 폭이 크게 넓어졌다. 이것은 코비치나 베넷 세르프 같은 의욕적인 출판인이 등장했기 때문이다.

코비치가 출판을 시작하고 처음으로 성공한 것은 래드클리프 홀Radclyffe Hall이 쓴 『고독의 샘 The Well of Loneliness』이었다. 이 문제작은 처음에는 하퍼 앤 브라더스에서 거절당하고 크노프에서 발간하도록 되어 있었다. 크노프는 이미 인쇄까지 끝낸 이 소설이 영국에서 부도덕하다는 이유로 판매금지당했다는 소식을 듣고 곤경에 빠지고 말았다. 여기서 출판을 단념하면 큰 손해를 입고, 그렇다고 출판을 강행하면 크노프의 명예에 먹칠을 하는 것과 다름없기에 진퇴양난의 상황이었다.

이 소식을 들은 코비치는 이 작품을 본인이 출판하기로 결심한다. 그는 이 소설에 헤이블록 엘리스Havelock Ellis의 서문을 붙이고, 당시로서는 파격적인 가격인 5달러로 발매했다. 당시 소설은 정가가 보통 2달러 내지 2달러 50센트였다. 1929년 1월, 여성의 동성애를 그린 이 소설은 풍기문란이라는 이유로 압수당하고, 치안판사가 재판을 명령했다. 그러나 코비치는 이 작품이 레스비어니즘의 실체를 날카롭게 폭로한 것을 높이 평가했다. 그래서 그는 이 재판에 전 재산을 투입하고 싸워 마침내『고독의 샘』의 출판은 사회 질서에 아무런 지장도 주지 않는다는 판결을 받아내는 데 성공했다. 이 소설은 재판과 함께 입소문이 나서 5달러짜리 책이 1930년 9월까지 10만 부나 팔렸다. 이후 코비치는 이 소설의 2달러짜리 염가판도 출판했는데 그것도 순식간에 베스트셀러가 되었다.

30년대에는 전 세계적으로 불황이 계속됐다. 코비치는 많은 책을 출판하지는 않았으나 질 높은 책만을 골라서 출판했다. 책을 사랑하고 낙천적인 성격의 그는 자기 출판사의 판매 능력을 무시하고 좋은 책이면 서슴없이 출판했다. 젊고 태평한 성격의 소유자인 프리드는 자신의 동업자인 코비치의 의견을 전적으로 존중했다. 이 무렵 그가 출판한 책은 조지 M. 프리스트Geoge M. Priest가 번역한 괴테의『파우스트』, 리처드 앨딩턴Richard Aldington의『시집』, 톨스토이의『피터

제왕』, 알베르트 아인슈타인Albert Einstein의 『내가 본 세계』
등이었다.

¶ 우연히 알게 된 존 스타인벡의 작품

코비치는 존 스타인벡의 소설을 1930년대부터 출판하기 시
작했다. 두 사람의 친밀한 관계는 미국 출판계에서도 극히
보기 드문 예로 손꼽힌다. 편집자와 저자가 이처럼 깊은 신
뢰로 맺어진 일은 다른 데서 찾아보기 힘들다. 코비치가 스
타인벡을 알게 된 것은 코비치가 1934년 우연히 헌책방에서
그의 단편집 『하늘의 목장The Pastures of Heaven』을 사서 읽어
봄으로써였다. 이 소설에 흥미를 느낀 코비치는 아직 무명이
었던 스타인벡의 대리인에게 연락을 취했다. 당시 스타인벡
의 소설은 이미 세 권이나 출판되었는데 모두 잘 팔리지 않
아 상업적으로는 실패하고 있었다. 그래서인지 그가 쓴 네
번째 작품은 이미 여러 출판사에서 거절당한 상황이었다.

　스타인벡이 작품 활동을 한 이 시기는 20년대에서 30년
대로 옮겨가는 중대한 시기였고, 문학 사상으로도 개인적인
반항에서 사회적 항의로 변모하는 시기였다. 헤밍웨이의 『무
기여 잘 있거라』나 레마르크의 『서부전선 이상 없다』 등이 독
자의 인기를 독차지했다. 허무와 절망의 세계에서 재생의 길

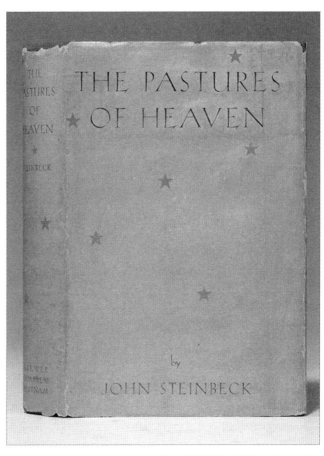

존 스타인벡, 『하늘의 목장』, 퍼트넘, 1932.

을 추구하는 시대사조가 스타인벡의 낭만적인 소설을 받아들이지 않았던 것이다. 이렇듯 사회적으로 인정받지 못해 실의의 나날을 보내던 스타인벡에게 코비치가 나타난 것은 하늘의 도움과도 같은 일이었다.

코비치는 스타인벡이 출판사로부터 거절당한 네 번째 작품을 읽은 뒤 자기가 출판하기로 결심한다. 이 소설은 캘리포니아 남부의 골짜기에 사는 농민들의 무궤도한 소박한 생활을 그린 『토티야 플랫*Tortilla Flat*』으로 이 원고를 출판한 것은 1935년이었다. 그러나 서점 주인은 이 작가의 소설을 거들떠보려고도 하지 않아 코비치는 그들을 설득하는 데 크게 애를 먹었다. 그러나 이 소설은 4,000부 이상이나 팔려 작가는 생각지도 않았던 인세를 손에 쥐게 되었고 출판사 역시 많지는 않지만 짭짤한 이익을 볼 수 있었다.

『토티야 플랫』의 작은 성공으로 코비치는 스타인벡의 작가로서의 가능성을 믿기 시작했다. 또 두 사람 사이에는 확실한 신뢰 관계가 이루어졌다. 그러나 이 무렵 코비치는 스타인벡을 직접 만나지는 못했고, 모든 출판 계약은 그의 대리인을 통해서 이루어졌던 모양이다. 스타인벡의 서한집을 보아도 이 무렵 코비치와 편지를 주고받은 흔적은 보이지 않는다. 서한집에 나타난 코비치에 보낸 첫 번째 편지는 1937년 2월 28일로, 그해에 출판한 『생쥐와 인간*Of Mice and Men*』을 11만 7,000부나 팔아준 것에 대한 감사 편지였다. 그리고 1938년 이후로 코비치에 보낸 편지가 갑자기 많아졌다. 이것으로 비추어 두 사람이 처음 대면한 것은 1937년 무렵이 아니었을까 추측한다.

¶ 나의 자랑스러운 세계 제일의 편집자

1936년 스타인벡의 소설『승부 없는 싸움*In Dubious Battle*』의 원고가 코비치 프리드에 도착했을 때 코비치는 판매 촉진을 위한 출장 중이었다. 코비치가 출장을 끝내고 뉴욕으로 돌아와 보니, 프리드는 공동 경영을 그만두고 할리우드로 가고 없었다. 거기서 출판 대리업을 시작한 것이다. 이것만 봐도 당시 코비치 프리드가 재정적으로 상당한 운영난에 빠져 있었던 걸 알 수 있다.

코비치가 스타인벡의 원고는 어떻게 되었느냐고 묻자, 담당 편집자는 "스타인벡은 공산주의에 대해서 아무것도 모르기 때문에 원고를 되돌려주었다"고 했다. 편집자가 이런 판단을 한 것도 무리가 아닌 게 이 소설은 캘리포니아의 사과밭에서 일어난 스트라이크를 그려, 노동 조건을 맹렬히 비판하고 미국의 부르주아를 공격한 내용으로, 겉으로 보기에는 공산주의에 동조하는 듯한 내용이었던 것이다. 그러나 작가의 초점은 그보다 오히려 사회적으로 압박된 일반 민중에 대한 동정과 그들의 진실한 생활에 대한 애정을 강하게 그린 것이었다.

이 말을 듣고 실망한 코비치가 대리인에게 전화해 보니, 원고를 이미 다른 출판사에 넘겼다는 대답을 들었다. 그래서 그는 스타인벡에게 긴급 전보를 쳐서, 사정을 설명하고, 원고 반환을 부탁했다. 스타인벡은 대리인에게 전보를 쳐서 설득한 뒤에 원고를 다시 코비치에게 돌려주도록 했다. 이렇게 해서 『승부 없는 싸움』은 코비치의 출판사에서 출판되었고, 역시 조촐한 성공을 거두었다.

편집자로서 코비치의 태도는 저자의 책을 편집 및 출판하는 데 그치지 않고 그 책이 보다 많이 팔릴 수 있게 세일즈맨이 되어 동분서주했다는 점에 있다. 그가 이와 같이 정열을 쏟았던 것은 스타인벡의 작품에 대한 일종의 선견지명과 그의 장래에 깊은 신뢰가 있었기 때문이었다. 이러한 코비치의 정열은 마침내 열매를 맺게 되었다. 『생쥐와 인간』이 북 오브 더 먼스 클럽의 선정 도서가 된 것이다. 그리하여 이 책은 15만 부나 팔렸고, 브로드웨이 연극으로 상연되었다. 스타인벡은 비로소 막대한 인세를 받게 되었고, 코비치도 상당한 이익을 올리게 되었다.

그뿐만 아니라 존 스타인벡은 그해에 『빨간 망아지 *The Red Pony*』를 출판해 상당한 성공을 거두었다. 한편 코비치는 정성이 담긴 격려의 편지를 자주 스타인벡에게 보냈다. 스타인벡은 코비치의 편지에 용기를 얻고 자신감을 얻었으며, 코비치에 대한 신뢰도 더욱 깊어졌다. 1938년, 스타인벡이 코비치에게 "당신의 편지는 나에게 세계 제일의 출판인이 붙어 있다는 나의 신념을 더욱 깊게 만들었다"라고 말한 것도 과장된 말은 아니었다. 이듬해 스타인벡의 작품 『분노의 포도 *The Grapes of Wrath*』가 세계적인 선풍을 일으키기 직전에도 그는 코비치에게 "나는 당신이 나의 출판인이라는 것을 대단히, 대단히 자랑으로 여기고 있다"고도 말했다. 이 '출판인'이란 말은 '편집자'라는 말로 바꾸어도 무방할 것이다.

¶ 파산에 직면, 바이킹 프레스로 옮겨

어떤 사정인지는 모르지만, 코비치는 스타인벡의 작품으로 대성공을 거두었음에도 파산에 직면한 상태였다. 편집자들은 대개 돈에 밝지 못하고 낭비하는 경향이 있는데 코비치도 그러했던 게 아닌가 하는 생각이 든다. 물론 이것은 어디까지나 필자의 추측에 불과하지만.

코비치는 바이킹 프레스의 긴즈버그의 제의를 받아들여 그 회사의 편집자가 되었다. 바이킹으로서는 코비치의 편집자로서의 능력보다는 베스트셀러 작가가 된 스타인벡이 욕심이 났을지도 모른다. 바이킹 프레스는 긴즈버그와 조지 오펜하이머George S. Oppenheimer라는 아직 20대 청년이 1925년 봄에 설립한 신흥 출판사였다. 상당한 재력가였던 긴 즈버그는 편집자라기보다는 경영자였다. 그들은 출판사를 설립하면서 다음과 같은 목표를 천명했다.

> "모험과 탐험이 따르는 출판계에서 기업으로서 성공할 것이며, 계절마다 많은 책은 출판하지 않되 가장 좋은 책을 출판하도록 노력할 것이며, 아직도 외국 저작에 치중하는 풍토에서 국내 저작물을 개발할 것이며, 좋은 책과 건설적인 책을 출판하는 출판사로서 널리 알려지는 전통을 세워나갈 것이다."

이와 같이 의욕적으로 출판한 바이킹 프레스는 가을부터 출판을 시작할 작정이었으나 유력한 기간 목록이 없었다. 그래서 그러한 기간 목록을 가진 B.W. 휴브쉬를 동업자로 끌어들였다. 휴브쉬는 제임스 조이스의 『더블린 사람들』이나 『젊은 예술가의 초상』의 미국판 출판인이었고 셔우드 앤더슨Sherwood Anderson의 『와인즈버그, 오하이오』의 편집자이자 출판인이었다. 휴브쉬는 1910년대부터 출판인 또는 편집자로서 평가가 아주 높았다.

코비치는 바이킹에서의 자기 가치를 알았다. 스타인벡이 없다면 그의 편집자로서의 존재 가치는 하나도 없는 것과 다름없었다. 그러나 코비치는 자신의 편의를 위해서 언제까지나 스타인벡을 구속하고 싶지는 않았다. 그래서 그는 스타인벡에게 편지를 보냈다. 스타인벡이 바이킹의 작가가 되는 것도 다른 출판사의 작가가 되는 것도 본인의 자유의사에 따라 결정하도록 했다. 어디까지나 '자기 자신의 마음속에서 우러나오는 소리'에 따라 결정해 주길 바란다고 권했다.

¶ 대성공을 거둔 『분노의 포도』

그러나 스타인벡은 코비치와 함께했고 『분노의 포도』는 바이킹 프레스에서 출판되었다. 그러나 바이킹의 편집자들은 이 작품을 출판하는 것에 대해 회의적이었다. 그것은 그의 전작인 『긴 골짜기 *The Long Valley*』가 별다른 성공을 거두지 못했기 때문이기도 했다. 그러나 코비치는 『분노의 포도』 초판을 5만 부 찍게 하고, 광고 선전에 1만 달러라는 거액을 투자했다. 이 작품은 스타인벡 자신의 현실 파악과 묘사력으로 독자적인 작품 세계를 이룩한 작품이었다. 2년 동안이나 계속된 가뭄과 대자본의 진출로 사남지대의 땅에서 쫓겨나 캘리포니아에 이주한 조드 일가를 비롯한 오클라호마 농민의 사활을 건 싸움을 큰 사회적인 전망으로 그린 대작이었다.

　『분노의 포도』는 출판되자마자 큰 사회적 선풍을 일으켜 일 년도 가지 않아 43만 부나 팔렸고, 1939년 소설 부문 베스트셀러 제1위를 기록했다. 1940년에는 퓰리처상을 받았고 독자 투표로 1939년도 베스트셀러 중 최고의 소설로 선정되기도 했다. 대담하게도 초판 5만 부를 고집한 코비치의 판단이 옳았던 것이다. 이러한 예기치 않은 성공으로 누구보다도 어리둥절해 한 것은 스타인벡 자신이었다. 그는 강연회는 물론 여러 집회에 끌려 다닌 탓에 일이 손에 잡히지 않은 상태였다. 그래서 그는 친구와 함께 멕시코로 피난 여행을 떠나기까지 했다. 농부 출신의 가난한 작가에게 호박이 덩굴째 굴러 떨어진 것이었다. 이제는 뉴욕의 부호 주택가인 이스트 사이드에 살면서 신문 잡지에 자기 별장의 내부 시설을 소개할 만큼 부자가 되었다. 스타인벡과 코비치의 사이는 이제 떼어놓으려야 떼어놓을 수 없는 뜨겁고 깊은 우정으로 맺어졌다. 1941년 7월 코비치는 스타인벡에게 편지를 썼다.

"이제 4분지 3 정도가 지나버린 나의 변변치 못한 인생에서, 당신은 나에게 보기 드문 경험이었습니다. 이 말을 어떻게 받아들이든 상관없습니다. 설령 심술궂게 해석하셔도 상관없습니다."

그것은 코비치로서는, 편집자가 일생에 한 번 겪기도 어려운 감격적이고 귀중한 경험이었을 것이다. 두 달 후, 이러한 대성공이 스타인벡을 도취하게 만들지 않았고, 또 그가 돈의 유혹에 빠지는 것을 거부한다는 것을 알고 코비치는 이런 편지를 썼다. "나는 당신이 출판(돈벌이)을 위해서 강제로 작품을 쓰지 않는다는 것을 무엇보다도 자랑으로 생각하고 있습니다."

¶ 저자에 대한 끊임없는 위로와 지도

스타인벡의 다음 소설 『달은 지다 *The Moon Is Down*』(1942)는 출판 전 예약 판매만 6만 5,000부가 팔렸고, 출판된 이후 다시 10만 부가 팔렸다. 『통조림 공장가 *Cannery Row's*』(1944)는 예약 판매만 9만 부였고 출판 후 그 이상의 판매를 기록했다. 평론가들은 스타인벡을 위대한 작가로 대접하기 시작했고, 코비치는 기회 있을 때마다 그를 자랑했다. 1945년 11월 코비치는 스타인벡에게 말했다. "금년에는 노벨상을 받지 못했지만, 내기를 해도 좋습니다. 당신은 3년 내에 반드시 그 상을 수상하게 될 것입니다. 틀림없습니다." 스타인벡이 1961년도에 노벨상을 받았으므로, 코비치가 수상 연도는 맞추지 못했어도 수상이 틀림없다고 말한 것은 들어맞는 셈이었다.

2년 후 『탈선 버스 *The Wayward Bus*』는 더욱 인기가 높아, '북 오브 더 먼스 클럽'에서 선정 도서로 뽑혔고, 예약 판매가 10만 부, 출판 후에는 그 이상의 판매를 올렸다. 1949년 스타인벡은 다음 소설에 착수하기 전에 가족을 위해서 저금을 해두고 싶다고 코비치에게 의논했다. 코비치는 『분노의 포도』를 집필하고 있을 때는 훨씬 저금이 적었는데, 지금은 경제적으로 어려움이 없지 않느냐고 지적하고 다음과 같이 편지를 썼다.

"내 생각으로는 당신에게 필요한 것은 마음의 평화와 소설을 쓰겠다는 큰 의욕입니다. 다음 작품은 당신에게 굉장히 중요한 작품이 됩니다. 당신은 그것을 잘 알고 있고, 느끼고 있으나, 그것을 피해서 지나가려고 하고 있습니다. 그러한 생각을 떨쳐버려야 합니다."

그 4개월 후 코비치는 다시 스타인벡에게 이런 편지를 보냈다.

"당신 편지를 보고 크게 위안을 느낀 것은, 당신 머릿속에서 무엇인가가 굳어져가고 있고, 당신이 곧 그것과 맞붙어 싸우려고 한다는 말일 것입니다. 그것은 나에게는 큰 기쁨입니다. 창작하는 당신이 돌아왔으므로."

당시 결혼 문제로 고민하던 스타인벡은 이 편지에서 신념과 격려를 발견했다. 어느새 그는 코비치에게서 위로와 지도를 받고 있었던 것이다.

¶ 편집자와 합작으로 쓴 소설

1951년 스타인벡이 『에덴의 동쪽*East of Eden*』을 쓰기 시작했을 때, 그는 코비치에게 이 소설은 우리들의 합작이므로, 매일 쓴 원고를 보내주겠다고 편지했다. 코비치는 스타인벡이 보내온 원고를 세심한 주의를 기울여 편집하고 초고와 함께 타이프 친 원고를 스타인벡에게 우송했다. 스타인벡이 이러한 코비치의 배려를 받아들이기를 망설이자, 코비치는 강력히 그렇게 하자고 우기면서 말했다.

"당신이 나에게 요구하는 것은, 당신이 나에게 베풀어준 풍요로운 마음에 비한다면 아무것도 아니라는 것을 잊고 있는 것 같습니다."

『에덴의 동쪽』이 완성되었으나, '북 오브 먼스 클럽'을 비롯한 모든 북 클럽이 냉담한 반응을 보였다. 그러자 코비치는 스타인벡에게 이렇게 위로의 편지를 썼다.

"북클럽이 많은 독자의 그릇된 편견에 좌우된다고 말한 것을 기억하십니까? 독자가 당신에게 어떤 소설을 쓰고 출판하라고 말한다면 당신은 좋은 작품을 쓸 수 없습니다. 아마 그것이 지금 우리가 골치를 앓는 문제일 것입니다."

파스칼 코비치 Pascal Covici　　　289

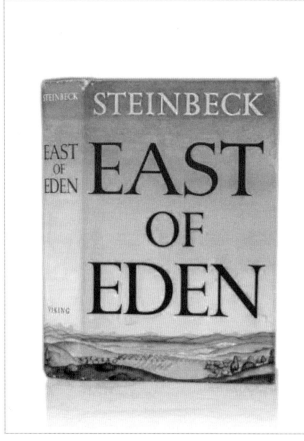

† 존 스타인벡, 『에덴의 동쪽』, 바이킹, 1952.

그러나 바이킹은 이 책의 초판을 11만 부로 결정했다. 실제로 그보다 더 많은 부수가 팔렸고, 한 달 만에 베스트셀러 1위에 올랐다. 이 책이 출판되자 스타인벡은 손수 나무로 묵직한 상자를 짜고 그 안에 짙은 녹색 천을 발랐다. 그리고 소설의 원고와 책을 넣어 코비치에게 크리스마스 선물로 보냈다. 그리고 코비치에 대한 『에덴의 동쪽』의 헌사로서 그는 이렇게 적었다.

> "우리들의 다년간에 걸친, 서로의 축복 받은 관계에서 솟아나온 존경과 애정을 담아 당신에게 바친다. 이 책에 이 글을 적는 것은 당신이 이 책의 탄생과 성장에 크게 한몫을 했기 때문이다."

그 후 스타인벡은 많은 작품을 썼다. 1954년에는 『달콤한 목요일 *Sweet Thursday*』을, 1957년에는 『핍핀 4세의 짧은 치세 *The Short Reign of Pippin IV*』와 『한때 전쟁이 있었다 *Once There of Our Discontent*』를 출판했다. 이 모든 소설이 코비치의 끊임없는 격려와 도움으로 이루어진 것임은 두말할 나위 없다. 1962년 스타인벡이 노벨상을 받았을 때, 그 수상을 누구보다도 기뻐한 것은 물론 코비치였다. 코비치가 스타인벡을 알게 된 지 30년, 그동안 그의 끊임없는 격려와 신뢰가 충분히 보상을 받은 셈이다. 그는 스타인벡에게 있어서 유일무이한 편집자였고, 그의 분신이나 다름없었다.

¶ 많은 저자와도 원만한 우정을 유지

물론 코비치가 담당한 저자는 스타인벡 한 사람만이 아니었다. 그는 솔 벨로Saul Bellow, 아서 밀러Arthur Miller, 라이오넬 트릴링Lionel Trilling, 조지 가모프George Gamow, 윌리 레이Willy Ley, 루드비히 베멀먼즈Ludwing Bemelmans, 진 파울러Gene Fouler 등 많은 저자의 편집자이기도 했다. 이러한 많은 저자와도 그는 긴밀히 협조해 밀접한 우정을 유지했다. 이것을 봐도 코비치는 편집자로서 대인 관계에 뛰어난 성품을 타고난 모양이다.

솔 벨로는 그의 저서 『허조그*Herzog*』(1964)의 첫머리에 이렇게 기록했다.

> "위대한 편집자이며 너그러운 친구인 파스칼 코비치에게, 애정을 담아 이 책을 보낸다."

바이킹 프레스가 뛰어난 문예 출판사였다는 것은 코비치가 담당하는 저자 명단만 봐도 알 수 있다. 이는 이 출판사에 코비치 같은 뛰어난 편집자가 있었기 때문일 것이다. 바이킹 프레스에는 세 사람의 시니어 에디터가 있었는데, 그들은 코비치와 휴브쉬 그리고 마샬 베스트Marchall Best였다. 이들의 손을 거쳐 출판된 책은 모두 문학적 가치가 높았고, 독자에 대한 호소력도 강해 잘 팔렸다. 일찍이 유럽에서 명성을 떨친 휴브쉬가 1956년 부사장의 자리에서 물러나 바이킹의 고문으로 추대되었을 때 《퍼블리셔스 위클리 *Publisher's Weekly*》는 다음과 같은 찬사를 보냈다.

> "뉴욕에서 벤 휴브쉬만큼 출판인으로서 수완에 뜨거운 존경을 받는 출판인은 없다. 또 그만큼 유럽에서 미국의 출판계를 대표할 수 있는 인물은 없다. 모든 예술에 쏟아지는 그의 애정이 그의 대화와 결단의 원천이 되고 있다. 그가 출판하는 책은 모두 질 좋은 책이다."

휴브쉬는 유럽 출장길에 오른 지 얼마 뒤 런던에서 체류하고 있을 때 89세로 갑자기 세상을 떠났다. 두 달 후에 바이킹의 또 한 명의 명편집자 파스칼 코비치가 세상을 떠났다. 코비치의 죽음은 바이킹으로서도 큰 충격이었지만, 그 이상으로 충격을 받은 것은 스타인벡이었다. 원래 비사교적인 성격인 스타인벡은 좀처럼 여러 사람 앞에서 연설을 하지 않았다. 그러나 코비치의 장례식에는 솔 벨로, 아서 밀러 등과 함께 참석해, 서두에 인용한 조사를 했다. 그에게는 코비치의 죽음이 너무나도 뜻밖이었던 모양이다. 스타인벡은 코비치의 죽음에 대해서 영국 출판사 사장에게 보낸 편지에서 이렇게 썼다.

"금년은 좋은 해가 아니었고, 파스칼 코비치의 죽음은 우리들에게 큰 충격이었습니다. 내가 아직도 바이킹에 가지 못하는 것은 그가 거기 없기 때문이 아니라, 틀림없이 거기에서 불쑥 나타날 것만 같기 때문입니다."

MADEMOISELL

The Magazine for Smart Young W

"지적인 젊은 여성의 안내자가 되자,

그녀들의 철학자가 되고 친구가 되는

잡지를 만들자."

NOVEMBER, 1939

men and beaut

벳시 블랙웰　　　Betsy Blackwell

《마드모아젤》
편집장

¶ 여성 잡지에 반항을 일으키기 시작한 독자들

미국의 《마드모아젤Mademoiselle》이라는 여성 잡지는 지적인 젊은 여성을 대상으로 뉴욕에서 발간되는 패션과 멋에 관한 잡지다. 또 이 잡지는 젊은 여성을 즐겁게 만드는 뛰어난 단편 소설을 게재하는 잡지로도 인기가 있다. 이 잡지는 광고가 많은데 그 속에 수필이나 소설의 일부를 재치 있게 곁들이고 있어 그 광고를 보는 것 또한 즐겁다.

지금까지 계속 발간되는 미국의 유명 잡지들은 대개 1920년부터 30년대에 걸쳐서 창간된 잡지들이다. 주간지 《타임》이나 《뉴스워크》, 《뉴요커》가 그렇고 《세븐틴》 또한 그렇다. 여성 잡지에서는 《레이디스 홈 저널》이 오랜 전통을 자랑하고, 패션 잡지 《보그》나 《하퍼스 바자》도 오랜 전통을 자랑한다. 그러나 《마드모아젤》은 이들 잡지와 달리 비교적 늦은 1935년에 창간되었다. 이 잡지가 순식간에 젊은 여성 독자의 지지를 받아 화려한 성공을 거두게 된 것은 전적으로 명편집자 벳시 블랙웰의 공로라고 해야 할 것이다. 《마드모아젤》이 성공을 거두자, 이를 모방한 잡지가 여럿 나오기도 했다.

《마드모아젤》을 창간한 잡지사는 스트리트 앤 스미스Street & Smith였다. 이 회사는 '소설 공장'이라는 별명이 붙었는데 질 나쁜 종이를 사용해서 소위 '펄프 매거진Pulp magazine'이라 불리는 값싼 읽을거리를 발행했기 때문이었다. 이 잡지는 독자 반응에 민감했는데, 잡지를 발간하다가도 독자가 떨어져나가 적자가 나면 서슴없이 그 잡지를 폐간시키고 새로운 잡지를 시작하는 것으로 유명했다.

1930년대에 들어서자 회사 경영진이 바뀌어 지금까지의 저속한 잡지와는 다른, 보다 고급스럽고 새로운 잡지를 발간하자는 의욕에 불타게 되었다. 이러한 의욕이 《마드모아젤》로 열매를 맺은 셈이다. 그것은 결코 우연이 아니었다. 물론 이 잡지를 시작하게 된 경위를 보면 우연적인 요소도 다분히 있었지만, 《마드모아젤》의 출범은 역시 필연적인 시대의 산물이었다.

미국 여성 잡지의 패턴은 19세기 후반에 《레이디스 홈 저널》에서 활약했던 명편집장 에드워드 복Edward Bok이 만들었다고 일컬어진다. 어떠한 패턴인가 하면, 육아법, 피아노 치는 법, 성서 읽는 법 등 실생활에 도움이 되는 하우 투(How to) 기사를 싣고, 프랑스 패션을 소개하고, 성병 추방 캠페인을 벌이고, 유망한 작가의 소설을 연재하는 식의 패턴이었다. 이는 우리나라나 일본의 여성 잡지 패턴과도 유사했다. 이러한 패턴으로 《레이디스 홈 저널》을 편집한 결과, 에드워드 복이 편집장으로 취임했을 때는 발행 부수가 44만부이던 것이 일약 두 배에 가까운 85만 부로 늘어났다. 그래서 그는 편집 전기에서 "우편 배달부가 가는 곳은 《저널》도 함께 간다" 고 큰소리 칠 정도였다.

에드워드 복 이후 여성 잡지의 편집장들은 모두 그가 만든 패턴을 신주처럼 모시면서, 딸의 몸치장에 대해서는 어머니가 전권을 쥐고 있었던 과거의 유훈을 지켜왔다. 당시의 사회적인 배경 역시 젊은 여성의 반항을 일방적으로 억제하는 풍조였던 것이다. 제1차 세계대전이 끝나고 20년대에 접어들면서 여성도 술을 즐기기 시작하고 스커트가 짧아지고 짧은 머리가 유행하는 등 차츰 과거의 틀이 허물어지기 시작해, 젊은 여성들은 천편일률적인 기존의 여성 잡지에 식상함을 느꼈다.

¶ 패션 잡지에 불신을 가진 한 여학생의 아이디어

스트리트 앤 스미스에 헨리 롤스톤이라는 중역이 있었다. 이 롤스톤의 딸인 헬린이 무심코 한 말이 《마드모아젤》을 탄생시키는 아이디어가 되었다. 그 무렵 헬렌은 뉴욕주 트로이에 있는 상류층 집안의 딸들이 다니는 여자 고등학교에 다녔다. 헬렌과 그녀의 친구들은 당시 발행되던 패션 잡지에 불만이 있었다. 《보그》나 《하퍼스 바자》는 멋있기는 하나, 그 잡지에 나오는 패션이나 드레스는 너무 비싸 젊은 여성들로서는 그림의 떡이라고 투덜댔다. 스마트한 젊은 여성을 위한 패션 잡지는 없는 것일까?

헬렌의 아버지 롤스톤은 딸의 이야기를 듣고 잡지 편집에 관한 새로운 아이디어를 사장에게 건의했다. 그러나 삼류 잡지만 발간해온 스트리트 앤 스미스에게 패션 잡지는 가장 인연이 없는 잡지였다. 그 회사로서는 그야말로 혁명적인 기획이었으나, 가능성은 아주 희박하게 생각되었다. 그러나 잡지의 세계에는 아직도 개척할 분야가 많았다. 지금 젊은 여성들에 기존의 잡지에 대한 불만이 있고 새로운 잡지를 원한다는 것은 하나의 가능성을 시사한다고 여겨져 롤스톤의 제안은 받아들여졌고, 해볼 만한 가치는 있다는 점에서 간부들의 의견은 일치되었다.

이렇게 해서 새로운 잡지 편집은 패션과 함께 소설에 중

《마드모아젤》 1960년대 화보.

점을 두기로 했다. 문제는 이 새로운 잡지의 이름이었다. 젊은 여성의 마음을 끌 수 있는 제호는 없는 것인가? 편집자들이 머리를 맞대고 의논했으나 좋은 이름이 떠오르지 않았다. 한 편집자의 부인이 《마드모아젤》이라는 제호를 제안했지만, 아무도 이 제호에 적극적으로 찬성하지 않았다. 그러나 그보다 더 좋은 이름이 떠오르지도 않았다. 그래서 잠정적으로 《마드모아젤》로 정하고 창간 준비에 들어갔다.

사장인 조지 스미스는 이 《마드모아젤》의 창간에 회의적이었다. 그뿐만 아니라 스트리트 앤 스미스 대부분의 사람이 불안을 품고 있었다. 그래서 《마드모아젤》은 스트리트 앤 스미스의 이름으로 발행하지 않고, 새로 마드모아젤 코퍼레이션이라는 회사를 설립해서 발행하기로 했다. 《마드모아젤》의 출판은 결코 순탄하지 않았다. 1935년 2월에 나온 창간호는 그 편집 내용이 결코 '스마트한 젊은 여성'이 찾던 잡지는 아니었다. 76페이지의 얄팍한 월간지로 정가는 20센트였다. 종이는 고급 용지를 사용했는데, 이것은 스트리트 앤 스미스가 창업한 이래 처음이었다.

권두 에세이를 집필한 것은 후에 편집자이자 여성 외교관으로 유명해진 클레어 부스 브로코Clare Boothe Brokaw였다. 그녀는 후에 《타임》, 《라이프》, 《포춘》을 창간해 잡지 왕국을 쌓아올린 헨리 루스의 부인이 되는 여성이다. 《마드모아젤》 창간호는 뉴욕의 멋있고 사치스러운 분위기를 되도록 지면에 담으려고 노력했다. 하지만 이는 이미 다른 잡지들도 시도했던 일이었다. 대신 《마드모아젤》은 여기에 단편 몇 편을 실었다. 그리고 〈마드모아젤의 미용〉이라는 난도 만들었다. 그러나 패션에 관한 페이지는 단 한 쪽뿐이었고, 그것도 구두에 관한 것이었다.

당연히 창간호의 평판은 나빴다. "도대체 누구를 위한 잡지인가?"라는 항의 전화가 수없이 걸려왔다. 젊은 여성을 위한 패션잡지라고 생각했던 사람은 거의 없었던 모양이다. 《마드모아젤》이니까 남성에게 읽으라고 만든 잡지라고 생각했던 사람도 있었다.

¶ 편집장 자리를 사양한 블랙웰

애당초 《마드모아젤》은 18세부터 30세까지의 젊은 여성을 주 타깃으로 삼은 잡지였다. 그런데도 너무나 촌스러웠고, 단편 소설도 형편없는 삼류 작품이었다. 사장인 조지 스미스는 독자보다 더 분개했다. "도대체 이 이름은 무슨 뜻인가. 이건 스트리트 앤 스미스의 잡지답지 않다. 아니 잡지라고도 말할 수 없는 졸작이다"라며 화를 냈다.

창간호를 끝으로 폐간하자는 말도 있었다. 그러나 이런 성급한 판단은 일단 뒤로하고 새롭게 가다듬어 잡지를 일신

† 《마드모아젤》의 편집장 벳시 블랙웰(가운데).

시키기로 결정했다. 창간호를 만든 편집장이 지금까지 저속한 '펄프 매거진'만 편집한 사람이라 이렇게 된 게 아니냐는 판단 아래 새로운 편집장을 구하기로 했다.

이 무렵 뉴저지주의 뉴어크에 있는 반바가르 백화점에서 발행하던 여성잡지 《참》이 성공 가도를 달리고 있었다. 스트리트 앤 스미스는 이 잡지의 편집장 벳시 블랙웰을 스카우트하기로 했다. 그녀는 편집장으로서 《마드모아젤》의 편집을 맡도록 교섭 받았으나 편집장이란 지위를 사양하고 패션 편집자로 참여했다. 아마 편집장이란 직책이 그녀에게 너무나 무겁게 느껴졌던 모양이다.

결국 《마드모아젤》의 1935년 3월호는 발간되지 못했다. 창간호의 실패로 제2호인 3월호를 발간할 형편이 못되었던 것이다. 벳시 블랙웰은 부끄럽지 않은 잡지를 편집하는 데 혼신의 힘을 기울였다. 그 결과 4월호는 일단 수준작이라고 평가받았다. 단편 소설이 5편, 에세이가 4편, 패션 기사가 5편, 그리고 칼럼 6편을 편집해서 게재했다. 특히 패션 페이지의 편집이 뛰어나 벳시 블랙웰의 고상한 취미와 솜씨가 여지없이 발행되었다.

《마드모아젤》은 4월호부터 가까스로 정상적인 궤도에 오르기 시작했다. 그때 발행 부수는 3만 7,000부로 결코 만족할 만한 부수는 아니었지만 전망은 밝았다. 벳시 블랙웰은 다시 편집장으로 지명되자, 이를 받아들였다. 자신이 생긴 것이다.

¶ 자신만의 편집 방침을 세워나가

《마드모아젤》의 등장은 부수 자체가 적었기 때문에 출판계에서 별다른 화제가 되지 않았다. 선배격인 《보그》나 《하퍼스 바자》도 묵살했다. 《마드모아젤》은 도저히 이들 잡지의 경쟁 상대가 될 수 없었던 것이다. 그러나 벳시 블랙웰은 확실하게 성과를 올려나갔다. 18세부터 30세까지의 여성을 대상으로 하는 잡지가 성장할 수 있는 시장이 반드시 있을 거란 확신도 있었다. 글도 잘 쓰고 편집자로도 뛰어난 재질이 있었던 벳시 블랙웰은 백화점에서 발행되는 잡지를 편집한 경험이 있었기에 영업에 대한 지식도 풍부했다.

그녀는 생산업자나 소매업자의 협력을 얻어 독자층에 대한 조사를 실시했다. 그 결과 적당한 가격으로 뛰어난 패션 아이템을 구입하고자 하는 독자를 세 그룹으로 나눌 수 있다는 것을 알게 되었다. 하나는 직업여성, 또 하나는 대학생, 그리고 나머지 하나는 젊은 주부였다. 이들의 공통점은 보통 이상의 교육을 받고, 고상한 취미가 있다는 것이었다. 벳시 블랙웰은 이들을 만족시킬 자신이 있었다.

우선 그녀는 어떤 패션 잡지에서도 해본 적이 없는 참신한 시도를 실행에 옮겼다. 《마드모아젤》에 실린 드레스나 모자, 코트, 액세서리는 그 가격을 공개하고, 이들 물건을 어느 가게에서 살 수 있는가를 알려준 것이다. 실제로는 아주 간단한 일이었지만, 《마드모아젤》이 시도하기 전까지 누구도 생각지 못했던 일이었다. 벳시 블랙웰은 패션과 그 최대의 고객을 연결시키는 교량 역할을 했다. 그러나 그녀는 패션뿐만 아니라 여성의 교육, 직업, 건강, 장래, 정신 생활 등에 대해서도 깊은 관심을 보였다.

¶ 대히트를 친 여성을 위한 직업 특집

1938년 7월호에서 벳시 블랙웰은 전 지면을 몽땅 제공해서 여성의 직업에 관한 특집을 꾸몄다. 특집 기사 중 하나는 여성의 직업을 그림으로 설명한 것이다. 이것도 여성 잡지에서는 처음으로 시도하는 것이었다. 블랙웰은 이 특집을 위해서 철저한 조사를 실시했다. 여성에게 문호가 개방된 직업을 전부 도표로 표시하고 그 직업에서 성공하기 위한 비결과 급료 등을 밝혔다. 예를 들면 젊은 여성이 부인복 디자이너가 되려고 한다면 처음에는 주급이 40달러이고, 성공하면 연 수입 2만 달러가 될 가능성이 있다고 자세히 설명해 주었다. 그 일부를 인용하면 다음과 같다.

"아주 젊고, 오르막길일 때 시작하십시오. 경험을 쌓을 때까지는 책임 있는 자리를 기대해서는 안 됩니다. 실적 없는 디자이너는 한 시즌에 회사를 파산시킬지도 모릅니다. 디자이너라고 해서 옷만 만들어내는 것이 아닙니다. 섬유 업자들이 모인, 세계에서 가장 유쾌하고 신경질적인 7번가라는 곳은 활기와 약속으로 가득 차 있습니다. 디자이너는 모두 불쾌한 일이나 무신경한 일을 견뎌야 합니다. 7번가에는 이러한 격언이 전해집니다. '우수한 디자이너를 붙잡았으면, 설령 결혼하지 않으면 안 된다 해도 그 디자이너를 놓치지 말라.' 이곳은 그러한 세계입니다."

1938년 7월호의 〈직업 특집〉은 대성공이었다. 그것이 벳시 블랙웰에게 큰 자신감을 주었다. 그 후 그녀는 대학에서 독자 조사를 실시해 여대생의 80퍼센트가 결혼에만 관심 있다는 것을 알았다. 그 결과 일 년에 두 번, 〈직업 특집〉과 〈결혼 특집〉을 《마드모아젤》에서 시도했다. 벳시 블랙웰은 현재 미국의 잡지계에서 주장하는 '독자 참여'를 1930년대에 이미 시작했던 것이다.

특히 《마드모아젤》은 여대생의 의견에 귀를 기울였다. 적어도 호마다 기사 두 개나 에세이로 교육이나 대학 문제를 다루었다. 그리고 〈칼리지보드〉라는 여대생을 위한 칼럼을 상설했다.

매년 6월 《마드모아젤》은 여대생 스무 명을 뉴욕에 초대해서 8월 〈대학 특집호〉의 편집을 담당하게 했다. 여대생들은 이 기간 동안 월급을 받아서 기뻐했고, 벳시 블랙웰을 비롯한 편집자들은 젊은 여성들의 사고방식이나 유행, 취미를 알 수 있게 되었다. 후에 《마드모아젤》이 '여대생의 바이블'이라고 불린 것도 이 잡지와 여대생들의 이러한 친밀한 관계에서 하나의 유대감이 형성되었기 때문이다.

그러나 《마드모아젤》이 여대생만 소중하게 생각한 것은 아니었다. 애독했던 여대생들이 졸업한 뒤에 직장인이 되어서도 도움이 되는 잡지를 목표로 했다. 《마드모아젤》은 독자들이 결혼해서 엄마가 되어도 잡지를 계속 볼 수 있도록 젊은 엄마들의 관심사까지도 다루었다. 그녀들이 안고 있는 특수한 문제나 고민에 지면을 할애했던 것이다.

그들의 관심사는 출산, 육아, 유아의 독서, 수면이나 놀이의 문제였다. 가족관계나 직장에 다니는 어머니의 문제도 있다. 어디에서 사는 게 좋은가, 어떤 생활을 하는 것이 좋은가 하는 것도 독자가 알고 싶은 일이었다. 18세부터 30세까지의 여성을 대상으로 한 잡지라면 그것은 꼭 다루어야 할 문제였고 《마드모아젤》은 그러한 문제에 방향을 제시하지 않으면 안 되었던 것이다. 이처럼 《마드모아젤》은 단순한 패션 잡지로 끝나지 않고, 젊은 여성들이 직면한 갖은 문제에 대한 해답을 주고 있었다.

¶ 사회 변화를 재빨리 포착, 잡지에 반영

1952년 《마드모아젤》 6월호는 〈도시 교외 생활 특집〉을 다룬다. 뉴욕 시내에 살던 사람들이 생활 터전을 도시 교외로 옮기는 경향이 해마다 늘고 있기 때문에 《마드모아젤》은 재빨리 여기에 주목하고 특집으로 꾸민 것이다. 이러한 특집은 요즘도 잡지계에서 매년 시도되고 있다. 《마드모아젤》이 이를 발견한 것은 미국 사회의 변화를 재빨리 포착해 이를 잡지에 반영시켰기 때문일 것이다. 그렇지 않았다면 해마다 부수가 늘지 못했을 것이다.

《마드모아젤》의 성공은 벳시 블랙웰이라는 뛰어난 편집장의 공적이라 해도 과언이 아니다. 그와 함께한 편집 스태프에도 많은 인재가 있었다. 그중 한 사람이 건강과 미용 담당 편집자였던 바니스 펙이다. 그녀는 잡지가 창간될 때는 광고 문안을 쓰고, 아이디어를 내고, 사원의 급료를 지급하고, 전화를 받는 등 잡무를 부지런히 수행했다. 훗날 당당한 편집자로 성장해 건강과 미용에 관한 편집자로서는 제1인자로 손꼽혔다.

또 한 사람은 《마드모아젤》의 초기 상품 담당 편집자 케이 실버를 들 수 있다. 그녀는 벳시 블랙웰이 편집장이 되자 그 뒤를 이어 패션 담당 편집자가 되었다. 남자로는 아트 디렉터로서 수많은 상을 받은 블래드발리 톰슨이었다. 그는 1945년 이후 《마드모아젤》의 아트 디렉터로서 활약했다. 기고 편집자인 레오 라만의 존재도 잊을 수 없다. 그는 《마드모아젤》에서 매호 〈화제의 재료〉라는 칼럼을 썼다. 그 외에도 《마드모아젤》은 발레와 오페라, 연극, 문학 등에 관해서 유익하고 재미있는 화제를 제공했다. 잡지는 강렬한 개성의 편집자 한 명에 의해 만들어지는 경우가 많은데,《마드모아젤》이야말로 벳시 블랙웰이라는 편집자가 있기에 성공한 잡지라 할 수 있을 것이다.

¶ 젊고 재능 있는 작가를 발굴

초창기 《마드모아젤》은 소위 기성 작가나 유행 작가를 소설 페이지에서 제외시켰다. 이는 결과적으로 《마드모아젤》에 싣는 단편 소설의 질을 높이는 데 큰 도움이 되었다. 앞에서도 설명한 바와 같이 《마드모아젤》의 편집장 벳시 블랙웰은 대상 독자를 18세부터 30세까지 대학 교육을 받은 젊은 여성으로 한정시켰다. 패션에서 소설에 이르기까지 모두 이들 독자를 위해서 편집했다. 이를 위해서 편집자는 젊고 재능 있는 작가를 대담하게 기용했다. 조이스 캐롤 오츠 같은 작가도 지금은 일류 작가이지만,《마드모아젤》에 처음으로 등장했을 때만 해도 전도유망했으나 아직은 아는 사람만 아는 작가였다.

초기에 《마드모아젤》의 소설을 담당한 편집자 두 사람

의 이름을 들어보자. 대학생 중 재능 있는 신인을 발굴하려고 애썼던 마리안 아이브스(1940~44년)와 뛰어난 단편이면 무명 작가라도 환영했던 조지 데이비스(1945~48년)다. 그러나 창간한 지 얼마 안 된 《마드모아젤》이 젊고 재능 있는 작가를 찾았다는 것은 그럴 수밖에 없는 궁여지책이기도 했다. 《레이디스 홈 저널》 같은 기성의 여성 잡지와 비교했을 때 비싼 원고료를 지불할 수 없었던 편집장 블랙웰은 신진 작가를 찾을 수밖에 없었고, 여기에는 이런 계산이 젊은 독자의 환영을 받을 수 있다는 그녀 나름대로의 계산도 있었다.

¶ 신인 작가의 참신한 소설이 독자의 지지를 받아

지금은 젊은 작가가 등장할 수 있는 무대가 많다. 옛날에는 출판사들이 출판을 꺼리던 신인의 단편집도 잘 팔리는 세상이 되었다. 그러나 1930년대에는 무명의 젊은 작가에게 지면을 제공하는 잡지가 부족했다. 그 무렵 신인 작가에게 지면을 제공하는 것으로 유명했던 잡지는 《스토리》라는 문예 잡지였다. 호잇 버셋트라는 편집자가 거의 혼자서 편집하고 운영하는 잡지였다.

　《마드모아젤》은 비싼 원고료를 지불할 수 없다는 경제적인 이유에서 새로운 무명의 작가를 등장시키지 않을 수 없었다. 이것이 초대 소설 담당 편집자 마리안 아이브스의 방침이 되었다. 그렇다고 《마드모아젤》의 소설이 단순히 구색을 맞추기 위한 것은 아니었다. 그 증거로 《마드모아젤》의 소설 독자는 해마다 늘어났다. 특히 여대생 사이에서 널리 읽히기 시작했다. 더구나 《마드모아젤》에 실린 단편은 다양한 출판사의 온갖 전집에 수록되었다. 비록 무명의 작가였지만 작품의 질은 아주 높았다는 증거다. 30년대나 40년대, 혹은 50년대의 걸작 단편집의 목차를 보면 《마드모아젤》에 발표되었던 것이 많다.

신인 작가를 찾아내야 한다는 《마드모아젤》의 방침은 하나의 특색으로 성공해 오늘날까지 하나의 전통이 되었다. 《마드모아젤》의 독자는 기성의 유행 작가들의 틀에 박힌 소설보다도 뛰어난 신인 작가의 참신한 단편을 바랐던 것이다. 이는 이 잡지의 독자가 다른 여성 잡지의 독자보다 수준이 높았다고 말할 수 있을 것이다. 만약 《마드모아젤》이 다른 여성 잡지와 마찬가지로 유명 작가의 작품만 실었다면, 다른 여성 잡지와 하나도 다를 것이 없는 잡지가 되었을 것이고, 이것은 잡지의 편집 방침에도 어긋나는 결과가 되었을 것이다.

¶ 젊은 여성을 이해하기 위한 지침서

《마드모아젤》은 부수가 늘고 광고 수입도 많아져 경제적으로 안정되자 일류 작가의 작품도 게재하게 되었다. 다만 대중작가는 지양했다. 윌리엄 포크너, 테네시 윌리엄스, 진 스타포드, W.H. 오든, 콜레트, 알베르토 모라비아, 마르셀 에메 등등 그야말로 쟁쟁한 얼굴들이었다. 한편으로는 새로운 작가를 발굴해야 한다는 방침도 지켜나갔다. 트루먼 커포티의 발견은 소설 편집자였던 마르가리타 G.스미스의 공로다. 그녀는 《마드모아젤》에서 소설 담당 어시스턴트로 3년 근무한 뒤에 소설 담당 편집자가 되었다. 그녀는 마이애미 대학 출신의 작가이기도 했다. 그녀의 처녀작은 1943년의 『오 헨리 단편집』에 수록되어 있다.

《마드모아젤》이 잊어서는 안 되는 또 한 명의 편집자는 매니징 에디터라는 실질적인 편집장 시릴리 에벨즈이다. 그녀는 1944년부터 60년까지 《마드모아젤》의 매니징 에디터였다. 대학에 다닐 때부터 잡지 편집에 종사했고, 뉴욕으로 나온 후에는 어느 출판사에 근무한 후, 패션 잡지인 《하퍼스 바자》의 편집자로 일한 경력이 있다.

《마드모아젤》에 있어서 시릴리 에벨즈의 존재는 블랙웰 못지않게 소중했다. 2차 대전 후 미국은 전쟁 전과는 비교도 안 될 만큼 빠르게 변모해 나갔는데, 시릴리 에벨즈는 이러한 사회 변화에 신속히 대처해 나가면서 젊은 독자의 기대에 호응했다. 문학이나 과학, 교육, 사회학 경제 등 그녀는 거의 모든 분야에서 일어나는 새로운 경향을 《마드모아젤》에 반영시켰던 것이다. 그녀의 풍부한 취미와 끝없는 호기심은 《마드모아젤》의 발전에 원동력이 되었다. 그녀는 또 여성 잡지의 편집자로서 아주 대담했다. 작고한 시인 딜런 토머스의 시극 「밀크우드 아래서」를 게재한 것은 문학계의 특종 기사였다. 이것은 당시 '출판 사상 획기적인 사건'이라고 일컬어졌다. 시릴리 에벨즈의 공적은 그뿐만이 아니다. 시인인 T. S. 엘리엇이 미국을 방문했을 때 그는 다른 신문, 잡지의 인터뷰는 거절했지만 《마드모아젤》의 인터뷰에는 응했는데 이것도 그녀의 공로 중 하나이다. 어떻게 된 일인지 《마드모아젤》에는 의외로 남성 독자가 많다. 역시 《마드모아젤》의 소설이 매력 있기 때문일 것이다. 뉴욕의 하버드 클럽에도 《마드모아젤》이 비치되어 있다고 한다. 《마드모아젤》이 젊은 여성의 취미나 호기심을 알기 위한 지침서가 되기 때문이다.

¶ 취재용 비행기 구입을 요구

벳시 블랙웰의 편집으로 《마드모아젤》이 성공한 것은 그녀가 잡지 편집을 위해 아낌없이 돈을 썼기 때문이라는 말도 있다. 판매 촉진을 위해 그녀는 전국 곳곳으로 직원들을 파견시켰는데 그 경비는 실로 막대한 액수였다. 그래서 잡지를 발행하는 스트리트 앤 스미스의 경리 부장 토마스 H. 카이저는 벳시 블랙웰이 필요한 경비를 청구할 때마다 벌벌 떨었다고 한다. 그러나 그녀는 아무런 성과가 없는 헛돈은 전혀 쓰지 않았다. 그래서 카이저도 그녀의 요구에는 대개 군말하지 않고 지불했다. 벳시 블랙웰의 청구를 일단 거절한 일이 단 한 번 있었는데, 그때 그녀는 25만 달러의 지불을 카이저에게 청구했던 것이다.

처음에 카이저는 25만 달러의 청구서에 사인해 지출할 생각이었다. 그런데 그 돈의 용도를 알고 깜짝 놀랐다. 벳시 블랙웰은 그 돈으로 취재용 비행기를 살 작정이었던 것이다. 결국은 그녀의 요구대로 비행기를 사 〈마드모아젤 핑크호〉가 탄생했지만 카이저는 25만 달러의 청구에 대해서 과장인 크라마에게 상의했다. "틀림없이 벳시는 비행기가 꼭 필요하니까 사려는 것이겠죠, 그렇지 않다면 청구할 리가 없어요. 그러니까 부장님도 결재하는 것이 좋을 겁니다"라고 그녀 편이 되어서 대답했다. 이 말을 듣고 카이저는 일단 거절했던 청구서에 사인을 했다.

벳시 블랙웰은 《마드모아젤》의 편집을 맡았을 때 다음과 같이 이야기했다. 《마드모아젤》이 젊고 지적인 여성의 사랑을 받은 것도 벳시 블랙웰의 이 말이 충실하게 실천되었기 때문일 것이다.

"우리들은 지적인 젊은 여성을 위해서 모든 면에 걸친 안내자가 됩시다. 그녀들의 철학자가 되고 그녀들의 친구가 됩시다. 우리들은 스마트한 젊은 여성들에게 고상한 취미를 제공하도록 노력합시다. 복장에서도 화장품에서도, 실내장식에 있어서도 고상한 취미를 제공합시다. 여하튼 생활의 모든 분야에 있어서 고상한 취미를 그녀들에게 전달하는 것이 우리가 할 일입니다."

벳시 블랙웰 Betsy Blackwell

고등학교를 중퇴한 그는 출판사
사환으로부터 시작, 『대부』 등
수많은 베스트셀러를 편집한
명편집자가 되었다.

윌리엄 타그　**William Targ**

**퍼트넘의
편집국장**

. . . .

¶ 편집자가 글 쓸 시간이 어디 있어!

"누가 대필해 줄 사람이라도 있나?" 내가 이 책을 집필하겠다고 통고하자 퍼트넘의 사장 월터 민튼 William Minton이 말했다. 그는 교향악을 작곡하겠다고 선언한 곤충을 관찰하는 곤충학자 같은 눈으로 나를 뚫어지게 쳐다봤다. 그때 나는 당장 대답했어야 했다. 해리엇 비처 스토 Harriet Beecher Stowe가 당신이 진짜로 『톰 아저씨의 오두막 Uncle Tom's Cabin』을 쓴 여자냐는 질문을 받았을 때 대답했던 것처럼 말이다. 그때 그녀는 이렇게 말했다. '나는 펜만 잡고 있었고, 하느님이 쓰셨다'고. 편집자가 책을 집필한다고 하면 일단은 의심의 대상이 된다. 매주 일요일도 없이 일에 쫓겨 사는 편집자가, 편집자 일을 계속하면서 어떻게 감히 책을 쓸 수 있단 말인가? 어떻게 편집자 겸 필자가 될 수 있는가? 글을 쓸 시간이 어디 있는가?

이상은 윌리엄 타그가 그의 편집자 생활을 회상한 저서 『발칙한 갖가지 기쁨들Indecent Pleasures』(1975)에 나오는 글이다. 모든 편집자가 다 그렇지만, 그는 유난히도 바쁜 편집자였던 모양이다. 이러한 바쁜 생활에도 그는 일주일에 하루는 집필에 충당한다는 계획을 세워 10개월이 걸려서 이 책을 탈고했다고 한다. 타그는 이 책의 서두에서, 이처럼 바쁜 퍼트넘의 편집국장 하루를 일기식으로 적고 있다. 그 맹렬한 하루를 대충 소개하면 다음과 같다.

¶ 8시 반에 출근해 일을 시작하다

오전 8시 반에는 회사에 도착해서 일을 시작한다. 9시까지 아침에 배달된 우편물을 처리해야 한다. 답장이 필요한 것은 비서가 답장을 쓸 수 있도록 메모를 적어둔다. 사적인 편지 몇 통은 내가 직접 타이프라이터를 친다. 편지 정리가 끝나면 저자 대리인이 출판해 달라고 보내온 두 가지 원고의 개요를 읽는다. 둘 다 별로 흥미가 없다. 하나는 암에 관한 이야기, 또 하나는 보험의 스캔들을 다룬 것이다.

윌리엄 타그, 『발칙한 갖가지 기쁨들』, 맥밀란, 1975.

영화 시사회 초대장도 와 있다. 간단한 줄거리를 적고 계약을 요청한 저자의 편지도 두 통 와 있다. 모두 신인이다. 그 두 통의 편지에 간단한 답장을 적고, 뒤처리는 비서에게 맡긴다. 내주의 일요판 부록인 《뉴욕 타임스 북 리뷰》가 책 상에 놓여 있다. 퍼트넘의 신간 서평을 찾아보니 하나가 실 려 있다. 길이는 1단 반으로 짧다. 책의 판매와는 관계 없는 서평인 것 같다. 평론가가 책의 테마에 관해서 자기가 아는 것만 적고 있기 때문이다.

사무실에서 만나기로 약속한 신진 작가를 만났을 때 할 이야기를 미리 메모해 둔다. 원고는 이미 읽어보았고, 계약 도 끝냈다. 인세 선불금은 4,000달러, 작가에게 약간 수정을 요구할 필요가 있다. ─그녀는 소심한 성격이어서, 원고 고 쳐쓰는 걸 싫어했다─ 전화를 받았을 때 그런 인상을 받았 다. 소설 첫머리 8페이지에 9명의 인물이 등장한다. 모두 이 름뿐이고, 얼굴이 없다. 읽기가 거북하다. 그 등장 인물의 얼 굴을 독자가 알 수 있도록 고쳐 쓰라고 해야겠다. 제3장은 지 루하기 때문에 삭제하기로 한다. 너무나 자상한 이야기이고, 대사도 재미가 없다. 소설에 등장하는 레즈비언 여자의 인상 도 너무 희미하다. 여주인공에게 애정을 품었단 것밖에 알 수가 없다. 그러니 그녀가 어떤 여자인지 뚜렷한 묘사가 있 어야 한다. 이러한 메모를 끝내고 나니 9시 45분이다. 그 저 자가 찾아왔다. 뜻밖에도 젊은 미인이다. 놀라울 만큼 솔직하여, 원고 수정을 흔쾌히 승낙한다. 4일 이내에 원고를 가져오기로 약속, 이 약속을 지켜준다면 점심을 사기로 약속한다.

제작부에서 책 날개에 넣을 원고(저자의 약력과 책 내용 요약본)에 대한 재촉이 성화같다. 편집하는 데 6개월이 걸린 영장류에 관한 책이 수일 내에 인쇄에 들어간다. 이 책에 대한 여러 자료를 꺼내어, 메모를 만들고, 선전용 문안과 저자 약력 등을 구술한다. 이러한 일은 싫어하지만, 이것 또한 편집 당당자의 책임이다. 모든 것은 30분 내에 끝낸다. 책과 저자에게 각별한 애정이 있기에 책이 잘 팔렸으면 좋겠다고 생각한다.

¶ 저자의 빗발 같은 항의 전화

11시, 두 개의 원고가 배달된다. 대리인이 메신저를 시켜서 보낸 것이다. 두 가지 다 가망이 있을 것 같은데, 그중 하나는 집으로 가져가 읽기로 한다. 괜찮게 쓴 서부 소설인데, 서부활극 같은 소설은 아니다. 포크너식 서부 소설이면 좋겠는데.

12시, 한 문예물 대리인과 함께 점심을 든다. '마음은 말도둑 같지만, 실수가 없는 일류 에이전트'이다. 재능 많은 남부 출신 여류 작가의 작품을 놓고, 그와 일주일 동안이나 교섭을 계속해왔다. 인세 선불금을 약간 내려달라는 나의 하소연도 짙은 감색 플란넬 양복을 입은 이 해적에게는 통하지 않는다. 마침내 그가 약간 양보해서, 교섭이 성립된다. 축하를 하기 위해서 포도주를 주문한다. "그러나 누구의 승리란 말이냐?" 헤어질 때 그는 유명한 법학자의 회고록의 개요를 적은 원고를 건네준다. 읽어보고 2, 3일 중에 답장을 하기로 약속한다. 이 대리인과의 약속은 꼭 지키기로 하고 있다. 열 블록쯤 산책 삼아 걸어갔다가 사무실로 돌아온다. 몇 가지 전화 전갈이 기다리고 있다. 그중 하나는 아내로부터 온 것, 아내에게 전화를 하고서야, 오늘밤 브라질 출판사의 사장을 초대, 저녁을 함께하기로 약속한 것이 생각난다.

저자로부터 문의 전화가 온다. 왜 자신의 책을 8가 서점에서는 팔지 않느냐는 항의에 가까운 전화다. 또 한 사람의 저자는 만약 자기가 임대료를 지불한다면 스크리브너스 서점의 진열대에 그의 신간을 진열할 수 있도록 퍼트넘에서 교섭해 줄 수 있는가, 하고 묻는다. 다음에 걸려온 저자의 전화는 지저분한 이야기이다. 일 년 전 출판했을 때 보내온 매상보고서보다 이번에 보내온 보고서가 매상이 20퍼센트나 줄었는데 어떻게 된 것이냐 하는 항의 전화이다. 처음 보낸 매상보고서는 실제 매상이 아니라, 배본 부수였다는 것을 저자에게 지적한다. 반품 제도가 있어서 서점이나 특약점에서 대량 반품이 있었기 때문이라고 설명해 준다. 저자는 분개하여,

매상 부수가 엉터리라고 말하고, 변호사와 계리사에 의뢰해서 조사하겠다고 호통 친다. 저자에게 그러지 말라고 타이른다. 경비도 많이 들뿐더러 조사해 봐야 결과는 마찬가지니까. 우리가 보고한 매상 부수는 정확하다. 전화를 끊자, 이번에는 검열 제도에 관한 토론회에 참석할 것인가 하는 문의 전화가 오고 못가겠다고 거절한다.

어느 저자로부터 그의 신간의 광고가 언제 나오느냐는 문의 전화가 온다. 2주 전에 광고했다고 알려준다. "알고 있다. 그러나 그것은 너무나 작은 광고였다. 내가 말하는 것은 큼직한 광고다." 저자에게 양해를 구한다. 앞으로 10일 이내에 추가 주문이 있으면 그 때 가서 크게 광고를 하겠다고. 저자는 못마땅한 듯 잔소리를 늘어놓고 전화를 끊는다.

¶ 잠들기 전 오늘을 반성하고 내일을 계획

우리 회사의 편집자 중 한 사람이 긴급하게 제안한 기획 회의에 참석한다. 워싱턴의 요인이 쓴 원고의 내용 설명서를 놓고 토의한다. 대리인은 최저 5만 달러의 인세 선불금을 요구한다. 회답은 10일 이내에 해야 한다. 다른 출판사와 경쟁이 붙어 있어 입찰제이다. 한 시간 토의한 끝에 입찰에 참가하지 않기로 결정한다.

윌리엄 타그 William Targ

4시 30분, 오늘 한 일을 정리하고, 비서가 쓴 편지에 사인을 한다. 저작권 부장과 잡담을 나눈다. 뭔가 좋은 소식은 없느냐고 의견을 나눈다. 퍼트넘에서 출판한 신인 작가의 첫 번째 저서의 문고판 권리를 입찰에 붙인 결과 7,000달러가 된다. 대단한 액수는 아니지만, 이 7,000달러를 받아들이기로 한다. 지금은 문고판 권리를 파는 것이 어려운 때다. 이 이야기를 대리인에게 이야기하면 저자는 대리인으로부터 이 소식을 듣게 될 것이다. 거래가 정식으로 끝난 뒤, 저자를 점심에 초대해서 직접 전하기로 한다. 결국 이 문고판 권리는 1만 5,000달러의 인세 선불금으로 낙착되었다.

5시 반 퇴근, 택시를 타고 집으로 돌아간다. 7시, 브라질에서 온 출판인을 만나 가볍게 한 잔, 레스토랑에 전화해서 8시 테이블을 예약한다. 11시 경, 브라질의 출판인과 헤어진다. 그 후 원고를 50쪽 정도 읽는다. 첫머리가 좋아서 읽었더니 속았다. 졸작이다. 대리인에게 내일 아침, 결과를 알려주기로 한다.

취침, 잠들기 전에 오늘 하루를 반성하고 내일 아침의 편집 회의를 생각한다. 몇 가지 기획에 관한 검토를 하는 사이에 어느덧 잠들고 말았다.

¶ 고등학교를 1년 반 다니고 중퇴

이상의 글을 보아도 그가 편집자로서 얼마나 바쁜 나날을 보냈는지를 짐작할 수 있다. 그러나 그는 대학에 다니지 않았다. 고등학교도 1년 반만 다니고 중퇴했지만 어릴 때부터 닥치는 대로 책을 읽은 무서운 책벌레였다. 책을 통해서 자신에게 필요한 모든 지식을 흡수하는 동안 책에 반해버렸고, 그 책을 만드는 편집자가 된 것이다. 그의 회고록에 나타난 경력을 대략 간추리면 다음과 같다.

타그는 1907년 3월 4일, 시카고에서 태어났다. 당시 시카고는 카포네, 토리오 같은 갱들이 활보하던 범죄 도시였다. 이런 도시에서 어린 시절을 보낸 그의 생활은 결코 넉넉하거나 행복하지 않았다.

> "나는 고등학교를 약 1년 반 정도 다니다가 그만두었다. 결코 반항적인 학생은 아니었고, 다만 건방진 학생이었다. 학교를 그만두는 것도 단독으로 결정했다. 소위 학교의 규율이라는 것이 내 성미에 맞지 않았고, 그 학교를 오래 다닐 수 있을 것 같지 않았기 때문이었다."

그가 고등학교에 다닐 때 가장 흥미를 느낀 과목은 인쇄와 영어였다. 인쇄 시간에는 간단한 조판법과 인쇄법을 배웠는데, 그는 활자 하나하나가 하얀 종이에 찍히는 것을 신기한 눈으로 바라보았다. 그리고 문학 소년이었던 그는 직접 지은 연애시를 인쇄해서 여자친구에게 보내기도 했다. 그를 특히 귀여워하던 인쇄 선생의 집으로 놀러 가면 선생님은 어린 타그에게 '인쇄 철학'을 이야기해 주었다. 그는 자신이 출판계에 발을 들여놓게 된 데는 이 선생의 영향이 컸다고 회고하고 있다.

"나는 고등학교를 중퇴한 것을 한번도 후회한 일이 없다. 학교 생활의 엄격한 규율은 오히려 나의 왕성한 독서열을 방해했다. 나는 선생의 가르침에서는 방향을 잡을 수 없었고, 내가 뜻하는 공부나 독서를 할 수 없었다. 교육을 받지 못한 데 대해서 나는 곧잘 거짓말을 하게 되었다. 후에 나에게 어디서 공부했느냐고 물으면 나는 으레 '시카고'라고 대답한다. 그러면 상대는 대개 시카고 대학을 다닌 모양이라고 생각한다."

사실 고등학교를 중퇴한 그에게는 시카고라는 도시 전체가 학교나 마찬가지였다. 시카고의 작가와 예술가 그리고 기자들, 시카고의 도서관과 미술관, 박물관이 바로 그의 학교였다. 그리고 그는 시를 쓰는 문학 청년이었다. 그가 투고한 작품이 문학 잡지에 실리기도 했다. 그때 시카고에서 서점 겸 출판사를 하고 있던 파스칼 코비치를 찾아가 자기 시집을 출판해 달라고 조르기도 했다. 물론 거절당하고 말았지만. 이러한 그의 젊은 시절을 회고하는 글 서두에서 그는 로버트 던컨Robert Duncan의 시를 인용하고 있다.

"나는 졸업이란 걸 해본 적이 없네.
나는 어떠한 학위도 가지고 있지 않네.
그것이 내가 이렇게 유식한 이유지!"

¶ 출판사 사환으로 취직

18세 때 비로소 출판계에 발을 들여놓게 되는데, 그가 취직한 곳은 맥밀란McMillan의 시카고 지사였다. 처음 그가 맡은 일은 사환이나 다름없었다. 점심 시간에는 엘리베이터 운전도 해야 했다. 그러나 그에게는 천국이요, 낙원이었다. 자기가 보고 싶은 수많은 책이 주위에 가득 쌓여 있었기 때문이다. 그는 여기서 닥치는 대로 책을 읽어 지식을 넓혀 나갔다. 그리고 퇴근할 때는 아직 검토 중인 원고들을 슬쩍 훔쳐서 집으로 가 그 나름대로 검토하기도 했다. 마치 편집자가 된 기분이었다. 말하자면 편집자로서의 수련을 착실히 쌓아간 셈이었다.

"출판은 가장 훌륭한 교육이라는 것을 알았다. 맥밀란에서 일하는 동안 나는 광범위한 독서를 할 수 있는 귀중한 기회를 얻었고, 출판업이 어떤 것인가를 터득했다. 나는 동료 직원과 어떻게 사귀어야 하느냐, 어떻게 주먹을 써야 하는가도 배웠다. 또한 포장하는 법, 포장 상자를 뜯는 법, 출고증, 편지, 송장을 쓰는 법도 배웠다. 지방 서점이나 교사, 도서관하고 거래하는 법도 배웠다."

이와 같이 맥밀란에서 4년간의 수업을 쌓은 뒤, 그는 독립해서 책방을 하나 차리기로 결심한다. 그동안 그는 급료를 받는 대로 책을 사 모아 약 1,800질의 책을 갖고 있었다. 이 책에다가 스크리브너스 등 여러 출판사에서 쿠폰으로 주문한 책을 합쳐서 서점을 시작한 것이다. 한편 맥밀란에서 약간 흠이 있는 파본을 60퍼센트 할인해서 구입하여 손님들에게 팔기도 했다. 서점은 비교적 순조롭게 운영되어 나갔다.

그는 서점을 20년간 경영하는 동안 인생의 쓴맛 단맛을 모두 겪게 되었다. 그중에서 가장 어려웠던 일은 자금 부족이었다. 지불에 대한 압력에 시달린 적이 한두 번이 아니었다. 특히 1930년의 '대공황'은 그에게 치명적인 상처를 주었다. 얼마 되지 않은 돈을 예금해 두었던 은행이 하루아침에 문을 닫고 지불을 중지하고 말았다. 파산이나 다름없었다.

그러나 그는 용기를 잃지 않고 만용을 부려 블랙 아처 프레스The Black Archer Press라는 출판사를 시작했다. 그리고 주로 한정판과 희귀본을 출판했다. 그는 손수 장정을 하면서, 자기가 출판인으로서 명성과 행운을 얻는 날을 꿈꾸었다. 그러나 일 년도 못 가서 실패하고 말았다.

¶ 월드 출판사의 편집자가 되어

1942년 타그는 월드World 출판사 사장 벤 제빈Ben D. Zevin의 제의를 받아들여 그 회사의 편집자가 되었다. 월드 출판사는 1905년에 알프레드 카헨Alfred Cahen이라는 제본업자가 클리블랜드에서 시작한 출판사다. 그는 제본업으로 성공 기반을 닦자, 출판에까지 손을 대기 시작했다. 출판에서는 모험을 피해 바이블과 사전류, 그리고 값싼 소설책을 주로 출판, 착실하게 성장해 나갔다. 1945년에 이 출판사의 사장이 된 제빈은 카헨의 사위로, 이 회사에서 광고부장, 판매부장 등 업무 분야에서 활약했던 사람이다. 그래서 이 출판사는 비교적 긴 역사를 갖고 있었지만 1940년까지는 이렇다 할 신간을 출판하지 못하고 있었다.

타그가 월드 출판사에 취직할 무렵 그는 막대한 빚을 지고 있었다. 그중에는 친척들로부터 빌린 빚도 있었다. 그는 이 빚을 갚는 데 2년이나 걸렸다. 이때 그는 몹시 혼이 났던 모양으로 다시는 빚을 지지 않기로 굳게 맹세했다고 한다.

월드 출판사에서 타그가 맨 처음 편집한 책은 『타워 북스Tower Books』라는 일종의 문고판 시리즈였다. 천 재질의 양장에 겉표지를 씌운 이 문고판은 정가가 불과 49센트—후에 59센트로 인상했지만—로 저렴해서, 학생층에게 그야말로 날개 돋친 듯이 팔려 나갔다. 타그는 매월 15가지씩 이 시리즈를 출판하기 위해, 자주 뉴욕으로 출장을 가 저자들을 만나 판권을 얻는 협상을 벌여야 했다.

타그는 또한 추리 소설에도 많은 흥미를 가지고 있었다. 그가 특히 주목하고 있었던 작가는 집시 로즈 리Gypsy Rose Lee였다. 그는 이 여류 작가야말로 '범죄 소설의 여왕'이라고 생각했다. 그녀의 소설 『G 선상의 살인사건 The G-String Murders』는 그의 편집으로 월드 출판사에서 출판되어 수십만 부가 팔리는 베스트셀러가 되었다.

¶ 어린이 도서에 대한 관심

타그는 어린이가 읽는 좋은 책을 개발해 출판할 필요가 있다고 생각했다. 그래서 그는 자진해서 월드 출판사의 어린이 도서 편집자를 겸임했다. 이때 경험을 통해 그는 어린이들이 읽고 싶어 하는 책이 무엇이며, 도서관에서 어린이용으로 좋아하는 책과 좋아하지 않는 책이 무엇인가를 터득하게 되었다. 한편 그는 아동 문학 부문의 희귀본과 초판본을 수집하기 시작했다. 아동 도서의 경향을 연구하기 위해서였다. 이러한 연구 끝에 그가 저술한 책이 『육아실의 애서가*Biblio-phile in the Nursery*』(1957)이다. 이 책은 어린이 도서 출판에 관심이 있는 사람에게 큰 도움이 되는, 이 분야의 유일한 서적으로 손꼽힌다. 이 책의 서문에서 그는 이렇게 말하고 있다.

"나는 서점에서 어린이들의 모습을 자주 찾아볼 수 없는 것을 안타깝게 생각한다. 어머니들은 왜 서점에 갈 때 어린이들을 데리고 가지 않을까? 어린이들이 자주 서점에 찾아가 서가에 꽂힌 책을 고르도록 함으로써, 어린이들이 서점에서 환영받고 있으며 자유롭다는 것을 느끼게 해야 한다. 서점의 분위기 속에서만이 어린이들은 독서에 대한 날카로운 감각을 기르고, 독서인으로서의 풍부한 지식과 독특한 용어를 습득할 수 있다. 그 초롱초롱한 눈으로 끝없이 감질나게 하는 책의 제목들을 두리번거리게 하고, 책을 직접 만져보고 스스로 선택해서 살 수 있는 기회를 준다는 것, 이것은 어린이 교육의 가장 중요한 요소이다. 어린이들을 박물관이나 극장에는 데리고 가면서 왜 서점에는 데리고 가지 않는가? 가정에서 어린이에게 큰 소리로 책을 읽어주는 것은 어린이를 책과 가깝게 만드는 가장 중요한 방법의 하나이다. 어린이에게 자기 책을, 자기 자신의 책을, 그것도 많은 책을 갖도록 해야 한다. 소유의 욕망을 불러일으켜 주어야 한다. 그리고 그 첫걸음은 어린이만

윌리엄 타그 William Targ

의 책꽂이나 책장을 만들어주는 것이다. 매년 기념할 만한 날에는 어린이에게 책을 선물하는 것이 좋다. 어린이는 타고난 수집가이다. 그들은 우표와 나비 등을 수집한다. 이러한 수집열을 책 수집으로 유도해야 한다. 책에 대한 소유욕은 평생의 독서로 발전할 것이다."

이것은 어린이의 독서 문제에 대한 그의 소박한 철학을 말한 것이라 할 수 있다. 전 국민적인 독서 습관의 함양이 시급한 문제로 대두되는 우리의 입장을 생각할 때, 이 글은 우리가 한번 깊은 관심을 가지고 음미해 볼 충분한 가치가 있다고 생각된다. 그는 또 어린이도서의 편집과 출판에 대해서도 이렇게 말하고 있다.

"오늘날 출판사에 있어서 어린이 도서의 편집 업무에는 여성이 압도적으로 많이 종사하고 있다. 그러나 나는 이 부분에 보다 많은 남성 편집자가 필요하다고 강력히 주장하고 싶다. 이것은 여성을 몰아내기 위해서가 아니다. 일반적으로 여성 편집자는 '어린이용' 원고를 다루는 데 있어 지나치게 감상적이고 쉽게 공감한다. 그러나 어린이 도서 중에는 남성 편집자만이 목적 의식과 특수한 시장 감각을 가지고 평가할 수 있는 책들이 있다. 내가 어린이 도서 편집자로 일할 때, 나는 여성이 아니고 남성인 나보다 보다 적합하고 매력적인 그러한 종류의 책을 편집·출판하였다. 물론 이것은 논란의 여지가 있으나 나는 어떤 저자가 머리에 떠올랐을 때, 혹시 나는 여성 편집자들처럼 너무 안이하게 그 저자에게 공감하고 있지 않은가 반성했던 것이다."

¶ 퍼트넘의 편집국장시절

타그는 월드 출판사에서 21년간 편집자로 활약했다. 그러나 경영진의 내부 세력 다툼으로 회사가 타임스 미러Times-Mirror에 넘어가게 되자 회사를 떠나고 말았다. 회장으로 물러앉은 제빈에게 사표를 제출하자 그는 사의를 번복할 것을 권유했으나, 새로운 경영진하고 일하는 것이 마음에 내키지 않아, 끝내 자리를 물러나고 말았다. 이 소식을 들은 퍼트넘의 월터 민튼Walter Minton이 같이 일하자고 손을 뻗쳐 왔다. 직책은 시니어 에디터, 급료는 희망하는 대로 주겠다는 것이었다. 1964년 봄의 일이었다.

퍼트넘으로 옮긴 타그는 먼저 월드 출판사에서 일할 때 관련이 있었던 저자들에게 전화했다. 약 30명의 저자들이 그를 따라 퍼트넘으로 옮기겠다고 말했다. 그는 두 달 동안 약 25명의 저자와 계약서에 서명했다. 그중에는 아트 버크월드Art Buchward, 시몬 드 보부아르Simone de Beauvoir, 해리 골든Harry Golden, 애슐리 몬태규Ashley Montagu, 린위탕Lin

Yutang 등 쟁쟁한 저자들이었다. 이렇게 새로운 저자들을 끌어들이자 퍼트넘에서 그의 지위는 확고해졌고, 편집자로서는 가장 많은 액수의 급료를 받게 되었다. 1974년 그의 연봉은 약 7만 6,000달러였다. 월터 민튼 사장은 1955년에 아버지인 멜빌 민튼Melville Minton이 70세로 세상을 떠나자, 그 뒤를 이어 사장이 된 유능한 출판인으로 타그와 호흡이 잘 맞았다. 그에 대해서 타그는 이렇게 말한다,

"퍼트넘은 민튼 사장의 통솔 하에 번창해 나갔다. 그는 가끔 나에게 자기와 함께 일하는 데 불편이 없냐고 물었고 그에 대한 나의 대답은 간단했다. 그는 완강하고 훌륭한 출판인이고, 날카롭고 유능한 사업가이다. 우리는 가끔 의견이 달라, 내가 출판한 책에 대해서 그가 의아심이나 불쾌감을 나타낸 적이 있었다. 그러나 11년 동안 내가 출판하고자 하는 책에 대해서 한 번도 반대를 한 적은 없었다."

타그가 퍼트넘의 편집자로서 명성을 떨친 것은 우리나라에서도 번역되어 베스트셀러가 되었고, 영화화되어 더욱 유명해진 『대부Godfather』를 편집·출판했기 때문일 것이다.

『대부』의 작가 마리오 푸조는 원래 아디니엄Atheneum의 저자였다. 규모는 작지만 문예 출판으로 정평이 난 아디니엄이 출판한 푸조의 저서는 별로 인기가 없어 팔리지가 않았

다. 그래서 아디니엄은 푸조의 작가로서의 가능성에 실망을 하고, 그의 저서를 더는 출판하지 않겠다고 거절했다. 한편 당시 푸조는 생활이 어려워, 서평이나 수필을 쓰면서 근근이 돈을 벌고 있었다. 그러던 어느 날 친구의 소개로 퍼트넘을 찾아가 타그를 만났다. 그 자리서 그는 타그에게 자기가 어릴 때부터 보고 들어온 마피아 이야기를 한 시간 정도 잡담 삼아 늘어놓았다.

이 이야기를 끈질기게 듣던 타그는 무릎을 탁 치고 그 이야기를 소설로 써보지 않겠느냐고 말하면서 5,000달러의 인세 선불금을 푸조에게 지급해 주었다. 푸조가 쓴 그 소설이 바로 『대부』였다. 무명 작가가 쓴 소설이 베스트셀러가 되면, 당연히 그 그늘에서 이를 연출하는 편집자도 각광받게 된다. 푸조의 『대부』가 대성공을 거두어 베스트셀러가 되자 타그의 편집자로서의 명성이 높아진 것은 말할 것도 없다.

¶ 편집자가 하는 일들

그의 회고록 『발칙한 갖가지 기쁨들』에 의하면 타그는 퍼트넘에서 1974년 1년 동안에만 30점이 넘는 책을 편집, 출판했다. 이 책들은 출판의 교섭도 계약도 편집도 모두 그의 손을 거쳐서 이루어졌다. 저자의 대리인이 들고 와서 검토한 끝에 출판한 책이 있는가 하면 저자와 직접 교섭해서 출판한 책도 있고, 유럽의 출판사와 계약해서 출판한 책도 있다. 편집자가 하는 일을 보면 미국이나 우리나라나 큰 차이는 없는 것 같지만, 미국의 경우는 하나의 신간을 출판하는 데 있어서 편집자가 보다 많은 권한과 책임을 가지고 있다.

책 한 권을 출판하는 데 대개 다음과 같은 과정을 거친다. 먼저 편집자가 원고를 읽은 다음 출판 여부를 결정한다. 편집자는 저자와 공동으로 작업하며 문장상의 변경 등에 관한 협의를 한다. 원고가 완성되면 카피 에디터(원고 정리 담당 편집자)에게 넘겨 오자나 문법, 모순된 점, 반복되는 점 등을 수정 및 정리한다. 편집자는 최저 예상 부수에 대한 제작비와 정가를 계산하지 않으면 안 된다. 저작권부에서는 여러 가지 권리, 소위 부차적인 권리—영화화하는 권리, 문고판을 만드는 권리 등—에서 얻을 수 있는 수입의 견적을 낸다. 그리고 원고는 제작부에 넘겨진다. 제작과 출간 예정일이 결정된다. 그 기간이 대략 6개월 내지 8개월이 걸린다. 편집자는 이 3단계의 작업을 항상 관여하고 지휘한다. 책은 어디까지나 그의 '자식'인 것이다. 제본 방식의 결정, 재킷(Jacket: 책 표지 위에 덮어 씌우는 종이, 우리나라에서는 흔히 커버라고 부르지만 이는 잘못된 것이다. 커버Cover는 표지를 일컫는 말이고, 커버 위에 덮어씌우는 것이 재킷이다)의 제작, 재킷에 넣을 선전 문구, 저자의 사진이나 약력도 또한 편집자가 만들어야 할 일이다.

편집자는 또 편집 기획서를 작성해야 한다. 이것은 홍보부, 판매부, 저작권부에 있는 사람들이 이용할 수 있는 책의 내용 설명이다. 편집자는 또 사내의 판매 회의에서 자기가 편집한 책의 판매 전망에 대해서 설명해야 한다.

당연한 일이지만 편집자는 항상 저자 편에 서서 저자를 지지하지 않으면 안 된다. 저자나 그 대리인에게 매상이나 선전, 그리고 저작권으로 받는 수입을 알려줘야 한다. 신문에 그 저서의 혹평이 났을 경우에는 알려줄 필요는 없다. 편집자는 저자의 둘도 없는 상담자가 되어야 한다. 편집자는 거물급 작가나 저명 인사로부터 추천사를 받도록 노력해야 한다. 예를 들어 노벨상 수상 작가로부터 이 소설은 톨스토이의 『전쟁과 평화』에 못지않은 걸작이라는 추천사를 받을 수 있다면 그 소설은 큰 도움을 받게 된다. 또 큰 서점에는 서평용 견본을 보내는 것도 효과가 있다.

편집자는 몇 권의 신간 출판을 진행하면서 한편으로는 새로운 원고를 읽는다. 그리고 새로운 소재를 찾고 있다. 타그는 1974년에 250가지 원고를 읽고 검토했다. 동시에 저자나 대리인이 들고 온 250가지 기획을 검토했다. 그중에서 타그는 18가지에 대해서 출판을 결심하고 계약했다. 그 18가지가 책이 되어 나오는 것은 운이 좋으면 1975년이나 76년이 될 것이라고 말한다. 편집자는 대개 퇴근한 뒤 '자기 시간'에도 원고를 읽는다. 사무실에서 읽는 것이 아니라 집에서 밤에, 주말에, 또는 쉬는 날에 읽는다. 이것은 너무나도 시대에 뒤떨어진 혹사당하는 직업이 아니냐고 생각할지 모르지만, 편집은 실제로 이러한 직업이니 어쩔 수가 없다. 거의 한시도 쉴 틈이 없는 24시간의 근무, 이것이 지겹다면 편집자라는 직업을 포기할 수밖에 없다고 타그는 말한다. 원고나 교정쇄를 읽어야 하는 길고도 괴로운 지긋지긋한 시간이 편집자의 숙명이다. 원고를 읽지 않고는 일이 되지 않는다. 다른 사람에게 대신 읽어달라고 할 수는 없다. 출판 여부를 결정하는 판단은 편집자 자신이 직접 원고를 읽음으로써 비로소 가능하기 때문이다.

¶ 알코올 중독과 치질을 조심하라

이렇듯 원고와 싸우던 타그는 지독한 애연가였다.

> "59세 때 나는 하루에 약 60개피의 담배와 5내지 6개피의 시가를 피웠다. 그리고 밤에는 잠들기 전에 원고를 읽으면서 몇 대의 파이프를 피웠다. 나는 아침에 일어나서 내 발이 마루에 닿는 순간부터 담배를 피우기 시작하고, 밤에 잠자리에 누워서야 담배 피우기를 그치는 셈이었다."

그러나 1965년 런던에 출장 갔다가 기관지염에 걸려 심한 기침을 하게 되었다. 의사는 한두 주일 담배를 끊는 것이 좋겠다고 말했다. 이것을 기회로 자기 건강을 위해 그는 담배를 끊기로 결심했다. 그가 담배를 끊는다고 말하자 아무도 이를 믿지 않았다. 그러나 그는 놀랍게도 담배를 끊고 말았다. 그 방법은 두 가지였다고 한다. 첫째는 자기를 아는 사람 모두에게 담배를 끊었다는 사실을 통고함으로써, 그들 앞에서 다시 담배를 피우는 어리석음을 범하지 않도록 스스로 자제했다. 두 번째는 금연으로 생기는 이익—담뱃값—을 구두닦이, 택시운전수, 이발사, 웨이터들에게 팁으로 주어 버려, 금연으로 생긴 자선행위에서 새로운 기쁨을 발견했다. 어쨌든 그의 금연은 오로지 자기 자신의 건강을 위해서였다. 편집자들이 걸리기 쉬운 직업병으로서 그는 알콜 중독과 치질을 지적하고 다음과 같이 경고한다.

"편집자들도 인간인 이상, 그들의 직업상 공통적인 두 가지 위험에 대해서 항상 조심하지 않으면 안 된다. 그것은 알코올 중독과 치질이다. 이것은 웃을 일이 아니다. 나도 이 치질 때문에 혼이 났다. 치질은 온종일 의자에 앉아 있어야 하기 때문에 일어나는 것이다. 건강을 유지하기 위해서는 전신 활동이 필요하다. 그래서 나는 다음과 같이 권하고 싶다. 가능한 한, 책상에서 떠나서 걸어다니는 시간을 많이 가져라. 메모할 것이 있으면 직접 전달하고,

우편물 배달실로 갈 때는 비서를 보내지 말고 직접 가도록 한다. 택시를 타지 말고 되도록 걷기 위해 노력하라. 편집자의 생활은 너무나 앉아 있는 시간이 많아 건강을 해친다. 그러므로 일어서서 걸어 다녀라."

¶ 편집자란 무엇인가

베스트셀러 출판사로 유명한 사이먼 앤 슈스터Simon & Schuster를 창립한 링컨 슈스터는 이렇게 말한 적이 있다.

"편집자와 출판인의 차이가 어디 있느냐고 물으셨죠. 편집자는 원고를 선정합니다. 출판인은 편집자를 선정합니다."

이 말은 편집자의 역할을 너무나도 알기 쉽게 설명한 말이다. 윌리엄 타그 같은 우수한 편집자들은 예외 없이 "원고를 선정하는" 데 뛰어난 재능을 가진 사람들이다.

또 더블데이Doubleday의 편집국장 켄 맥코믹Ken McCormick은 "현재 편집자의 업무에서 가장 크게 변하고 있는 것은 그들이 출판사의 책임을 서서히 지기 시작하고 있다는 것이다"라고 편집자의 막중한 책임을 강조한다. 편집자가 유능하면 유능할수록 출판사는 그에게 큰 권한을 준다. 이러한 편집자의 권한은 곧 그 출판사의 흥망을 책임지는 권한이 되는 것이다.

타그도 그의 저서에서 특별히 「보라! 편집자를」이라는 장을 설장해 그의 소박한 편집자론을 이야기하고 있다.

"편집자란 무엇인가? 이것을 한 마디로 정의할 수 있는가? 사전에서는 무어라 정의하고 있든 간에 편집자의 정확한 역할을 이야기하는 것은 불가능하다. 어느 의미에 있어서 그는 출판인이다. 중개업자이기도 하다. 편집이라는 것이 정확한 과학도 아니고 기술이 필요한 전문 지식도 아니라고 지적하는 것은 상투적인 표현이다. 편집자의 주요한 자격이 '주선하는 능력'에 있다고 말한다면, 편집자를 설명하는 말로서는 약간 모욕적이라고 생각할지 모르나 이것은 진실이다."

곧 그는 편집자란 하나의 책을 만들기 위해 원고를 선택하고 주선하는 매개자라고 보고 있으며, 이것은 영원한 진리일 것이다. 그러면서 그는 편집자가 되고자 하는 사람은 런던에 있는 페이버 앤 페이버Fabre & Fabre 사장이었던 서 조프리 페이버Sir Geoffrey Fabre가 쓴 『출판인은 말한다A Publisher Speaking』를 읽어보라고 권하고 있다. 이 책에서 페이버는 "무엇보다도 먼저 우리들 출판인(편집자)은 중개인이다"라고 말하고 있다. 그러면 편집자는 어떻게 하면 이 매개자 역할을 보다 충실하게 수행할 수 있을까. 그리고 어떻게 하면 저자와의 인간 관계를 보다 원만하게 유지해 나갈 수 있을 것인가? 이에 대해서 타그는 출판인 또는 편집자가 지켜야 할에티켓으로서 다음과 같이 12개항을 지적한다. 우리에게도큰 도움이 될 것 같다. 여기에 소개해 두기로 한다.

¶ 출판인의 에티켓

편집자나 출판에 종사하는 사람은 '인간성'이 무엇보다도 중요하다는 것을 명심해야 한다. 출판계에서 성공하고 편집자로서의 역할을 훌륭하게 수행하기 위해서는 다음과 같은 에티켓의 법칙을 지켜야 한다.

1. 저자와 그의 원고는 편집자의 직업에 있어서 가장 중요한요소이다. 편집자의 모든 행동과 마음가짐은 이러한 정신에서 출발해야 한다. 내가 자질구레한 출판 잡무에 집착하고있을 때 한 선배가 이렇게 말했다. "원고 이외의 모든 것은'말이 싸는 옷줌 위에 떠 있는 거품' 같은 것이다."
2. 저자에게는 가능한 한 정중하게 대하라. 저자는 원고를 쓰느라고 기진맥진해 있다는 사실을 명심하라. 그러므로 저자에게는 격려와 우정이 필요하다.

3. 모든 저자의 편지나 전화에 대해서는 가능한 한 신속히 응답하라.

4. 저자가 보낸 원고에 대한 회답을 필요 없이 늦춰서는 안 된다. 편집자는 틀림없이 그 작품의 최초의 독자이기 때문에 편집자의 의견은 결정적인 영향을 준다.

5. 저자에게는 정기적으로 판매 실적과 기타 관계되는 소식들, 특히 좋은 소식을 보고해야 한다.

6. 책이 출판되면 원고를 저자에게 신속히 반환하라. 원고는 저자에게는 감회가 깊은 귀중한 재산이다. 그것은 마치 미술 작품의 원화와도 같은 것이다.

7. 인세에 관한 조항은 대개 이해하기 어려운 대목이 많다. 이해하기 어려운 부분에 대해서는 저자가 충분히 납득이 가도록 설명해 주어야 한다. 이것은 저자에게는 상당히 중요한 '은행 계산서'이다.

8. 서평 등 저자에 관한 신문기사는 저자가 신속이 오려내고 수집할 수 있도록 도와주어야 한다.

9. 적어도 일 년에 한 번은 저자를 점심이나 만찬에 초대하라.

10. 편집자는 항상 저자에게 관심이 있다는 것을 그 저자가 마음으로 느끼고 있도록 해야 한다. 만약 편집자가 저자에 대해서 마땅치 않게 생각하는 것이 있으면 솔직하게 털어놓고, 좋은 점이 있으면 칭찬하라. 그러면 저자는 편집자를 신뢰하게 된다.

윌리엄 타그 William Targ

11. 저자와는 지킬 수 없는 약속을 절대로 해서는 안 된다.

12. 저자의 대리인을 대할 때도 존경심을 가지고 대해야 한다.

월리엄 타그는 1978년 퍼트넘을 그만두고 저작에 전념했다고 한다. 그때 그의 나이는 70세가 넘었기에 편집의 제일선에서 물러선 것이다. 맥스웰 퍼킨스의 뒤를 이은 최후의 '개성적인 편집자' 윌리엄 타그도 미국 출판계에서 조용히 퇴진한 셈이다.

새롭고 대담한 섹스의 이미지로
플레이보이 왕국을 건설한 헤프너의 성공,
그리고 또 하나의 변신

휴 M. 헤프너　　Hugh M. Hefner

《플레이보이》
창간자 · 편집자

··

¶ 포르노그라피의 역사

미국의 잡지 산업에서 비약적인 성장을 거듭하는 분야가
바로 섹스 잡지이다. 지금 미국의 섹스 잡지 발행인들은
2,000만 명 이상의 독자들로부터 탐욕스럽게 돈을 긁어모으
고 있고, 독자들 또한 매달 매점에 진열된 이들 잡지를 열심
히 탐욕스럽게 읽고 있다. 스킨 매거진skin magazine이라고 불
리는 이들 남성 잡지는 통계적으로 보아도 미국 잡지 산업
중에서 가장 높은 신장률을 나타내고 있다.

　　잡지 발행인 겸 편집자로서 인간의 성적 충동을 자극시
키면 돈을 벌 수 있다고 맨 처음 깨닫고 실천한 사람은《플
레이보이》의 창간자인 휴 헤프너였다. 섹스 잡지의 원형이라

할 수 있는 포르노그라피는 오랜 역사를 가지고 있다. '포르노porno'란 말은 매춘부를 뜻하는 고대 희랍어이며, 얼마 전까지만 해도 매춘이라는 것은 비도덕적인 사회악으로서 대중의 비판을 받았다. 그러나 성에 대한 사회적 인식의 변화로 매춘의 자유가 마치 엄숙한 권리 선언처럼 인정되기 시작한 오늘날에 와서는 매춘부의 행동도 매춘부만의 행동이 아닌 대중의 행동이 되어버렸다고 해도 과언이 아닐 것이다.

수세기 전부터 서구 지식인들은 에로 문학이나 예술을 정부의 엄격한 검열로부터 해방시키려고 투쟁해 왔다. 그러나 에로티시즘이란 무엇인가에 대한 일치된 견해는 없었다. 그렇게 때문에 항상 에로티시즘과 예술의 한계에 대해서 논쟁이 그칠 사이가 없었다.

이에 대해서 가장 알기 쉬운 정의를 내린다면 아마 프랑스 작가 블레즈 상드라르Blaise Cendrars가 헨리 밀러Henry Miller의 『북회기선』에 대해서 한 다음과 같은 말일 것이다. "이 작품에는 나를 발기시키는 몇 개의 문장이 있다."

옛날 포르노그라피는 신학과 밀접한 관계를 가지고 있었다. 중세에 있어서 강간하는 자는 곧잘 악마로 그려졌고, 여러 가지 그림은 마왕의 색욕이 인간 세계에 침입해 온다면 어떻게 될 것인가를 경고했다. 이러한 그림도 어느 의미에서 일종의 포르노그라피였다. 그러나 이 포르노그라피 작가는 공중 앞에 나가도 아무도 손가락질 하지 않았다. 그들이 전도사의 옷을 입었기 때문이었다.

이와 같이 오랜 역사를 가진 호색 문학은 이윽고 한정된 교양 있는 사람들의 특권적인 즐거움이 되었다. 지식 계급의 엘리트들은 정부의 검열에서 벗어나기 위해서 투쟁하기 시작했다. 그 대표적인 투쟁이 제임스 조이스의 『율리시스』나 D.H 로렌스의 『채털리 부인의 사랑』 등의 출판을 위한 투쟁이었다. 이러한 투쟁을 거쳐 에로티시즘은 포르노라는 형태로 대중화되기 시작했고, 노골적인 섹스 문학의 독자는 한정된 지식층에서 일반 대중으로 확대되어 나갔다.

당시 호색적인 서적은 값비싼 호화판밖에 없어 그것을 사서 읽을 수 있는 사람이 적었다. 그런데 『채털리 부인의 사랑』을 출판한 출판사는 대담하게도 대중적인 문고판으로 출판해 수백만 독자를 대상으로 삼았고 마침내 법정에 서게 되었다. 그때 검사는 피고에게 다음과 같이 질문했다. "당신들은 댁의 하인들에게도 이 책을 읽게 할 생각입니까?" 말하자면 섹스 문학이 일부 지식층의 즐거움이 되는 것은 눈감아줄 수 있지만, 이것이 모든 사람이 즐기는 대중 서적이 되는 것은 용납할 수 없다는 것이었다.

그러나 섹스 문학이 언제까지나 특권적인 지식층의 전유물이 될 수는 없었다. 섹스에 대한 관념이 혁명적으로 변천함에 따라, 대중의 공공연한 오락이 된 것이다. 이러한 섹스의 대중화 물결을 타고 등장한 잡지가 바로 휴 헤프너가 편집 및 발행한 《플레이보이》라고 할 수 있다.

¶ 그의 인생을 바꿔놓은 월급 5달러의 차이

전통적인 청교도 집안에서 태어난 헤프너는 술 담배는 물론, 일요일에 오락장을 출입하는 것조차 금지된 엄격한 생활을 해야 했다.

이처럼 독실한 집안에서 태어났기 때문에 테오도르 피터슨은 그의 저서 『20세기 잡지』에서 미국의 잡지 창간자를 '선교사 그룹'과 '장사꾼 그룹'으로 분류하면서 휴 헤프너를 《타임》을 창간한 헨리 루스나 《리더스 다이제스트》를 창간한 월레스와 마찬가지로 '선교사 그룹'에 포함시켰다. 그리고 헤프너는 물론 잡지를 통해 성공을 꿈꾸고 있었지만, 그에 앞서 그의 마음속에는 독자에게 무엇인가를 전도하려는 타오르는 의욕을 가지고 있었다. 그가 전도하려는 그 '무엇'은 다름 아닌 새로운 섹스의 이미지였고, 이 꿈과 정열이 있었기에 《플레이보이》가 성공한 것이라고 지적하고 있다.

독실한 청교도 집안에서 자란 후 미국의 일리노이 대학에서 심리학을 공부한 그는 대학 시절 학교에서 발행하는 유머 잡지의 편집자로 일할 기회를 얻었다. 이것이 그가 잡지계에 발을 들여놓는 첫 번째 인연이었고, 여기서 잡지 편집에 관한 기본기를 익혀나갔다.

대학 졸업 이후 만화가로 나서려던 헤프너는 공교롭게도 대기업의 기획실에서 광고 문안 만드는 일을 맡게 되었다. 그러나 이 생활은 오래가지 못했다.

다음 직장은 50년대 미국에서 남성 잡지로서 가장 인기 있었던 《에스콰이어》의 판매 촉진부였다. 이때부터 그의 마음속에는 뭔가 멋있고 새로운 잡지를 시작해야겠다는 꿈이 익어가고 있었다. 그때 그는 친구에게 다음과 같은 편지를 보낸 적이 있다.

"나는 쾌활하고 세련된 도시 남성을 위한 오락 잡지를 하나 만들고 싶다. 예쁜 여자와 누드 사진을 싣는다면 어느 정도의 부수는 확보할 수 있다고 믿지만, 그 잡지는 어느 정도 질도 가지고 있어야 한다고 생각한다. 창간 초에는 누드 사진으로 기반을 잡고, 어느 정도 은행 예금이 늘어나면 누드 사진을 줄이고 잡지의 질을 높여가도록 할 방침이다. 이렇게 되면 광고도 많이 들어올 것이다. 그야말로 《에스콰이어》 같은 대잡지가 될 것이다."

1952년에 《에스콰이어》는 헤프너를 시카고에서 뉴욕으로 전근시키려고 했다. 이때 그는 생활의 불편과 교통비 명목으로 월 25달러의 승급을 요구했으나, 《에스콰이어》는 20달러 이상은 올려 주지 못하겠다고 고집했다. 결국 이 5달러의 차이가 헤프너의 인생을 바꿔놓고만 셈이 되었다.

《에스콰이어》를 그만두고 시카고에 머문 헤프너는 본격적으로 새로운 잡지를 창간하는 준비 작업에 들어갔다.

¶ 창간호를 빛낸 마릴린 먼로의 누드 사진

그는 먼저 인쇄업자를 설득해 25일간의 외상 거래를 트는데 성공했다. 은행에서 600달러를 융자받고, 자기가 가지고 있던 주를 팔아 7,000달러의 자금을 마련했다. 이렇게 해서 《플레이보이》의 창간호는 1953년 12월호로 발행되었다. 창간호는 7만 부를 인쇄했으나, 제2호를 계속 발간할 수 있을지는 헤프너 자신도 장담할 수 없을 만큼 불안한 상황이었다.

창간호에 끼워 넣은 마릴린 먼로의 누드 사진이 세간의 화제가 되어 창간호는 약 70퍼센트가 팔렸다. 창간호의 성공으로 일단 2호, 3호의 발행은 가능했으나, 그는 아직도 사무실을 마련치 못해 자기가 사는 아파트에서 잡지를 편집했다. 헤프너는 아파트의 주방 식탁에서 잡지 편집과 원고 작성에 골몰했다. 독자들에게 어떻게 호소해야 할 것인가, 사진 배열을 어떻게 할 것인가 연구하면서 그는 타이프라이터 앞에서 뜬 눈으로 밤을 새우며 자판을 두들겼다. 그는 《플레이보

《플레이보이》 창간호.

이》의 창간 취지와 편집 방침을 다음과 같이 말했다.

"독자 여러분이 18세부터 80세에 이르는 남자분이라면 《플레이보이》는 바로 당신을 위한 잡지입니다. 만일 여러분이 오락과 세련미 그리고 짜릿한 맛을 원하신다면 《플레이보이》는 바로 여러분의 독특한 기쁨이 될 것입니다. 우리는 이 잡지가 애초부터 가정 잡지가 아님을 분명히 합니다. 자매, 주부 여러분들이 잘못하여 이 잡지를 손에 넣었을 경우에는 주변의 남성들에게 넘겨주십시오.

《플레이보이》는 각종 기사와 소설, 화보, 만화 그리고 유머 등 특수한 이야기를 담고 있습니다. 오늘날의 대부분 남성 잡지들은 항상 바깥 세계의 문제들만을 다루어왔습니다. 가시투성이의 숲을 내달리고 물살이 거센 냇가에서 물장구를 치는 식이었습니다. 그러나 우리는 무엇보다도 먼저 베일에 가려진 안쪽의 문제를 다루는 데 대부분의 지면을 할애할 것입니다.

우리는 집안을 사랑합니다. 우리는 칵테일을 만들고 피카소, 니체, 재즈와 섹스에 관한 안락한 토론을 위해 여성을 초대하며 축음기 위로는 감미로운 음악을 준비할 것입니다. 최근에 나오고 있는 잡지들은 패션과 여행, 건강 등에 관한 얘기를 늘어놓고 있지만, 오락에 관해서는 외면하는 경향이 있습니다. 그러나 《플레이보이》는 오락을 즐겨 다룰 것입니다.

국가에 관한 문제 등이 우리의 잡지에 거론되지는 않을 것입니다.

우리는 세계 문제를 해결하거나 어떤 도덕적 진실을 증명하는 일 따위에는 지면을 할애하지 않을 것입니다. 만일 우리가 독자들에게 얼마간의 웃음과, 핵무기 시대의 공포로부터 기분 전환의 기회를 줄 수 있다면 제 할 일을 다 했다고 느낄 것입니다."

¶ 10년 만에 100만 부를 돌파하는 기적

《플레이보이》는 헤프너가 의도했던 만큼 질적으로는 뛰어난 잡지가 되지 못했으나 매호마다 끼워 넣은 누드 사진 덕에 착실히 부수를 늘려나갔다. 창간한 지 일 년이 지나자 부수는 17만 5,000부가 되었고, 10년이 지난 1963년에는 무려 131만 부가 팔려, 잡지계에 큰 센세이션을 일으켰다. 미국 잡지 사상 이렇게 급속히 부수가 신장한 잡지는 그 유례를 찾아볼 수 없을 것이다.

1955년부터 헤프너는 《플레이보이》의 질을 높이기 위해서 무진 애를 썼다. 기사 내용을 건전하게 하고, 섹스에 관한 기사를 줄여나갔으나, 역시 《플레이보이》는 점잖은 여성에게 선물할 수 있는 잡지는 아니었다. 헤프너는 《플레이보이》의 질을 높이기 위해서 칼 샌드버그Carl Sandburg, 넬슨 앨그렌Nelson Algren, 월코트 깁스Wolcott Gibbs, 잭 케루악Jack kerouac, 허버트 골드Herbert Gold와 같은 필자를 동원해 그들의 소설이나 논픽션을 실었다. 그리고 기사 내용도 섹스 이외에 패션, 여행, 스포츠카, 요리, 재즈 등 광범위하게 넓혀나 갔다. 그러나 역시 《플레이보이》에서 가장 독자의 인기를 끈 것은 잡지에 접어서 끼워 넣은 누드 사진인 〈이달의 플레이메이트〉였다. 이달의 플레이메이트 중, 제인 맨스필드는 《플레이보이》에 등장한 후 일약 스타가 되어 유명해졌지만, 대부분은 영화보다는 잡지 모델로 많이 나오는 할리우드 신인 배우나, 스튜어디스, 여사원, 학생, 전화 교환수 등 직업여성이 많았다. 이에 대해서는 뒤에서 조금 자세히 설명하기로 한다. 헤프너는 언제가 《플레이보이》가 미국 사회에 어떠한 영향을 주었느냐는 질문을 받고 다음과 같이 대답한 일이 있다.

"우리 사회의 구석구석에, 이를테면 성에 관한 태도, 도덕, 패션, 그리고 인간의 육체에 관한 이상을 발전시켰다."

이렇게 장담했지만, 과연 그랬는지는 보는 사람의 시각에 따라 다를 것이다. 그는 또 《플레이보이》가 미국의 보수주의자에 의한 끝없는 도전과 반감으로 인해 적지 않은 고통과 모략을 받아왔다고 주장하기도 했다. 어쨌든 《플레이보이》의 성공으로 단단한 기반을 잡은 헤프너는 1959년 잡지와 향락 산업을 연결시킬 '플레이보이 클럽'을 시카고, 뉴욕,

마이애미 등 주요 도시에 체인점 형식으로 조직하였다. 이 클럽의 회원이 되려면 25달러 내지 100달러의 입회비를 내게 했다. 클럽에서 회원들은 《플레이보이》의 트레이드마크인 하얀 토끼의 모습을 한 소위 '바니걸'의 시중을 받으면서 식사와 술과 댄스와 재즈를 즐겼다. 이 사업은 크게 성공해 1961년에 150만 달러의 순이익을 올렸다. 또 이 해의 잡지에서 올린 이익금은 약 176만 달러였다. 그해 헤프너 기업의 총자산은 약 2,000만 달러로 추산되었다.

이와 같이 헤프너는 《플레이보이》를 기반으로 해서 일종의 섹스 산업 왕국을 건설, 많은 돈을 벌었지만, 다른 잡지에 손을 대어 많은 손해를 보기도 했다. 1956년 가을 새로운 풍자 잡지 《트럼프*Trump*》를 창간했으나 많은 손해를 보고 1957년에 폐간하고 말았다. 다음에는 《쇼 비즈니스 일러스트레이티드*Show Business Illustrated*》를 1961년 8월에 창간, 35만 부를 발행했으나 이것 역시 실패, 6개월 만에 150만 달러의 적자를 내고, 그 판권을 다른 사람에게 팔고 말았다.

¶ 미국 남성의 우상이 된 플레이메이트

《플레이보이》가 가장 중요시하는 자랑거리는 〈이달의 플레이메이트〉였다. 《플레이보이》가 나오기 전까지만 해도 컬러 사진으로 가슴을 드러낸 여성 사진은 보기 힘들었다. 그녀들의 살결은 눈부시게 희고 탄력 있으며 건강미가 넘쳤다. 독자들은 《플레이보이》의 지면 속에서 이 꿈속의 미인을 만나는 것을 기다렸다. 매월 수없이 밀려오는 독자의 편지들이 플레이메이트의 인기도를 증명하고 있다. 《플레이보이》가 매월 선정하는 플레이메이트는 온 미국 남성들을 찬탄과 동경 그리고 경의의 경지까지 몰아넣었다. 플레이메이트의 사진은 대학 강의실에서도, 공장에서도, 사무실에서도, 그리고 역전에서도, 전국의 어디를 가나 미국 남성들의 생활의 일부분이 되어 버렸다.

1959년부터 《플레이보이》가 완전한 누드 사진을 게재하기 시작하자 당시 미국연방수사국FBI이 플레이보이 회사를 급습, 필름을 압수해 가는 사태가 발생했다. FBI는 《플레이보이》를 기소하겠다고 올려댔으나 《플레이보이》의 사진기자가 필름 원판을 수정해 둔 덕분에 누드 사진의 음모가 인화 잘못으로 표현된 것이라고 변명해서 이를 모면했다. 당시 미국에서는 여성의 나체사진을 게재하는 것은 무방하나, 비밀스러운 그곳의 음모가 나타나서는 안 되는 것으로 되어 있었던 것이다.

헤프너는 한걸음 더 나아가, 《플레이보이》의 플레이메이트가 단지 발가벗은 미녀에 그치지 않고, 남성을 '즉석에서 유혹'하는 존재가 되도록 만들어 나갔다. 이를 위해서 자기 자신이 그 유혹자로 나서기로 했다. 〈이달의 플레이메이트〉 란의 미녀 곁에 그의 파이프와 속옷 등이 등장했다. 타월로 알몸을 감싼 채 욕탕에 서 있는 플레이메이트의 사진에 헤프너의 면도기가 비누거품으로 뒤범벅이 된 채 등장, 독자들의 상상력을 자극했던 것이다.

사실 플레이메이트의 유혹 대상으로 사장인 헤프너 자신이 나선 것은 그다지 바람직한 일이 아니었다. 더구나 헤프너는 미인들과 사무실 침대에서 자주 정사를 즐기고 있었다. 《플레이보이》에 자넷 필그림이라는 이름으로 소개되었던 차린 드레인은 실은 헤프너의 연인이었다.

¶ 친근감을 주는 청순한 이미지의 '이웃 처녀'

금발에 풍만한 가슴의 드레인은 당시 20세로 《플레이보이》 판매국에서 일하고 있었다. 당시 《플레이보이》는 자넷 필그림Janet Pilgrim이 어떻게 해서 플레이메이트로 등장했는가를 설명하기 위해 그럴듯한 익살을 떨었다. 《플레이보이》는 필그림의 등장 이유를 이렇게 적고 있다.

> "필그림은 구독자가 폭발적으로 증가하자 수신인 서명 자동 인쇄기가 필요하다고 생각했다. 필그림이 이 기계의 구입을 발행인

† 미국 배우 자넷 필그림(1934~2017).

헤프너에게 건의하자 헤프너는 그녀가 플레이메이트로 나선다면 사주겠다고 껄껄 웃었다. 그 사실 여부야 어찌 됐든 필그림은 이 달의 플레이메이트로 선정되었다."

이렇게 해서 자넷 필그림은 미국의 잡지 모델 역사상 전환기를 이룩한 여성이 되었다. 카메라 앞에서 완전히 옷을 벗은 최초의 여성이었던 것이다. 그리고 그녀의 나체 사진 밑에는 다음과 같은 설명이 붙었다.

"매력적인 플레이메이트가 먼 세계에 있다고 생각하는 것은 일면 당연하다고 할 수 있다. 그러나 실제로 플레이메이트가 될 자격을 갖춘 미인들은 항상 여러분의 주위에 있기 마련이다. 여러분의 사무실에 새로 근무하게 된 비서, 어제 여러분이 점심을 들었던 식당에서 지나친 사슴과 같은 여인, 그리고 여러분이 자주 가는 백화점의 점원 아가씨 등, 우리도 이 달의 미인으로 우리 판매국 여직원을 선정했다."

이 잡지가 나가자 수많은 독자들로부터 필그림에 관한 찬사의 편지가 쏟아져 들어왔다. 이러한 편지들을 보고 헤프너는 독자들에게 인상 깊게 받아들여지는 것이 무엇인가를 직감했다. 독자들이 바라는 것은 청순한 '이웃처녀'였던 것이다. 지금까지 보아왔던 유혹적인 자태와 위압적이기까지 했던 몸매를 가진 미인들, 카메라 앞을 떠나면 담배를 피워대며 껌을 질겅거리는 형태의 미인에게는 식상함을 느꼈던 것이다.

그래서 헤프너는 플레이메이트의 이미지를 딱 한 번 선보이는 '이웃의' 청순한 미녀로 변경시켜 나갔다. 《플레이보이》를 위해 오직 한 번 카메라 앞에 서는 신선함을 독자에게 주는 전략을 세워나갔던 것이다. 이러한 전략이 《플레이보이》의 성가를 올리는 데 결정적인 역할을 한 것은 말할 것도 없다.

¶《펜트하우스》의 도전

섹스의 대중화에 성공한 《플레이보이》는 순풍에 돛 단 듯 그 부수를 확장해 1972년에는 720만 부까지 늘어났다. 헤프너는 그야말로 하나의 왕국을 건설하여 세상의 플레이보이들의 선망의 대상이 되었다. 그는 자기가 직접 선정한 가장 섹시한 미녀인 플레이메이트를 거느리고 500만 달러짜리 전용 비행기를 타고 다니면서 숱한 화제를 뿌렸다. 그러나 다른 모든 산업 분야가 그러하듯, 잡지계에서도 그의 이러한 독점이 오래 가지는 않았다. 강력한 도전자가 나선 것이다.

그중에서도 가장 큰 위협은 1969년 밥 구치오네Bob Guccione였다. 그는 《펜트하우스*Penthouse*》 미국판을 들고 나와, 보다 노골적이고 선정적인 섹스 기사로 《플레이보이》를 위협하기 시작했다. 그때까지 헤프너가 《플레이보이》에 실은 젊은 여성의 누드 사진은 어딘지 수줍음을 간직한 이웃집 처녀 같은 청순한 이미지가 있었다. 그래서 가슴은 거리낌없이 드러내놓았지만 은밀한 부분의 음모는 살짝 감추고 있었다. 그러나 구치오네가 실은 젊은 여자의 누드 사진은 보다 도전적으로, 은밀한 부분인 음모까지도 자랑스럽게 드러내기 시작했다.

구치오네는 자신이 잡지계에 가져온 새로운 바람을 다음과 같이 자랑스럽게 들고 있다. 소위 "멀티플 섹스―3명 이상 하는 섹스―사진을 처음으로 게재했다. 정면으로 찍은 남자의 나체 사진을 처음 실었다. 레즈비언들의 섹스 게임을 처음 실었다. 그는 발기한 남성의 성기를 처음으로 게재했다고 자랑하고 있다. 이러한 대담무쌍한 《펜트하우스》의 도전을 받아 《플레이보이》의 부수는 갑자기 줄어들기 시작했다. 이러한 도전을 어떻게 극복해 《플레이보이》가 살아남을 수 있을 것인가 하는 것이 헤프너가 그때 당면한 가장 큰 문제였다.

¶ 돈벌이를 위해 시작한 누드 사진 장사

여기서 잠시 이야기가 빗나가겠지만 새로운 섹스 잡지의 기수가 된 구치오네 이야기를 해두는 것도 재미있을 것이다. 구치오네는 1930년 12월 브루클린에서 태어났고, 엄격한 가톨릭 집안에서 자랐다. 성당의 복사를 하기도 한 그는 성직자가 되고자 신학교에 들어갔으나, 성직자 지망에 대한 열정은 오래가지 않아 식어버리고 말았다.

사랑에 빠져 18세에 결혼한 그는 이번에는 화가가 되기를 소망했다. "하느님의 땅에 가장 가까워질 수 있는 것은 화가다"라고 그는 믿고 있었다. 그는 로마로 건너가 미술 공부를 시작했으나, 풍자 만화를 그리는 것이 돈벌이가 된다고 깨닫자, 만화가가 되어버렸다. 이후 결혼 생활이 파탄나자 런던으로 건너가 영국의 신문에 만화를 그렸다. 여기서 그는 돈벌이가 되는 장사를 찾아냈다. 그는 여자의 누드 핀업 사진을 수집, 통신판매하기 시작했고, 그 시장을 확장해 미국에서 수입한 누드 잡지의 과월호까지 취급하게 되었다.

1965년 구치오네는 더욱 야망 있는 사업을 시작했다. 《플레이보이》의 영국판이 날개 돋친 듯이 팔리는데 영국에서는 그와 같은 잡지가 없다는 것을 깨달은 것이다. 그는 영국에서도 그와 같은 잡지를 하면 성공할 수 있다고 믿었다. 돈이 없기 때문에 여기저기 돌아다니며 융자를 부탁했으나 선뜻 나서는 사람이 없었다. 그래서 그는 다른 방법을 시도해 보기로 했다.

친구로부터 하루 동안 패션 사진을 찍는 법을 배우고, 뒷날 나체로 여러 가지 포즈를 취하는 미인을 실은 팸플릿을 만들었다. 인쇄업자를 설득해 외상으로 이 팸플릿을 인쇄하고, 역시 친구가 만든 리스트에 따라 2만 명에게 우송했다. 이 리스트는 그야말로 적당히 만든 것으로 나체 여자의 책 같은 것은 사줄 것 같지 않은 사람들뿐이었다. 그 리스트에는 10대 여학생, 연금으로 사는 노인, 교회 목사, 국회의원 부인 등등이었다. 이 팸플릿 때문에 영국에 일대 소동이 일어났다. 화가 난 독자의 편지가 신문사에 쇄도했다. 하원에서는 의원들이 구치오네의 우편물을 발송하는 권리를 취소하라고 요구하기 시작했고, 정부는 외설물의 우송을 금지하는 우편법에 따라 그를 정식으로 고소했다. 그러나 형사범이 아니라 민사범이었기 때문에 영국은 구치오네의 집에 강제적으로 들어가 소송 영장을 제시할 수 없었다. 할 수 없이 집 밖에서 기다리다가 그가 나오면 체포하려고 했다. 그는 필사적으로 시간을 끌었다. 14일이나 집에 틀어박혀 있었고, 그동안 경관들은 집 앞에서 그를 지키면서 그가 나오기만 하면 체포하려고 했다.

그동안 구치오네는 전화로 새로운 잡지의 편집을 지시하고 있었고, 근처의 사무실에서는 임시 고용한 스태프들이 바쁘게 일하고 있었다. 교정지는 밤에 몰래 그의 집 우편함에 넣어 교정을 보았다. 이렇게 해서 편집이 끝나고 인쇄만 하면 되게 되었을 때, 구치오네는 집에서 나와 소송 영장을 받고 벌금 110 파운드를 지불했다. 이와 같이 팸플릿의 우송이 하원에서 문제가 되고, 끝내는 그가 체포되는 등 신문에서 떠들썩하게 보도해준 덕택에 큰 선전이 되어 《펜트하우스》는 처음부터 대성공이었다. 창간호는 10만 부 이상 인쇄했으나 5일 만에 매진되고 말았다.

이렇게 해서 《펜트하우스》가 그 기반을 굳혀갈 무렵, 어느 독자의 편지에 10대 딸을 야단칠 때 무릎 위에 엎드리게 해서 엉덩이를 때려주고 있다고 적혀 있었다. 구치오네가 이 편지를 잡지에 게재했더니, 그에 대한 찬반 의견이 대단했다. 찬반 양론의 편지가 산더미처럼 쌓이자 그는 《펜트하우스》에 대한 자신을 갖게 되었다. 또 독자의 성적 체험의 투고를 싣는 페이지를 만들자, 망상, 성적 유희 등 독자의 성적 체험을 고백하는 투고가 산더미처럼 쌓였다. 결국 이 기사란은 《펜트하우스》의 가장 인기 있는 읽을거리가 되었다.

¶ 《펜트하우스》의 뉴욕 상륙

런던에서의 성공에 의기양양해진 구치오네는 미국판 《펜트하우스》를 발간해 《플레이보이》에 정면으로 도전하기로 했다. 그 자금은 15만 달러로 그것도 대부분이 남에게 빌린 돈이었다. 1969년 가을 미국판 《펜트하우스》를 발간해 차근차근 《플레이보이》의 영토를 파고 들어갔다.

1973년 《펜트하우스》의 구독자 수는 300만을 넘어섰지만, 헤프너는 당황하지 않았다. 16년 역사가 있는 《플레이보이》에는 500만 이상의 독자가 있다. 《펜트하우스》가 미국에 상륙해 도전해도 헤프너는 침묵을 지키고 있었다. 묵살하면 《펜트하우스》는 자연히 사라지고 말 것이라고 생각했던 모양이다. 그래도 《펜트하우스》의 발행 부수가 상승세를 보이자 헤프너는 그 반격을 하기 위해 《위 *Oui*》를 창간했다. 《플레이보이》보다 더 선정적인 내용으로 《펜트하우스》에 가까운 잡지였다.

1974년 《플레이보이》의 부수는 《펜트하우스》의 6배가 되었으나 77년이 되자 그 차이가 크게 좁혀져, 《플레이보이》 550만 부에 《펜트하우스》는 500만 부가 되었다. 《플레이보이》가 1972년 720만 부에서 크게 줄어든데 반해, 《펜트하우스》는 1973년의 300만 부에서 계속 늘어나, 이제 두 잡지가 난형난제의 비슷한 발행 부수를 갖게 된 것이다. 그러나 《플레이보이》의 부수는 500만 부대도 유지하지 못하고 계속 떨어져 나중에는 420만 부로 줄어들었다. 헤프너로서는 지금까지의 《플레이보이》로서는 더는 독자의 인기를 얻기 어렵다는 것을 깨닫고 변신을 서두르지 않으면 안 되는 상황이었다.

¶ 《플레이보이》의 변신

매년 4월 헤프너는 비벌리힐스의 자택에서 광고업계와 언론계에 종사하는 사람들을 초대해 파티를 열어왔다. 이 행사는 플레이보이의 연례 행사로 그 목적은 《플레이보이》가 선정한 그해의 미녀인 〈플레이메이트〉를 소개한다는 것이다. 이날 헤프너는 과거 〈플레이메이트〉에 둘러싸여 지난 30년간 공개적으로 섹스의 향락 속에서 살아왔던 자기의 성공을 자랑하기도 했다. 이러한 생활 때문에 그의 이름은 늘 화제의 중심이 되었고, 그가 만든 《플레이보이》 잡지는 세계에서 가장 많이 팔리는 남성용 잡지가 되었던 것이다.

훗날 휴 헤프너는 플레이보이의 사장 자리를 올해 32세가 되는 딸 크리스티 헤프너에게 물려주고 자신은 회장이 되었다. 브랜다이스 대학을 수석으로 졸업하고 75년에 플레이보이에 입사, 아버지의 사업을 도왔던 크리스티 헤프너는 이제 자신의 지휘 아래《플레이보이》를 이끌어가고 있지만, 서서히 변신을 서두르는 것이 틀림없다.

C. 헤프너는 "우리는 지금 스태프뿐만 아니라 회사를 전반적으로 바꾸고 있다. 우리는 지금 우리 회사가 전혀 다른 방식으로 성장할 수 있다고 생각하는 사람들을 모으고 있다"고 공공연히 말했다. C. 헤프너는 플레이보이 회사의 성장을 다시 불길을 지피려고 하지만 당시로서는 상당히 난국에 처해 있다는 것을 인정했다.《플레이보이》는《펜트하우스》,《허슬러》등의 도전을 받아, 그 판매 부수가 72년의 720만 부에서 지금의 420만 부로 급격히 줄었다.

한때 큰 돈벌이가 되었던 플레이보이 클럽도 22개에서 3개로 줄었고, 수익성이 좋은 도박 산업을 할 수 없도록 강제되어 매출액이 작년에는 1억 8,700만 달러로 반이나 줄었다. 그러나 보다 더 중요한 문제는 사람들의 섹스에 대한 태도가 크게 변화했는데《플레이보이》가 여기에 어떻게 대응해 나가느냐 하는 것이다. 오늘날 대중들의 취향은《플레이보이》가 외설적인 누드사진과 결백한 섹스 기사로 세인의 주목을 끌었던 50년대나 60년대와는 판이하게 다르다.

따라서 C. 헤프너는 회사의 사업 내용을 바꿀 뿐만 아니라,《플레이보이》잡지가 그동안 내걸었던 '섹스를 통한 남성용 오락'이라는 신조를 바꾸지 않으면 안 되는 사태에 직면하고 있다.

¶ 섹스 잡지에서 남성용 생활 잡지로

《플레이보이》가 아직도 남성용 오락 잡지로서는 선두를 달리고 있지만, 《펜트하우스》나 《허슬러》 등 보다 노골적으로 섹스를 드러내는 도전적인 잡지들 때문에 일종의 위기에 봉착하게 되었고 그 타개책을 모색한 끝에 이제는 섹스만으로는 과거의 번영을 누릴 수 없다고 판단하기에 이른 것이다. 이러한 판단 아래, 《플레이보이》는 '감각적인 섹스 잡지'라는 이미지에서 탈피, 남성용 생활잡지로 변모하려 하고 있다. 패션이라든가 여행, 팝 뮤직 등의 페이지를 늘리고 있다. 아울러 스포츠 칼럼도 넣고, 여성 독자를 겨냥한 페이지를 넣고 있다.

그러나 《플레이보이》의 이러한 변모에 대해서 회의적인 사람들도 많다. 펜트하우스 인터내셔널의 부회장 캐시 키튼은 "그들은 지금 《라이프》, 《루크》 또는 《새터데이 이브닝 포스트》 같은 편집을 지향하기 때문에 반드시 실패할 것이다. 또 어떤 경우에는 《코스모폴리탄》이나 《스포츠 일러스트레이티드》와 같이 되었으면 하기도 한다. 그들은 지금 자기들이 어느 방향으로 나아가고 있는지조차 모르고 있다"라고 냉소하고 있다.

캐시 키튼은 독자들이 여전히 섹스 기사가 많기를 원하고 있다고 굳게 믿는 사람이기는 하지만, 그녀는 또 "현대는 잡다하게 경영하는 시대는 아니다. 그러나 C. 헤프너는 길을 잃었고, 그녀의 아버지도 마찬가지다"라고 말한다. 《플레이보이》가 종래의 '감각적인 섹스 중심의 남성 오락 잡지'에서 '남성용 생활 잡지'로의 변신을 서두르고 있는 것을 방향 감각의 상실이라고 보는 것이다.

그러나 헤프너 회장은 자기 딸이 올바르게 경영을 하고 있다고 믿고 있다. C. 헤프너는 《플레이보이》가 《펜트하우스》나 《허슬러》처럼 노골적인 섹스 잡지가 되기보다는 오히려 경쟁지보다 더 아름다운 여성들의 사진을 싣고 또 발가벗은 명사들을 더 많이 등장시킬 것이라고 말한다. 예를 든다면 《플레이보이》가 지난 83년 12월에 거두었던 대성과인 여배우 〈조앤 콜린지의 모든 것〉과 같은 특집 기사를 앞으로도 계속 발굴하고 싶어 한다.

C. 헤프너는 《플레이보이》의 이러한 변모로 잡지 발행 부수가 410만 부를 넘는 수준에서 안정되게 되었고, 따라서 광고업자들을 안심시킬 수 있다고 확신하고 있다. 이러한 그녀의 판단과 확신이 들어맞아 《플레이보이》가 과연 위기를 극복하고 살아남을 수 있을지는 조금 더 시간을 가지고 지켜보아야 할 것이다.

쓰러져가는《코스모폴리탄》을
기사회생시킨 맹렬 편집장은
성평등을 주장했다.

헬렌 걸리 브라운   Helen Gurley Brown

《코스모폴리탄》
편집장

¶ 잡지의 변신은 혁명적이어야

잡지는 독자의 지지를 얻지 못하면 대개 그 편집을 바꾸려고 안간힘을 쓴다. 이러한 변신을 위한 노력은 실패 사례가 많은데 《코스모폴리탄》의 경우에는 이를 보기 좋게 성공시켰다. 우리나라에도 이러한 변신에 실패해 문을 닫은 잡지사가 수없이 많다. 그것은 이러한 변신이 가히 혁명적이어야 하는데, 대개 그러지 못하고 임시변통의 어정쩡한 상태에 머물고 말기 때문이다.

잡지의 변신은 먼저 대상 독자에 대한 재검토부터 시작해야 한다. 잡지가 독자의 지지를 얻지 못하는 가장 큰 원인은 대상 독자 파악에 어떤 잘못이 있을 경우가 많다. 독자층이란 불변이 아니다. 2, 3년만 지나도 독자층에 큰 변화가 생기고, 10년이 지나면 독자층은 새롭게 바뀐다. 특히 오늘날과 같이 급격히 변화하고 발전하는 사회에서 갖가지 매스컴과 정보의 홍수 속에서 살고 있는 독자들은 자기도 모르는 사이에 하루가 다르게 변화하는 것이다.

이러한 독자를 대상으로 삼는 잡지가 이제까지의 편집 방침을 언제까지나 고수할 수 있다고 생각하는 것은 큰 착각이다. 따라서 대상 독자에 대한 철저한 재검토나 연구 없이 잡지의 혁명적인 변신은 불가능해진다. 《코스모폴리탄》은 헬렌 걸리 브라운이라는 편집장을 새로 맞아들이면서 변신을 단행했고 성공한 것이다.

100년 역사의 《코스모폴리탄》은 헬렌 브라운이 편집장으로 취임하기 전에는 폐간 직전의 위기에 처해 있었다. 잡지에는 명확한 편집 방침이 있어야 하고 그 방침을 원활하게 운영해야 한다. 그렇지 못한 경우 그 잡지는 죽어버리고 만다. 헬렌 브라운이 등장할 때까지 《코스모폴리탄》은 긴 역사를 자랑했음에도 그 속에서 '명확한 편집 방침'을 잃고 '원활한 운영'도 못하는 상태에서 표류하고 있었던 것이다. 이처럼 쓰러져가는 《코스모폴리탄》에 1965년에 혜성처럼 등장한 편집장 헬렌 브라운과 그녀가 연출한 화려한 변신은 미국 잡지계에 수많은 화제를 뿌려 놓았다. 그녀에 관한 단편적인 이야기를 늘어놓기 전에 먼저 《코스모폴리탄》이 걸어온 길을 간략하게 살펴보는 것이 차례일 것이다.

¶ 잡지는 마음의 대학이어야 한다.

260만 부의 발행 부수와 100년의 역사를 자랑하는 잡지《코스모폴리탄》은 오늘에 이르기까지 수많은 변신을 거듭해 왔다. 100년이라는 역사가 흐르는 동안 이 잡지는 여러 번 그 주인이 바뀌었고, 그 편집 방침 또한 변화무쌍하게 바뀌어 왔다. 아마 세계의 잡지 사상 이 잡지만큼 숱한 변신을 거듭하면서《코스모폴리탄》이란 제호를 끈질기게 지켜온 잡지도 없을 것이다.

"세계는 나의 조국, 인류는 나의 동포The world is my counry and all makind are my countrymen"라는 취지를 내건《코스모폴리탄》이 창간된 것은 1886년 뉴욕주 로체스터에서였다. 창간한 곳은 슐리히트 앤 필드라는 소규모 출판사였다.

창간 당시의 편집 방침은 그 이름이 말해 주듯이 범세계적인 내용이었다. 뉴욕에 사는 서민들의 생활상을 싣는가 하면 고대인의 생활상과 모차르트의 젊었을 때 이야기를 싣는 등, 여행기와 전기를 중심으로 한 다양한 내용이었다. 그러나 이렇다 할 특징이 없었기 때문에 발행 부수는 1만 부 선에서 맴돌았고, 결국 경영난에 허덕이게 되었다. 창간한 지

3년 후인 1889년에 《코스모폴리탄》의 판권은 존 브리스벤 워커John Brisben Walker의 손에 넘어갔다. 그는 철공업으로 큰 돈을 번 사람으로 예전부터 잡지 같은 문화적인 사업에 야망을 갖고 있었다. 그는 잡지는 '마음의 대학'이어야 한다고 믿고 있었다. 이러한 신념에 따라 그는 《코스모폴리탄》을 교양 잡지로 바꾸고 읽기 쉬운 기사와 대중 소설을 많이 실었다. 이러한 편집이 효력이 나타나 부수는 5년 동안 1만 6,000부에서 40만 부로 크게 늘어났다.

《코스모폴리탄》이 발행 부수 100만 부대의 대잡지로 성장한 것은 1905년, 이 잡지의 판권이 미국의 신문왕 허스트의 손으로 넘어가 편집의 천재라고 일컬어질 레이 롱Ray Long이 편집을 맡으면서부터였다. 윌리엄 랜돌프 허스트William Randolph Hearst는 1951년 88세의 고령으로 세상을 떠날 때까지 미국의 30개에 가까운 유력한 일간지를 운영하고 INS 통신을 창업했을 뿐만 아니라 잡지 발행에도 의욕을 보인 명실상부 미국의 신문왕이다. 그의 생활 신조는 '진보'라는 한마디였다. "인간은 정체하고 있어서는 아무것도 할 수 없다. 항상 앞을 보고 걸어가지 않으면 안 된다. 곧 전진과 진보가 있을 따름이다. '어제' 보다도 '오늘'을 향상시키고 '오늘'보다도 '내일'을 더욱 빛나게 만들지 않으면 안 된다." 이러한 생활 신조 아래 그가 신문 제작에 있어서 항상 강조한 점은 다음 두 가지였다.

"최대 다수의 대중에게 어필하도록 신문을 편집하라."

"대중의 독서 습관이 증대되도록 항상 명심하라."

신문 편집에 있어서도 미국 시민의 독서 습관 향상을 강조한 그의 이러한 방침은 우리에게도 큰 교훈이 아닐 수 없다.

¶ 잡지에 손을 댄 신문왕 허스트와 명편집자 레이 롱

허스트가 잡지에 손을 대면서 매수한 것이 《코스모폴리탄》이었고, 이어서 그는 《하퍼스 바자》, 《굿 하우스키핑》 등 여러 잡지를 인수하여 운영하게 된다. 허스트가 시골에서 신문기자로 있던 레이 롱을 스카우트해서 《코스모폴리탄》의 편집장으로 앉힌 것은 1918년이었다. 그의 편집 방침은 항상 독자보다 한걸음 앞선 자세에서, 그가 찾아낸 아이디어를 보다 광범위한 지식층이 흥미를 갖도록 발전시키고, 그 아이디어가 신선함을 잃으면 과감히 버린다는 데 있었다.

그는 잡지 편집을 성공시키는 비결은 평균적인 미국 시민의 취향과 기호를 알아내는 데 있다고 말했다. 일반 대중은 그들이 무엇을 바라고 있는가를 알지 못하며, 이것을 찾아내는 일이야말로 편집자의 업무라고 믿고 있었다. 레이 롱이 1931년 《코스모폴리탄》을 떠날 때까지 주력한 것은 대중의 흥미를 끌고 마침내 감동시키는 소설이었다. 따라서 그가 편집하는 동안에 《코스모폴리탄》을 일종의 대중 소설 잡지였다고 할 수 있다.

이러한 그의 편집이 성공해서 《코스모폴리탄》의 부수는 100만 부를 넘어서서 170만 부까지 늘어났고, 광고료 수입도 두 배 이상이나 늘어났다. 이러한 레이 롱의 능력을 높이 평가한 허스트는 그의 급료를 파격적으로 인상했다. 레이 롱은 연봉 10만 달러를 받는 세계 최고의 편집장이 되었고, 후에 허스트가 설립한 국제 잡지 회사의 사장 겸 주간이 되었다. 1931년 레이 롱은 《코스모폴리탄》을 떠나 출판사를 차려 독립했으나 성공을 거두지 못하고 1935년 비벌리힐스의 자택에서 소총으로 자살하는 불운의 생애를 마쳤다.

레이 롱의 뒤를 이어, 한때 《맥콜》을 편집했던 해리 페인 버튼이 10년 이상이나 《코스모폴리탄》을 편집했다. 그는 레이 롱의 편집 방침을 그대로 고수했기 때문에 《코스모폴리탄》은 순조롭게 현상을 유지해 나갈 수 있었다. 그러나 2차 대전이 끝난 직후인 1946년 아서 고든Arthur Gorden이 편집장으로 취임하면서부터 《코스모폴리탄》의 편집 방침에 큰 변화가 일어났다. 학자 출신인 그는 많은 부수를 발행하는 잡지는 독자의 지적 호기심을 뒤따라가야 한다고 생각하고, 자극적인 기사를 찾아내 게재하는 데 골몰했다. 그러나 독자는 그의 편집 방침에 냉담했다. 이때부터 《코스모폴리탄》은 부수가 떨어지기 시작해 60년대에 들어서는 170만 부의 반절도 안 되는 80만 부 수준으로 전락했다.

그 후 《코스모폴리탄》은 몇 사람의 새 편집장을 맞이해 과거의 영화를 되찾으려고 안간힘을 썼지만 큰 효과가 없었다. 부수와 광고 수입은 날로 줄어들어 60년대에 들어서는 어떻게도 손을 쓸 수 없는 구제불능의 상태까지 이르렀다. 이러한 처지에 있을 때 등장한 사람이 바로 헬렌 걸리 브라운이다.

¶ 베스트셀러『섹스와 독신 여성』의 저자

1965년 《코스모폴리탄》은 헬렌 걸리 브라운이라는 40대에 들어선 중년 부인을 새 편집장으로 맞아들였다. 80년이 된 《코스모폴리탄》 역사상 처음으로 등장한 여성 편집자였다. 더구나 그녀는 편집자로서는 경험이 전혀 없는 새로운 얼굴이었다. 그러나 그녀가 등장하자마자 죽어가고 있던 《코스모폴리탄》은 새로운 생명을 얻은 듯 살아나기 시작했고, 《코스모폴리탄》은 광고 업계에서 '화제의 잡지'로서 주목을 받기 시작했다.

헬렌 브라운은 편집자로서는 신인이었지만 전혀 이름이

《코스모폴리탄》 1965년 7월호 표지.

알려지지 않은 무명의 존재는 아니었다. 당시 큰 화제를 불러일으킨『섹스와 독신 여성』이라는 책의 저자로서 60년대의 섹스 혁명에 앞장선 명사였다. 여성의 사랑과 섹스에 관한 그녀의 체험적이고 대담한 의견에 주목한 경영진이 그녀를 편집장으로 맞아들였던 것이고, 그녀는 이러한 경험과 의견을 그대로《코스모폴리탄》편집에 반영시킨 것이다. 여기서 그녀를 이해하기 위해 문제의 저서에 대해서 잠깐 알아보자.

헬렌 브라운이『섹스와 독신 여성』을 집필했을 때 그녀의 나이는 40세였다. 할리우드 광고 대리점에서 광고 문안만 쓰는 일에 싫증이 나서 남편인 데이빗 브라운에게 책을 쓰고 싶다고 상의했다. 데이빗 브라운은 후에 〈스팅〉, 〈죠스〉 같은 영화를 제작한 프로듀서이다. 자기가 아는 것을 솔직하게 쓰면 된다고 남편은 말했다. 헬렌 브라운은 남편의 충고에 따라 "여자가 독신으로 지낸다는 것은 어떤 것인가"를 자기의 체험을 바탕으로 쓰기 시작했다. 그것은 여자가 독신으로 지낸다는 것이 얼마나 즐거운 것인가를 설명하고 있다. 그 제1장에서 그녀는 주장한다. "이론상으로는 〈고상한〉 독신 생활에는 성생활이 없다. 그러나 천만의 말씀! 그녀에게는 결혼한 친구들보다 더 멋있는 성생활이 있다."

이 책이 나온 1962년 당시로서는 이것은 대담하기 그지없는 표현이었다. 이『섹스와 독신 여성』은 그해 베스트셀러가 되어 14만 부나 팔렸다. 헬렌 브라운의 이 책이 그렇게 많이 팔린 것은 따지고 보면 놀랄 만한 일이 아니었다. 당시 미국에는 미혼 여성이 2,300만 명이나 있었으니까. 이 수는 성년에 달한 여성 인구의 삼분의 일에 해당한다. 영화사는『섹스와 독신 여성』의 영화화하는 권리를 20만 달러에 샀다. 그러나 실은 이 책의 내용이라기보다, 그 제목의 사용권을 산 것이기 때문에 제목 값치고는 어마어마한 액수였다.

¶ 섹스 그것은 여성의 최고의 테마

브라운만큼 섹스, 특히 여성의 섹스에 대해서 대담하고 진보적인 철학을 가진 사람은 없을 것이다. 남성들이 섹스를 즐기고 있는 것 이상으로 여성도 섹스를 남성과 동등한 입장에서 즐겨야 한다고 그녀는 목청을 높이고 있다. 그리고 모든 여성은 보다 더 섹시해야 한다고 강조한다. 그녀의 이러한 철학이 그녀의 잡지 편집의 기저가 되는 것이 아닌가 생각된다. 브라운은 성공─사랑에 있어서, 돈벌이에 있어서, 사회 생활에 있어서, 그리고 섹스에 있어서─하고 싶은 후배 여성에 대한 충고를 자전적으로 쓴 저서『모든 것이 내 것*Having it All*』에서 고백한 그녀의 인생 철학을 몇 가지 소개하기로 한다.

† 　　　　　헬렌 걸리 브라운, 『섹스와 독신 여성』, 버나드 J. 가이드, 1962.

성공한 여성은 누구보다도 섹시하다

섹시하다는 것은 어떤 것인가? 섹시하다는 것은 자기 몸을 사랑하고, 여자라는 것을 사랑하고, 남자를 사랑하고, 남자의 몸을 사랑하고, 그이와 함께 있을 때 두 사람의 몸을 사랑하는 일이다. 섹시하다는 것은 성공하는 데 방해가 되지 않으며 오히려 큰 도움이 되는 것이다. 여자가 출세하면 남자같이 냉정한 인간이 되어버린다는데 참말일까? 중역이라든가 뭔가 큰 권력을 가진 지위에 앉는다고 해서, 그 여자의 마음속까지 달라지고 남을 대하는 방법이 달라지는 것은 아니다. 출세하는 여자는 누구보다도 섹시한 여자다. 그녀의 이야기가 재미있고 항상 타오르고 있기 때문이다. 그녀들은 매력적이고 모든 사람의 귀여움을 받고 존경을 받기 때문에 항상 남성의 눈을 잡아끌고 있는 것이다.

나 개인의 섹스론

때때로 나는 섹스라는 것은 큰 회색의 고양이 같은 것이 아닌가 생각한다. 빨리 와서 내 무릎 위에 앉아 주었으면 좋겠다고 생각하면 재빨리 내 손에서 빠져나와 도망치고 만다. 그런데 나중에 침대에서 책을 읽거나 친구 집에 놀러가거나 해서 고양이 같은 것은 티끌만큼도 생각나지 않을 때에 한해서, 이 고상하고 제멋대로

인 고양이가 내 배 위에 기어올라 제 세상을 만난 듯 울기 시작한다. 사람을 죽여!

섹스도 변덕쟁이어서 꼭 형편이 좋지 않을 때를 골라서 굴러들어온다. 그런데 섹스야말로 무엇보다도 피를 들끓게 하고, 정신이 멍해질 것 같은, 희한하고 찬란한, 마음 설레는 체험이라는 것은 틀림없다. 나는 지금도 섹스에 열중하고 있다. ―사랑의 불순물로써도 물론이지만, 섹스 그 자체로도 멋있는 것이지. 지금의 나는 옛날부터 정숙한 아내이지만, 20세 때 처녀를 줘버리고 나서(잃어버린 것이 아니다!) 결혼할 때까지 다채로운 성생활을 보내온 것을 진심으로 기뻐하고 있다. 조르주 상드가 말한 것처럼 "섹스는 모든 창조 중에서 가장 신성한 것이고, 인생에서 가장 진지한 행위이다". 참으로 동감이다.

이상과 같은 그녀의 섹스론의 일부를 보고 그녀가 섹스에 대해서 무절제하고 난잡한 바람둥이 같다며 오해할지 모르지만 그렇지 않다. 그녀는 여성의 섹스에 대해서 종전과 같이 피동적인 자세에서가 아니라, 남성과 같이 적극적이고 능동적인 자세로 부딪혀 나가야 한다고 주장하는 것이다. 그리하여 여성으로서 성공한 인생을 사는 데 필요하다면 섹스도 충분히 활용되어야 한다고 주장하는 것이다.

헬렌 걸리 브라운 Helen Gurley Brown

¶《코스모폴리탄》을 여성 잡지로 변신시켜

헬렌 브라운은《코스모폴리탄》의 편집장으로 발탁된 경위에 대해서 이렇게 말하고 있다.

"『섹스와 독신 여성』이 출판된 이후 애정 문제에 관한 상담이 수없이 들어오기 시작했습니다. 그런 편지를 읽고 데이빗이 말했습니다. "당신은 잡지를 하나 만들어야겠는데." 그래서 어느 토요일 밤 우리들은 앉아서 이 잡지를 구상했습니다. 데이빗은 잡지의 기본 방침을 정리하고, 나는 구체적인 기사의 아이디어와 가능성 있는 광고주의 이름을 적었습니다. 데이빗이 이 원안을 가지고 여러 곳의 출판사를 찾아갔지만 어디서나 쌀쌀맞은 대답뿐이었습니다. 그런데 마지막으로 찾아간 허스트 코퍼레이션이 새로운 잡지를 창간할 생각은 없지만, 지금 허덕이고 있는 잡지《코스모폴리탄》에 그 아이디어를 살려서 편집을 맡아주지 않겠느냐고 제의해 왔습니다. 나는 그 일에 덤벼들었습니다. 잡지사 같은 곳에 발을 들여놓은 적도 없었지만 이 이상 만족스러운 일은 없다고 생각했습니다. 이것이야말로 '모든 일에 전력을 다한다'는 나의 생활 신조의 성과라고 나는 생각합니다."

이렇게 해서《코스모폴리탄》의 편집을 맡은 헬렌 브라운은 이 잡지의 화려한 변신을 과감히 시도하기 시작했다. 그녀는 먼저 대담하게 대상 독자를 젊은 여성으로 정하고 《코스모폴리탄》을 여성 잡지로 탈바꿈시켰다. 이것은 여성의 사랑과 섹스에 대한 그녀의 체험적이고 대담한 의견을 이 잡지에 반영시키기 위해서는 불가피하고 당연한 변신이었다.

편집의 초점은 남자의 마음을 사로잡으려면 어떻게 하면 좋은가, 아름답지 못한 여자라도 어떻게 하면 남자의 마음을 사로잡을 수 있을까 하는 문제의 해결에 두었다. 이것은 여성잡지의 영원한 테마이기도 하지만, 헬렌 브라운은 그 문제의 해결에 섹스를 도입했다. 전문적인 편집자가 아니었기 때문에 그녀는 도리어 대담한 편집을 할 수 있었다. 그녀는 자기의 편집 방침에 대해서 이렇게 말한다.

"《코스모폴리탄》은 자기 발전, 직업, 의상, 미용, 여행, 오락, 예술에 흥미를 가진 결혼한 젊은 여성과 독신인 젊은 여성을 위해서 가정 밖의 세계에 특히 중점을 두어 편집한 잡지이다. 이 잡지는 젊은 여성이 자기의 가장 뛰어난 장점이 무엇인가를 깨달을 수 있도록 편집되어 있다."

¶ 잡지는 필링으로 편집한다.

《코스모폴리탄》의 독자는 20대에서 40대까지의 여성이다. 헬렌 브라운은 이러한 독자의 관심이 어디에 있는가를 잘 알고 있다. 미국에서 잡지를 성공시키는 비결은 편집자가 자기가 좋아하는 것을 잡지에 게재하는 데 있는 모양이다. 자기의 기호—이것은 넓은 뜻의 철학이라고 말할 수 있을 것이다—를 잡지에 반영시켜서, 그것을 독자가 받아들여 준다면 광고주의 지지도 받게 되어 그 잡지는 성공한다.《리더스 다이제스트》를 성공시킨 드윗 월레스도 자기의 낙천주의라는 철학을 잡지에 반영시켜 성공했고,《타임》,《라이프》,《포춘》을 성공시킨 헨리 루스도 항상 자신이 알고 싶어 하는 관심사를 잡지 편집에 반영시키는 방침을 고수해 왔다.

그러나 이 경우 잡지 편집자의 기호나 욕구가 독자의 그것과 일치하지 않으면 안 된다. 그래야만 독자가 찾는 것을 잡지가 어김없이 제공할 수 있다. 이러한 점에서 헬렌 브라운은 천재적인 센스를 갖추고 있었다. 그녀는 항상 독자와 함께 생각하고 있었기 때문에 독자도 그녀가 차려준 밥상을 열렬히 받아들였다. 이러한 센스는 그녀를 '필링 feeling'이라고 말한다.

"나는 오늘날에 이르기까지 《코스모폴리탄》의 편집을 거의 전부

'필링'으로 다루어 왔다. 독자의 슬픔이나 내가 가진 슬픔이나 결국 똑같은 것이라 생각했기 때문에 어떤 기사를 실으면 '잠 못 이루는 밤'을 극복하는 데 도움이 되는가를 알 수 있다. 필자가 원고를 가져왔을 때도 '그것이 독자의 마음에 드는가' 어떤가 하는 것은 나의 '필링'으로 알 수 있었고 판단할 수 있었다."

말하자면 그녀는 잡지를 자기의 '필링'으로 편집한 셈이다. 이러한 헨리 브라운의 센스는 《코스모폴리탄》을 광고주에게 선전하기 위해 《뉴욕 타임스》에 게재한 다음과 같은 광고문안을 보면 더욱 잘 알 수 있다.

"나는 아직 사랑을 하고 있다. 그것은 내가 '살고 있다'는 증거! 매일아침 잠에서 깨면 나는 샴페인 속에 든 스트로베리 같은 기분! 그래요. 나 같은 여자는 항상 사랑을 하는 것이 아닐까? 당신은 항상 사랑하는 사람들이 있지……. 친구들, 어머니와 아버지, 옛날의 보이프렌드, 동물들……. 그리고 또 맑은 푸른 하늘의 아침과 좋아하는 가수들, 그러나 사랑을 한다는 것……. 이건 아주 멋있지만 자주 있는 일은 아니야. 내가 좋아하는 잡지를 보면 여러 가지 사람을 사랑하지 않으면 안 된다고 하던데, 정신이 아찔해지는 그 결정적인 경험을 위해서 항상 마음의 준비를 해두라고 하던데, 나는 이 잡지를 아주 좋아해요. 참말로 이 잡지는 내 마음을 누구보다 잘 알아줘요. 내가 저 《코스모폴리탄》의 애독자라는 걸

잘 알지 않으세요."

또 하나를 인용해 보자. 이것은 1978년 4월 27일자 《뉴욕 타임스》에 실렸던 광고이다.

"나는 이 현대를 지지하는가? 물론 물어보나마나 지지하고 있다. 마음으로부터 지지할 수 없는 사람이 있다고는 도저히 믿을 수 없다. 우리나라는 인간을 달에 보낼 수 있는데 ─ 참으로 깜짝 놀랄 만한 위업이지 ─ 여자가 여자라고 해서 차별 받아서는 안 된다는 것을 보장할 수는 없을까? 내가 좋아하는 잡지는 항상 다음과 같은 것을 신념으로 삼고 있다. 여자는 그 재능과 욕망하는 바에 따라 행동해야 한다. 그것이 어머니가 되는 일이든, 모델이 되는 일이든, 수도공사를 좋아하는 일이든, 여객기를 조종하는 일이든, 현대는 이 선택의 자유를 법으로 정해야 될 것이다.(이미 그랬어야 할 일이다.) 이 잡지는 사랑과 친구들이 여자에게는 다시 없이 소중한 것이지만, 그녀의 일도 또한 소중하다고 가르쳐주고 있다. 그렇다. 우리들은(노력만 한다면) 소망하는 남자나 소중한 친구들을 얻을 수가 있다. 그러나 지금은 우리들의 바람직스러운 인생을 ─ 우리들에게 어울리는 인생을 보장할 때이다! 나는 이 잡지를 아주 좋아한다. 내가 《코스모폴리탄》의 애독자라는 건 잘 알지 않으세요."

이상의 광고 문안은 광고주를 대상으로 한 것이었지만, 이 문안을 읽은 젊은 여성들에게도 큰 공감을 주었다. 미국의 젊은 여성들이 가진 꿈을 대변하는 문안이었기 때문이다. 수많은 젊은 여성을 《코스모폴리탄》이야말로 자기들의 꿈을 실현시키는 방법을 제시해 주는 잡지라고 믿기 시작했고, 자기들의 《코스모폴리탄》의 애독자라는 것을 자랑으로 여기게 되었던 것이다.

《라이프》 기자로 활약했던 샤나 알레그단더는 헬렌 브라운과 인터뷰하고 다음과 같이 쓰고 있다.

> "헬렌은 《코스모폴리탄》을 공전의 성공을 거둔 여성 잡지로 만들었다. 그 비결은 간단했다. 그녀는 자기의 독자들이 무엇을 알고 싶어 하는가를 잘 알고 있었고, 그것을 제공하는 데 어떠한 노고도 아끼지 않았던 것이다."

¶ 시골의 가난한 집에 태어난 억척 여성

아칸소의 시골도시 리틀포레스트에서 태어난 헬렌 브라운은 어릴 때부터 불우한 생활을 보냈다. 아버지가 일찍 세상을 떠나, 경제적으로 불안정한 1930년대의 불황 속에 살면서, 소아마비에 걸려 불구가 된 언니의 간호까지도 떠맡아야 했다. 그녀는 어릴 때부터 똑순이었고 억척 여성이었다. 18년간이나 비서로 일하면서 돈을 벌고 출세를 하기 위해 그야말로 피눈물 나는 노력을 계속했다. 그러다 우연한 기회에 운이 트이기 시작했다. 광고 대리점의 사장이 헬렌 브라운의 편지를 보고 그 글재주를 인정하여 그녀를 카피라이터로 승격시켜 주었다. 이것이 그녀가 활자 매체와 인연을 맺게 된 시초였다. 그녀의 고백에 의하면 그녀의 청춘 시절은 비참했다.

> "말단 비서 자리는 월급도 많지 않았고……. 나는 가슴도 크지 않았고 그렇다고 재주가 있는 여자도 아니었고……. 얼굴은 여드름 투성이어서 몹시 고민했고, 초라한 아파트에는 가구가 없이 빈 오렌지 상자를 가구 대신 놓고 사용했다."

특히 자기 자신의 용모에 대해서 남다른 열등감을 갖고 있던 그녀는 자기의 용모를 되도록 매력적으로 가꾸어나가는 데 노력했다. 여드름 자국을 줄로 밀어서 없애고, 코를 정형 수술하고, 집게로 보기 싫게 난 머리털을 뽑아내 그 모양을 다듬었다. 다이어트를 하면서 미용 체조를 열심히 하고, 비타민제도 먹었다. 이러한 눈물겨운 노력은 열매를 맺어, 그녀는 37세 때 평생의 반려인 데이빗 브라운을 붙잡는 데 성공한다.

이러한 헬렌 브라운의 억척스러운 생활은 그녀의 고백적 자서전이라고 할 수 있는『세상은 나에게 모든 걸 가지라한다*Having It All*』에 잘 나타나 있다. 이 책에서 그녀의 고백을 몇 가지 인용해 본다.

"내가 처음으로 취직한 자리는 로스앤젤레스에 있는 KHJ라는 방송국의 아나운서 비서였다. 신출내기 비서의 '무능'을 차례차례 찾아내어서 잔소리를 늘어놓던 그의 목소리가 지금도 생생히 기억난다. 그 일을 시작한 것은 18세 때, 그 후 비서로 16군데의 직장을 전전했지만, 그때 한 일은 모두 하잘것없는 일뿐이었다. 내가 제대로 비서로서의 일을 할 수 있게 된 것은 25세가 되었을 때니까 무려 7년이나 걸린 셈이다."

"31세가 되었을 때 비로소 비서 생활을 졸업했으니, 일하기 시작한 지 13년이 걸린 셈이다. 카피라이터로서 새로운 출발을 한 뒤에도, 광고에 무엇을 쓰는 게 좋을까 생각할 때 도움이 된 것은 '필링(느낌)'이었다. 오늘날에 와서《코스모폴리탄》의 편집을 하는데 있어서도 나는 거의 모든 것을 이 '필링'에 의지하고 있다. 올바른 '필링'을 갖는다는 것은 출세를 위한 특기의 하나이다."

¶ 무슨 일에도 전력투구하는 생활 신조

미국 잡지계에서 헬렌 브라운과 대조적인 존재는 지적인 여성을 대상으로 한 《미즈》를 창간하고 그 잡지의 사장이 된 글로리아 스타이넘이다. 글로리아 스타이넘은 처음부터 유리한 환경에 있었다. 뛰어난 미모와 넘쳐흐르는 재능이 있었기 때문에 그녀는 젊어서부터 명사가 되었다.

글로리아 스타이넘의 데뷔는 플레이보이 클럽의 바니걸이었다. 그녀는 생활에 궁해서 바니걸이 된 것이 아니라, 플레이보이 클럽의 실태를 폭로하기 위해서 바니걸이 되었고, 그 수기는 그녀를 일약 유명하게 만들었다. 이와 같이 글로리아 스타이넘은 비교적 쉽게 명성을 손에 넣었으나 헬렌 브라운은 그야말로 피나는 노력 끝에 명성을 손에 넣었다. 이처럼 맹렬 여성의 억척 인생을 살아온 헬렌 브라운은 이렇게 말하고 있다.

> "나의 신조는 자신의 힘을 최대한 발휘하는 일이며, 투쟁과 일을 계속해 나가는 데 있어 하나하나에 전력투구를 하는 것이다."

이러한 헬렌 브라운의 신조는 곧 미국의 신조이며, 미국 시민의 성공의 공식—근면, 끈질긴 노력, 용기—이다. 더구나 헬렌 브라운은 여자도 이러한 신조로 살아갈 때 자신들의 꿈을 실현시킬 수 있다고 믿어 의심치 않고 있다. 헬렌 브라운의 이러한 신조가 매월《코스모폴리탄》에 반영돼 있다. 그리고 헬렌 브라운은 매월 성생활을 적극적으로 즐겨야 한다고 독자에게 권하고 있다. 그 권하는 방법이 집요하고도 개방적이다. 섹스에 대해서 그녀는 낙천적인 철학을 갖고 있다. 그리고 섹스에 대한 죄악감에서 여성을 해방시키려고 노력하고 있다.

《코스모폴리탄》의 독자는 여성뿐만이 아니다《미즈》와 마찬가지로 남성 독자도 적지 않다. 그리고 대부분의 남성 독자는《미즈》의 독자보다《코스모폴리탄》의 독자 쪽에 더 호감을 가지고 있다는 것이 그들의 솔직한 고백일 것이다. 지금《코스모폴리탄》을 읽는 독자는 실은 20년이나 30년 전의 헬렌 브라운 자신이라고 그녀는 생각한다. 엄밀히 말하자면 18세부터 34세까지의 독신으로 남자를 갖고 싶어 하는 일하는 여성이다. 그녀들은 뉴욕 시내에 근무처를 가지고 있고, 집은 교외에 있다. 이와 같은 독자상에 대한 조사 보고가 1974년 8월 11일자의《뉴욕 타임스 매거진》에 실린 적인 있다. 그 조사 보고의 중요한 내용은 다음과 같다.

《코스모폴리탄》독자의 60퍼센트는 18세부터 34세까지의 여성(미즈는 70퍼센트)이고, 그중 78퍼센트(미즈 66.6퍼센트)가 대도시에 살고 있으며 61.3퍼센트(미즈는 74.6퍼센트)가 직장을 가지고 있다. 그러나《코스모폴리탄》의 독자 250만 명 중 미

혼은 37.8퍼센트(40만 부를 발행하는 《미즈》는 49.8퍼센트)에 불과하
다. 독자 학력을 보면 대학을 졸업한 수에 있어서 《미즈》가
《코스모폴리탄》의 두 배 이상이다. 독자의 재정 상태도 《미
즈》 쪽이 《코스모폴리탄》보다 훨씬 여유가 있다. 《코스모폴
리탄》과 《미즈》를 비교하여 어느 잡지평론가는 〈이브의 두
개의 얼굴―미즈와 코스모〉라는 글에서 다음과 같이 말하고
있다.

> "《코스모폴리탄》과 《미즈》도 주장하는 것은 똑같이 여성의 해방
> 이다. 전자는 이브의 유방을 살짝 드러내고 인공 눈썹을 달고 화
> 장을 하고 있지만, 후자는 이브의 화장기 없는 얼굴에 안경을 쓰
> 고 스웨터를 입고 있다. 그리고 전자의 250만 독자는 매달 잡지가
> 나오기를 애타게 기다렸다가 책방이나 터미널 매점에서 사 보고
> 있지만, 후자의 40만 독자는 잡지가 우송되어 오기를 점잖게 기
> 다리고 있다."

《코스모폴리탄》을 애독하는 여성들은 20년 전이나
30년 전의 헬렌 브라운 같은 여성이다. 자신의 행복과 사랑
을 꿈꾸고 그 실현을 믿고 있는 '소리 없는 여성들'이다. 그것
이 가장 평균적인 미국 여성인지도 모른다.

"편집자는 활자 매체의 중매자이자 연출자다"

이권우
도서평론가

． ．

대학 선배인 이문재 시인이 뜬금없이 고정기 선생님을 아느
냐 물었던 적이 있다. 내가 워낙 오지랖이 넓어 이것저것 다
아는 체하고 다니고, 이 사람 저 사람과도 인연이 있어 그랬
던 모양이다. 나는 고 선생님 따님이 선배하고 《시사저널》에
서 같이 근무하지 않았냐고 했더니, 그걸 어떻게 아느냐는
표정을 지었더랬다. 그러고서는 며칠 지난 다음 고정기 선생
님 시집을 내는데 발문을 쓰라고 나한테 부탁했다. 선생님이
한국전쟁 중 통역 장교로 활동하면서 틈틈이 쓴 시를 모아
뒤늦게나마 시집을 내기로 했단다. 아니, 나는 도서평론가이
지 문학평론가가 아니라며 손사래를 치며 거절했는데, 문단
보다는 출판계 쪽에서 글을 쓰는 게 낫겠다고 권해서 고 선
생님의 시집 『진중유화』에 글을 쓰고 말았다. 그 인연이 이어

지어 이제 복간되는 고 선생님의 『편집자의 세계』에 추천사를 쓰게 되었다. 아무래도 지금 맹활약하는 편집자는 고 선생님이 이력을 잘 모를 테니, 그때 썼던 글의 일부를 인용해 이해를 돕고자 한다.

내가 전설적인 편집자 고정기 선생의 이름을 들은 건 1990년대 중반이었다. 지금이야 도서평론가라고 하며 나대고 있었지만, 당시에는 세상에 적응하지 못하고 이리저리 떠돌아다니던 프리랜서였다. 《출판저널》에서 모셨던 이승우 주간님께서 을유문화사 50년사 마무리 작업하면서 용돈벌이라도 하라 하셔서 조계사 옆에 있는 을유문화사 2층에 들락거릴 무렵이다. 을유문화사 사옥은 겉으로는 멀쩡한데, 안에 들어가면 고풍스럽기 그지 없었다. 오래되고 낡고 영욕의 세월을 같이해온 사무 가구를 보노라면 짠한 마음이 들었다.

그 무렵은 을유문화사가 반짝 기사회생해서 이것저것 모색하던 때였다. 활기가 있었다. 그러니 분위기가 여러모로 좋았다. 이미 쓰인 원고를 손보면서 을유의 역사를 익히고, 새로 집필할 대목을 준비하려고 이런저런 책을 보다 손에 딱 쥔 책이 기든스의 『현대사회학』이었다. 기든스가 누구던가, '제3의 길'을 외치며 노동당의 재집권을 가능케 한 세계적인 사회학자가 아니던가. 그런데 이 참신하고 유명한 저자의 책이 이 오래된 출판사에서 나왔다는 게 의아해서 이것저것 물었다. 그때 들은 이름이 바로 고정기. 책에는 다 인연이 있는 법이다. 이 책이 을유문화사에서 나온 데는 각별한 인연이 작용했는데, 공동 번역자인 아무개 교수가 고 선생 사위여서 책을 소개해주고 번역도 한몫해주었다는 말을 들었다. 기든스의 『현대사회학』은 명맥이 끊겼던 대학 총서의 간판격으로 나온 책이었는데, 대학 교재로 쓰이며 상당히 많이 팔려나갔다. 지금까지도 을유문화사가 판권을 유지하면서 스테디셀러로 자리 잡았다.

『을유문화사 50년사』를 작업하면서 알게 된 선생의 활약상을 소개하면 이렇다. 선생이 을유문화사와 인연을 맺은 것은 1988년이었다. 해방둥이 을유는 기획과 영업에서 두루 큰 성과를 보여 큰 발전을 이룬 출판사였다. 하지만 1970년대 후반 들어 전집물 퇴조에 따라 경영 악화를 겪었고, 설상가상으로 6개 과목의 교과서를 출원했지만 전과목 탈락의 고배를 마시며 큰 타격을 입었다. 하락세를 겨우 벗어난 을유문화사는 1980년 후반 들어 독서 대중이 실생활에 도움이 되는 가볍고 실용적인 책에 관심을 기울이는 점에 주목해 대중적인 아이템을 개발하기로 했다. 그동안 쌓아온 인문 출판의 역사도 이으면서 바뀐 출판 환경에 적응할 조타수로 선생을 편집주간으로 모셨다.

고정기 효과는 다음 해 금세 나타났다. 필립 체스터필드의 *Letters To His Son*을 내용에 걸맞게 제목을 바꾼 『내 아들아 너는 인생을 이렇게 살아라』가 시쳇말로 대박을 터트렸다. 50년사는 이 부분에 "오랜만에 나온 베스트셀러"라는 제목을 붙였다. 오랜 갈증을 다스린 단비 같은 기획이었다는 점을 강조한 셈이다. 선생은 경영진의 기대대로 잡지에서 익힌 기획력을 단행본 출판에 성공리에 접목했다. 이어서 출간한 웨인 W. 다이어의 『내 인생 내가 선택하며 산다』도 역시 낙양의 지가를 올렸다. 워낙 무거운 책만 내던 출판사라 두 권의 베스트셀러가 서로 경쟁하면서 순위 다툼을 하니, 출판계와 언론계에 두루 화제를 낳았다고 하는 기록이 사사에 적혀 있다(라고 써야 하지만 그 대목을 내가 썼던 기억이 난다).

1995년이 을유문화사가 고고성을 울린 지 50년 되는 해다. 『을유문화사 50년사』가 출간된 것은 1997년이다. 50년사에 보면 '창립 50주년을 맞은 1995년, 전국 도서 전시회에서 MBC와 인터뷰를 하는 고정기 상무'라는 설명이 붙은 사진이 실려 있다. 선생이 창졸지간에 돌아가신 해가 바로 이 해이니, 선생이 가시고 얼마 지나지 않아 내가 을유에서 50년사를 마무리했던 모양이다. 그런데 누가 이 인연을 알겠는가? 선생을 아는 사람들 대부분이 돌아가시거나 사회 생활을 접은 상태다. 그런데 직접 뵙지는 못했지만, 그 마지막 활약상을 기록했던 사람에게 선생의 유고 시집을 준비하는데 발문을 써보지 않겠냐는 부탁을 받고 깜짝 놀랐다. 인연이라면 인연인데, 출판계의 대선배에게 바치는 헌사라 여기고 기꺼이 쓰겠다고 답했다.

『을유문화사 50년사』에 기록된 대로 고정기 선생은 잡지 편집자 출신이었다. 1930년 전주에서 태어나 전주 고등학교를 졸업하고 서울대 국문과에 입학했다. 한국전쟁 시기에는 이 시집에 잘 나오듯 통역 장교로 지냈고, 학업을 마치고 1956년 첫 직장으로 잡은 곳이 여원이었다. 잡지 편집자의 삶은 『한국현대언론인 열전』에 잘 나와 있다. 선생이 입사했을 적에 여원사에는 김영만, 최일남, 이문환이 근무했는데, 최일남을 이어 선생이 1959년 편집국장이 되었다.

오늘의 독자를 위해 《여원》을 설명해야겠다. 이 잡지는 본디 학원사가 1955년 창간한 월간 여성 잡지였는데 이듬해 독립했다. 교양, 오락, 생활 정보뿐만 아니라 문학 작품도 실었다. 1956년에 한 대학생 대상 설문 조사를 보면 여학생은 《여원》을 가장 많이 보고 남학생은 세 번째로 많이 보는 잡지였다. 연예인 신변잡기나 다루는 여성지라는 편견으로 《여원》을 평가하면 안 되는 이유다. 선생이 잡지 편집을 진두지휘할 적에는 4만부나 발행하는 최고의 잡지였다.

이후 선생은 《월간중앙》《여성중앙》《주부생활》에서 편집자로 활약했다. 기실 편집자라는 말이 확실히 뿌리 내린 지는 얼마되지 않았다. 그런데 자료를 살펴보면 선생이야말로 자신의 정체성을 일찌감치 편집자라 규정했고, 그 의미와 가치를 두고 "편집자는 바로 이러한 활자 매체의 중매자이며 연출자이다. 저자와 독자의 중간에 서서 저자의 사상이나 문화가 올바르게 활자화되어 독자가 이를 정확히 이해하고 흡수하도록 연출하기도 하고, 저자로 하여금 새로운 사상이나 문화를 창조하도록 자극하고 도와주는 촉매자 역할을 하기도 한다"고 명토 박았다. 오늘 편집 일을 하

는 이들의 대선배라는 말보다 선구자라는 수식어가 더 어울릴 법
하다.

『편집자의 세계』는 1986년 보성사에서 나왔다. 이 출판
사는 오랫동안 출판협회에서 일하다 사무국장까지 지냈고,
《출판저널》 경영에도 참여한 고 이경훈 선생님이 운영했다.
보성사는 『출판편집총서』를 꾸준하게 냈고, 당시에도 현장
편집자가 즐겨 보았고, 특히 대학 강단에서 교재로 채택되기
도 했다. 고정기 선생님은 이 총서에서 『편집자의 세계』와 더
불어 『잡지편집의 이론과 실제』를 펴냈다. 1990년대만 해도
우리 출판계는 편집자의 중요성을 인정하면서도 체계적인
이론적 기반 없이 경험에 기초한 현장 중심의 교육이 주를
이루었다. 이런 가운데 총서를 기획해 다음 세대의 편집자에
게 계몽적 교육적 영향을 끼치려 한 이경훈 선생님이나, 이
총서에 참여한 여러 필진의 공을 높이 평가해야 마땅하다.

『편집자의 세계』는 미국을 대표하는 편집자를 두루 소
개한 책이다. 잡지와 단행본을 경험한 고 선생님의 이력답게
두 업계를 대표하는 편집자가 등장한다. 이 책의 미덕은 다
른 무엇보다 재미있다는 점이다. 그 사람이 어떤 과정을 거
쳐 출판·잡지계에 입문했는지, 그리고 무명의 작가를 어떤
계기로 발견해 스타로 키워냈는지, 이런 일련의 과정에서 그
들이 생각한 편집자상은 무엇인지 등을 흥미롭게 소개했다.

그런데 더 재미있는 것은 미국이나 우리나, 20세기 중반이나 최첨단의 21세기나, 편집자의 세계는 거의 같다는 점이다. 궁금하다면 다른 편보다 퍼트넘의 편집국장을 지낸 윌리엄 타그를 먼저 읽어보기를 권한다. 편집국장의 일과를 일기 형식으로 소개했는데, 정말 편집자가 하는 일은 똑같구나, 하며 고개를 주억거릴 터다.

책을 읽다 보면 고 선생님이 공을 많이 들였구나 하는 생각이 저절로 든다. 각 편집자의 회고록은 기본이고, 관련된 인물의 저서는 물론이고 미국의 출판·잡지 역사에 관한 책도 두루 참고했다. 당시만 해도 우리 출판계는 산업적 기반이 약해서 편집자들이 오랫동안 출판사를 다니지 못했다. 교과서나 학습지 출판사가 그나마 오랜 이력이 있는 편집자가 있던 시대다. 그러다보니 일반 출판사의 편집자가 배우고 닮아야 할 편집자가 드물었다. 미국 사례를 들어 다음 세대 편집자가 바람직한 편집자상을 스스로 배우고 익히기를 바란 마음이 느껴진다.

고 선생님의 편집자론은 한마디로 중매자이다. 그런데 이런 확고한 편집상을 정립하는 데 도움이 된 인물들이 이 책에 나온다. 윌리엄 타그는 무명의 소설가 마리오 푸조가 어릴 적부터 들었던 마피아 이야기를 풀어놓자 이를 소설로 써보라고 했다. 상당한 모험이었으나, 이 작품은 그야말로 장안의 지가를 올렸다. 그 작품이 바로『대부』이다. 이 대단한 편집자가 "편집자의 주요한 자격이 '주선하는 능력'에 있다"고 말했다. 프랑스 수상의 원고 출판도 단호하게 거부했던 하퍼 앤 브라더스의 캐스 캔필드도 같은 말을 했다. "편집자는 참으로 중요한 역할을 하고 있기는 하지만 그는 어디까지나 하나의 촉매이어야 한다." 시대가 변한 만큼 편집자론이 얼마든지 바뀔 수 있을 터다. 하지만, 중매자 역할을 빼고서는 편집자론이 성립할 수 없다는 것만은 분명하다.

바이킹 프레스의 파스칼 코비치는 출판 시장에서 빛을 보지 못하던 존 스타인벡을 발굴해 당신은 반드시 노벨 문학상을 받을 거라 격려하며 그의 문학적 성장을 독려한 명편집자다. 그가 1964년 세상을 떠났을 적에 2년 전 마침내 노벨 문학상을 받은 존 스타인벡이 다음과 같은 조사를 발표했다.

> 파스칼 코비치는 나에게 있어서 친구 이상의 존재였다. 그는 나의 편집자였다. 명편집자는 작가에게 있어서 아버지이자 어머니이며, 교사이자 악마 그리고 신이라는 사실은 오직 작가만이 이해할 수 있을 것이다. 30년 동안 코비치는 나의 합작자였고, 나의 양심이었다. 그는 나에게 실력 이상의 것을 요구했고, 그 결과 그 없이는 있을 수 없는 나를 만들었다.

이 책을 읽는 당신이 만약 편집자(이거나 이기를 꿈꾸는 이)라면, 훗날 이런 조사를 들을 수 있기를 바란다.

THE EDITOR'S WORLD

편집자의 세계

초판 1쇄 발행	2021년 7월 16일
지은이	고정기
펴낸이	최용범
편집·기획	윤소진, 박호진, 예진수
디자인	김태호
마케팅	김학래
관리	강은선
인쇄	㈜다온피앤피
펴낸곳	페이퍼로드 paperroad
출판등록	제10-2427호(2002년 8월 7일)
주소	서울시 동작구 보라매로5가길 7 1,322호
이메일	book@paperroad.net
페이스북	www.facebook.com/paperroadbook
전화	(02)326-0328
팩스	(02)335-0334
ISBN	979-11-90475-80-8 (03010)

• 이 책은 저작권법에 따라 보호받는 저작물이므로 무단 전재와 무단 복제를 금합니다.
• 잘못 만들어진 책은 구입하신 서점에서 교환해드립니다.
• 책값은 뒤표지에 있습니다.